書山有路勤為徑
學海無涯苦作舟

書山有路勤為徑
學海無涯苦作舟

# 謀聖

## 張良傳

鍾漢民◎著

張良不是作戰高手；敵不過「戰必勝，攻必取」的韓信
張良也不是管理專家；比不上後方治理、前線補給的蕭何
張良卻是造勢、謀略的聖手，也是漢初三傑中唯一得到善終的
**他運籌帷幄，決勝千里，其發揮的作用遠勝百萬雄兵**

# 前言

人生的路，很多時候是無法選擇的。

即使對於以「謀聖」大名而著稱的張良來說，也同樣如此。

最開始，他白衣勝雪，弱不禁風，貌若少女，言語輕微。

那時候的張良，是韓國貴公子，貴族家庭傳承的榮耀，讓未來注定或廟堂之高、或榮華富貴。而那座叫新鄭的都城，儼然是他走來青春足跡延伸的目標。

但幸福宛若泡沫，總是易於消散，當故國陷落在外敵的鐵蹄之下，縱然是百年世家、華胄豪門的他，也必須直面命運中注定的重大轉折。

是在敵軍的威壓下忍辱偷生，還是從此隱姓埋名、江湖飄零？

他選擇了後者。

血氣方剛時，誰不曾夢想過江湖？但從他踏入江湖開始，迎來的是不斷地成熟積澱。直到風度翩翩的姬公子成為昔日雲煙，直到博浪沙沼澤地中隱伏的他，成為真正的江湖豪客。

這樣的改變，化為博浪沙近乎致命的一次拋擲，讓嬴政主導的時代險些隨之終結。

那是帶著仇恨的一次拋擲，更是象徵著張良靈魂蛻變的一次拋擲。

從此之後，貴族的記憶將融入血液，深深隱藏，而亂世的舞臺大幕將徐徐拉開，新的天地展現在他的面前。

那時起，他改名叫張良。

博浪沙後，張良談笑自若，決勝千里。他知道，自己可以改變他人，更可以改變時代。

沛縣人劉邦，原本只是鄉間小吏，拉起的一支義軍屢戰屢敗，始終無法躋身諸侯行列。在偶然的相遇之後，張良看到劉邦身上那在時代中不可多得的優點，於風雲變幻中堅決地選擇他加以追隨。

於是，才有了劉邦一路向西，以亭長身分叩響帝國都城大門的傳奇；

於是，才有了鴻門宴上，那響徹千古的酒盞和銅劍撞擊的聲音；

於是，才有了中原對峙後，以鴻溝劃分楚河漢界的那份地圖；

於是，才有了烏江畔淒苦的西風中，楚霸王項羽脖頸中噴灑出的不甘熱血……

在如此跌宕起伏的大劇中，張良始終扮演著劉邦身邊的師長和朋友，也扮演著漢軍的策劃者。他為此而苦心孤詣，為此而徹夜不眠，為此而樂在其中。

張良之所以快樂，是因為他知道，自己並非在為劉邦策劃，他在為天下策劃未來。天下，不是秦的天下，也不應該是項羽的天下。

天下，應當是更好的天下。

比起其他所有人，出身於農民的劉邦，才應該是百姓最好的歸宿——即使他成為皇帝後，同樣無法抗拒巨大權力的誘惑和操縱。

惟因如此，張良從一開始就放下身段，去忍耐劉邦身上種種缺點：無禮、好色、貪婪……並不厭其煩地一次次影響和改變這個人。

也惟因如此，張良可以不愛惜自己的羽毛，去為劉邦貢獻各種奇正之術，縱然這些策略運作起來時並不會蒙上閃閃發光的道義光輝，但張良更希望看到的是其改變天下的結果。

所謂謀聖，並非張良本心，但為了天下，他不做謀聖，誰又可以？

是韓信嗎？他兵法過人，野心勃勃，但卻太多看重權力和地位，或許，他的少年時期失去的太多太多。

是蕭何嗎？他忠誠正直，不離不棄，但卻太看重原則和職責，甚至忘記了那是一個唯有信賴和依靠劉邦才能有所改變的時代。

是陳平嗎？他智力超群，反應機敏，但卻太看重身外之物，「謀」字當然不足讚美陳平的才華，但「聖潔」的「聖」字，又並非他所能擔當得起。

「謀聖」，只有張良一個。

張良自幼慕道，道法自然，道來自永遠的空。

在張良看來，人生一切，終歸會化為虛妄，永恆不滅的，在於人於努力過程中煥發的理念和精神。所以，他不貪戀計謀實現帶來的滿足和愉悅，也不喜愛策劃成功帶來的功名利祿，金錢、采邑、名爵，對於張良來說，這一切猶如浮雲。

當天下需要我來時，我來了，我參與了，我做到了，問心無愧，俯仰天地，戰場勝負讓後人評說。

當世間不再需要我時，我走了，揮一揮衣袖，不願帶走任何風采，自由自在，無牽無掛，政壇遊戲讓玩家繼續。

這才是最真實的張良。

他是謀臣，更是聖人。

他懂得用來攻擊對手的奇正計策，因此識時務，是為俊傑；他更懂得用來保護自己的藏露之道，因此知進退，是為高人。看泱泱中華歷史五千載，如張良這樣，利用一己之力，對開國君主影響如此深遠，對天下統一進程推動如此之大，而結局如此飄逸安然者，又有幾人呢？

即使從這個角度來看，後世人也不能不敬服張良、嚮往張良。就讓我們打開本書，走向歷史，認識這位手無縛雞之力卻能教導天子的帝王之師！

# 序節

博浪沙，位於今天的河南省原陽縣城東郊。

兩千多年前，這裡沙丘起伏，一望無際，即使是訓練有素的軍隊行進，也只能緩緩前進。再加上沙丘上荊棘叢生，野草遍地，星星點點的沼澤水窪，更是便於隱伏逃跑。

西元前218年，中國歷史上的兩位著名人物，正是於這裡有了偶然的命運交錯。他們中的一位，是開創中國封建制度的秦始皇，而另一位，則是後世被譽為「謀聖」的張良。

此時的張良，還使用著他的本名——姬公子。

那時的姬公子，風華正茂，血氣方剛，他正積極地謀求著殺掉秦始皇，為此和他一同來到博浪沙的，還有位獲邀而來、特意隱姓埋名的大力士。

然而，謀殺君臨天下者，並非那麼容易的事情。始皇帝喜好排場儀仗，出巡時肯定有大批文武百官隨行，並配備秦宮衛士護駕。每次前往某地之前，斥候騎兵會先趕赴查探地形，清理道路；待形勢安全，再返回通知後方車馬繼續前行。

而作為刺客的姬公子，面臨的最大問題，不是如何砸中皇帝的御車，而是如何躲過斥候騎兵的搜索——大力士身高八尺，很難不被對方發現。如果埋伏到同一個地方，姬公子等人的目標就太過明顯，但如果分開行動，在肅穆警戒的官道上，他們很難用信號聯絡對方。

邀來的大力士表示，姬公子大可安心待在河水邊等待消息，他自己則躲在灌木叢中；待嬴政身死，姬公子就能從容脫險。

至於大力士，他似乎不大在乎自己的死活——他不是有意求死的蠢人，但更不甘心就此做秦王的順民。

姬公子搖了搖頭，他要親眼目睹嬴政被鐵椎砸爛，目睹自己報仇的經過。

他選定了新的埋伏地點：博浪沙馳道轉彎處有一塊沙丘，這塊丘陵居高臨下，皇帝的車馬經過時，必定要減速而行，緩緩通過。如此，他們的勝算就又增添了幾分。

幾日後，陽武城的兵丁開始全城大檢索，姬公子立刻叫大力士出城。他敏銳地意識到：始皇帝的隊伍已經臨近了。

找到那座沙丘後，姬公子先給大力士指明逃跑的路線，然後兩人鑽進灌木叢中，耐心等待目標的到來。

翌日清早，一陣雜亂的馬蹄聲驚醒了半夢半醒的姬公子。

馬蹄聲持續了很久，其間還伴隨著幾段呼喝。姬公子耳貼地面，聽著馬蹄聲由遠及近，由近及遠，直到完全消失在嘈雜的車輪聲中，他才放心地抬起頭，向馳道的遠處遙望。

嬴政稱帝後，行周天子禮制「天子駕六」，即天子的車駕由六匹馬牽引，同行的文武大臣和皇族親眷只准坐四駕馬車。找到了六駕馬車，就等於找到了嬴政。

幾刻鐘後，一面漆黑的王旗出現在馳道之上，緊接著是兩面，三面……

龐大的皇家車隊，正朝著姬公子他們的方向緩緩駛來。幾十輛馬車插著黑旗在大路上接踵前行，竟壓得平坦的馳道吱呀作響。

眼見目標離自己越來越近，姬公子和大力士卻躁動異常：三十六輛車駕中根本沒有六駕馬車，竟全部都是四駕馬車，而且連制式、旗號都一模一樣！

多年來刺客們連續不斷的攻擊，早已讓嬴政學會了狡兔三窟的本領，狡詐如他深諳人生路上的凶險，即使身處萬軍之中，也不可能做到十全的保障。

黑色的長龍正在灌木叢中翻滾前行，它不斷逼近埋伏在彎道的姬公子二人，身邊的護衛旗號也越來越多。

荒涼的河畔肅殺寂靜，只能聽到櫛比鱗次的車輪聲和兩顆狂跳不已的心臟。

就在姬公子心亂如麻時，不遠處一輛四駕馬車闖入他的視野：它和前後車輛並沒有什麼不同，但目光如炬的姬公子注意到了車夫身上與眾不同的華麗穿著，還有周身明顯多出其他車輛的護衛騎士。

嬴政，你果真在這裡嗎？

「姬公子，怎麼辦？」大力士心急如焚，懷中的鐵椎已經被他焐得溫熱起來——再猶豫不決下去，他就要失去教訓秦王的機會了。

決心已下，姬公子不再踟躕，戟指眼前的這輛馬車：「騎兵正中那輛，就是他！」

「暴君，受死！」大力士猛地從地上躍起，將鐵椎高高舉過頭頂。

120斤的鐵椎嗚嗚地摩擦著裹挾全身的空氣，像一顆猛烈的流星，直直衝向懵懂前行的馬車。

轟然一聲，泥沙飛濺！巨大的衝擊閃過，馬車的頂部毫無懸念地碎成了渣滓，淒厲的慘叫迅速響徹博浪沙，躲藏在車中的人已然血肉模糊。

「成了！」大力士撫掌呼道。

驚駭之下，整個車隊都止住了腳步，在士卒們的「護駕」聲中，秦軍迅速跑向遇襲的車馬，上萬人的隊伍頓時煙塵滾滾。

姬公子此時還沒有完全從勝利的喜悅中清醒過來，他連著深吸了好幾口粗氣，卻始終無法平復心底裡沸騰的熱情。

母親，兄弟，韓國的百姓們，今日終於討回血債了！

激動的公子跪倒在狹小的沙丘上，狠攥著雙拳抻進泥土之中，幾滴熱淚悄悄劃過俊美的面頰。為了這一天，他已經等了整整十年。

在那一刻，姬公子的思緒，回到了更久之前，從那時起，謀聖張良將緩緩地走上歷史的舞臺……

目 contents 錄

前言 7
序節 11
第一章 高基調，大格局 23
寒冬來臨，從西北刺來的風 23
世家前世：被強秦戰車輾過的殤 30
十年謀一刺，為使命而做的第一次運籌 45
一錘砸開天地，博浪沙始皇驚魂 52
第二章 蛻變之路，征途大業的第一步 57
青年任俠，他是下邳張公子 57
圯橋拾履，意想不到的人生轉折 65
研習天書，只有自己最能送自己一程 74
名將之血，戰死者的重生之路 81
第三章 在時代亂局中，為理想找個出口 93
悲喜大變天：秦失其鹿，四海逐之 93
盲目下水，不如先靜測水深 100

走馬起事，不冷靜和太冷靜都成不了大事 106
初識「劉老三」，流氓也可成俠 116
薛縣會盟，項家軍的新動向 121
願譜復國曲，不唱《後庭花》 128

第四章 一步未行，先算百步之外 135
鉅鹿被困，分兵埋下的相爭格局 135
破釜沉舟，偉大的對手總以傳奇方式出場 141
又見劉邦，士為悅己者謀 148
入關，推翻暴秦的時刻終於來臨 154
奪咸陽，用進諫作為賀禮 160
項羽「活埋門」：一將功成真要萬骨枯？ 166
佈局很重要，高峰會面前的策劃 173
鴻門宴，歷史差一點就此改變 179

第五章 江湖佔位，有為終會有位 187
項羽封王：一鍋粥裡多了殺氣 187
白給的漢王，不當白不當 193
再辭劉邦，忠義張良再走復國路 200

# 目 contents 錄

活兵法韓信：楚軍不愛，漢軍大愛 206
韓家鋪子倒閉，從此留侯向漢家 213

第六章 玩明的，就要玩得高明 219

明燒棧道，暗渡陳倉 219
你剝人衣，人就會穿上戰衣 225
冠正義之名，可以代表太陽月亮 231
洶湧的鐵流，目標是霸王的城市 235
當56萬輸給3萬，只有劉邦輸得起 241

第七章 最強勝道，是能扭轉敗道 249

下邑之策：豺狼當道，可問狐狸 249
多面布棋，爭霸前先要清掃後院 254
一打一拉，楚漢最長戰線的鏖戰開始 261

第八章 藉箸運籌，張良謀來主動權 269

八不通，張良藉箸駁酈生 269
拔掉虎牙，點猛虎為乖貓 275
滎陽救主，玩險勝不如累死對手 281

調虎離山才好謀虎皮，拿到手的成皋又丟了 286
順水推韓信：英雄與傻瓜只有一步之遙 292
第九章 攻心，最是「伐謀」極致處 299
戰廣武：有些事，只有流氓成得 299
射中大腳趾，集團高層玩的都是心理戰 305
韓信入齊，第二戰場對第二戰場 311
大丈夫不當假王，利用人就要給出最好誘餌 316
第十章 算無遺策，送走喋血戰神 323
背面的吉利，差一點就成了三足鼎立 323
簽了這條約，我們媾和分天下吧 328
絕不養虎貽患：要麼狠，要麼滾 333
封三雄：把主戰場切割成多個牽制性的小戰場 339
最後一擊，那年垓下歌聲起 345
亡楚，順的實是道 350
第十一章 整合天下，贏！ 359
創業成功：高祖立，漢室興 359

目 contents 錄

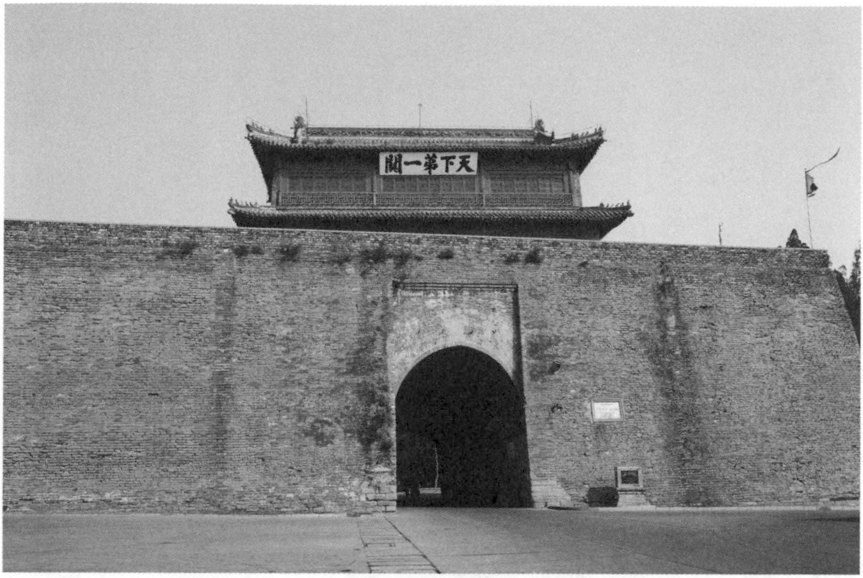


南宮置酒，漢帝國三傑不是好當的 366
一語定都，根深才能蒂固 371
自請留侯，把弦位拉得剛剛好 376
雍齒和韓信的侯位：縱無大愛，也要懷柔 381
幕後布局，保太子就是保大局 386

第十二章 高處之上，道法自然 393

執君王之手，不如坐等君王歸來 393
他和他們的臉譜：做自己到底難不難？ 399
狡兔死了，任何兇悍的獵狗都保不住 405
不是不管，是不可強求 410
商山四皓出面，天鵝翅膀已經長硬 416
我亦歸去，那年的鴻門宴永遠不散 422

張良，字子房，封為留侯，謚號文成，穎川城父人。因暗殺秦始皇失敗，為躲避追查而改其他名字。張良是漢高祖劉邦的謀臣，漢朝的開國元勳之一，與蕭何、韓信同為漢初三傑

# 第一章 高基調，大格局

## 寒冬來臨，從西北刺來的風

西元前231年，黃河畔的土地從冰封中醒來，躁動的鼓點節奏隱隱約約從西而來。這是一個屬於實力的時代，這是用不著說太多道理的時代。

在離此不遠的春秋時代，貴族們作戰要動用戰車、排列陣形，然後按部就班地攻守進退，和今天的軍事院校沙盤演習差不多——在當時，這被稱為「禮」。

但是，當「戰國」兩個大字赫然降臨於華夏大地後，時代變了。

人們甚至還來不及回味，就被時代疾風推到了懵懂未知的境地中，他們咂摸著空氣裡那冷冰冰的風向，聞到了其中的血腥。

他們很快明白，這風，其實是從西部吹來的。在那裡，秦，才是時代新力量的代名詞。

但凡讀過一點圍棋入門的朋友都知道，「金角銀邊草肚皮」，其形象相當直觀：天下大勢的棋盤上，最具有戰略性價值的，首先在佔據先要位置的「角」上。站住了角，意味著起碼握有天下的一側，進可攻，向東以爭奪天下。站住了角，意味著能夠安然地發展內政，退可守，憑西以保境安民。而秦國，無疑在這個時代中扮演了這種角色。

說起秦國的先祖，實在並不能算多麼高貴的血統，而且也並非有名。第一代秦的統治者——如果也能算統治者的話——叫做秦非子。歷史含混不清地介紹說，非子是因為給周孝王養馬有功，而被分封在秦地（今天的甘肅天水），作為周王室的附庸而存在。想起來，恐怕當時的秦，也只是王家牧場那樣的事業單位而已，秦非子嘛，大約是個牧場場長。

在這片牧場上，秦非子和他的後代兢兢業業、忠於職守，不過，牧場這種環境下，獲得政治分數的機會實在不多。最多是「今年我秦又為中央繁殖了幾百匹馬，與去年同期相比增長了百分之五」之類。

可想而知，這樣的表現，不要說引起周天子的注意，就算連周天子手下的諸侯，也會不以為意。

好在，無論是一個人，還是一個國家，只要願意堅守，就一定能看到烏雲散去、月明而出。

到了西元前770年，寵愛褒姒的周幽王將西周弄成一鍋稀粥，少數民族犬戎乘機洗劫了首都，幽王被殺，他的兒子周平王開始東遷。

西周由此滅亡，而秦的機會就是這樣出現的。

一個強大的奴隸制朝代滅亡了，固然令人扼腕，但並非完全是壞事，起碼對於秦國來說不是。

當時的牧場主、後來的秦襄公第一個站出來，帶領牧場衛隊浴血衝殺，最終從赤身裸體的犬戎士著軍隊中救出平王，擁戴他為繼任統治者，並派軍隊護送他一路向東。

就這樣，東周建立了。

感情上，驚魂未定的平王認定對秦應該有所補償，政治上，他也同樣意識到秦的戰略價值。在王位上剛剛坐穩，就發佈了自己的一號命令：

秦救駕有功，應封為諸侯，賜給岐山以西的所有土地。

就這樣，弼馬溫變成了真正意義上的封疆諸侯，瞬間和晉、魯、齊、衛這些當時的中原諸強們平等了。

明眼人都看得出，這種平等僅僅是在政治上和法律上的。

像一個從山溝中走出來的鳳凰男，就算奮鬥了十八年跟人一塊喝上了咖啡，也並不代表上層圈子對他的承認。因為他還沒有拿出實力來。

什麼最能反映實力？

必然是手裡的產權證明。

但是，只有一張產權證明是不行的，還得有實實在在的建築面積和使用面積，能夠用來設計、裝潢、顯擺，最好能招來各種羨慕嫉妒恨，這樣才能顯得你有充分的資格在這個圈子裡繼續待下去，並受到認可。

對秦來說，現在手裡是有了產權證這張紙，但並沒有任何實際的東西。周天子的命令只是給了個法律政策，而事實上，不要說岐山以西，就是岐山本地，也都在犬戎、狄這些民族的控制下。

因此，此時的秦人想要被中原地區傲慢的諸侯所承認，就必須要拿出更多的實力來。透過獲取應許之地的實際控制權和佔有權，秦才能走向上坡。

秦襄公比誰都清楚這一點，為了能夠讓子孫後代走到山的那一邊，他必須親手把填補實力的那塊拼圖碎片給拿回來，然後穩妥地放進秦的版圖中。

這位秦國真正的創始者，開始不斷率兵向西。

曾經有一次，他的努力幾乎就要看到成效，但卻因故未能在岐山立足，只好又退回故地。這種功敗垂成的沮喪，讓秦襄公壓力山大，結果，西元前766年，他就在戰鬥中陣亡了。

好在，此時的秦國根本不用擔心東部威脅。繼位的秦文公等數代領導者，保持著代代相傳的「先軍」傳統，終於在討伐西戎之戰中獲得勝利，獲得了周王室承諾的所有土地。

有了本錢，生意就容易做到大。秦國接下來一口氣滅掉了周邊諸多小部落，並將版圖一直向東推進到關中。

在這將近百年的篳路藍縷之後，秦國終於擁有了關中平原的大部分領土，成為了足以讓中原側目的西方強國。

拉出一根大陽線之後，接下來，秦的走勢就沒那麼亢奮了。雄心壯志的秦穆公原本想要染指中原，但卻被緊靠在東部的強敵所阻擋。

這個強敵就是晉國。

實際上，晉國能夠強大起來，還是秦國親手所造就的。

秦穆公曾經設想，透過扶持晉的統治者來打通秦國向東方出擊的道路。為此，當晉國的公子重耳流亡各國長達十九年之後，秦穆公慨然站了出來，表示願意輔佐重耳，回歸故國，並且幫助他奪取王位。

秦穆公為此開出的價格是：當重耳復位後，要將曾經從秦奪取的河東五城，割讓給秦國作為酬勞。

重耳略微考慮後，欣然應允了，面對這樣的天使投資人，他沒有道理就那五座城池的利息討價還價。

秦穆公很高興生意談成了，他決定，將秦宗室的五名女子作為贈品，一起嫁給重耳，公子對此更沒有什麼異議，全部予以接受。

於是，重耳在秦國力量的幫助下復國成功，成為了晉文公——春秋五霸之一。

接下來，「秦晉之好」維持了一段時間，秦穆公甚至還在著名的城濮之戰裡出兵幫助晉國對抗強大的楚國。

但幾年後，情況不一樣了。

看見晉國在當年灰頭土臉的重耳治理下變得越來越強大，秦穆公開始擔憂。他預感到，一個更麻煩的對手出現在通往東方的大路上。

為此，像他的先祖襄公那樣，秦穆公決定賭一賭。

西元前628年，秦穆公命將領率軍越過晉國，試圖偷襲鄭國。但晉文公身著喪服、率軍在崤山天險伏擊秦軍。結果，秦軍身陷於狹窄的隘道中，毫無還手能力，盡數殲滅。

沒辦法，秦穆公只好進一步整理自己的大後方，回頭將犬戎等異族勢力進一步剪除。

此後，秦晉兩國時打時和，上演一齣出令人目不暇接的好戲。

但整體而言，秦國在這個東方的大諸侯壓制下，始終無法如其所願，向東，他們出不了崤函的天險，向南，又面臨著強大的楚國，而無法爭奪巴蜀。在這種無奈之下，秦國除了和晉國靠政治婚姻來改善改善外交關係、同時防範楚國之外，幾乎毫無作為。

日子就這樣一天天乏味過去。到了西元前453年，情況終於發生變化，這個強大的東方橋頭堡終於從內部分裂了。

韓、趙、魏三家將其瓜分。

但這個消息也沒馬上帶來好事，秦國依然無法和其匹敵：前389年，秦國起兵50萬一路向東，卻被魏軍名將吳起一戰用5萬士卒擊潰，如果不是因為此時趙國和魏國突然反目，秦國面臨的可就不是一點小麻煩了。

這次重大失敗，讓秦人終於冷靜下來——盲目的向東是無法獲得良好結果的。

繼位的秦孝公痛定思痛，任用商鞅開始改革。雖然商鞅個人最終成為政治鬥爭的犧牲品，但他的改革卻產生充分的效果。秦國因此而開始不斷強大，吞併了巴蜀地區，而原本和其對敵的魏國卻逐漸衰落下去。

之後的歷史廣為人知，齊國幾乎被樂毅率領的聯軍滅國、楚國的郢都被秦將白起攻陷、趙國則又在長平之戰中元氣大傷。

敵退我進，一時間，秦國儼然已經有了天下霸主的影子。

更不用說，秦國統治位置上迎來了一個人——嬴政。

似乎是集結了祖先身上那些優點的結晶，嬴政是個志在天下的男子，因此，一代代人的夢想傳承中所累積的力量，最終將在他的手中煥發光彩。

更不用說，此時的秦國，土地寬廣、人民樂業、軍隊強大、上下齊心。

所以，西元231年，是秦國以東所有諸侯必然感到寒意的年代。

在這西來的冷風中，第一個開始毛孔收縮的，就是姬公子的國家——實力不濟的韓。

## 世家前世：被強秦戰車輾過的殤

韓國的實力不濟並非天生的，做個簡單推想就能知道，能夠滅亡分裂強大晉國的家族，恐怕其中沒有一個是好惹的。而事實上，韓國有著當時相當強大的兵器製造技術，這個國家能夠鍛鍊出當時全天下最為鋒利的寶劍、最為強勁的弓弩，中不害所領導的政治改革，也曾經讓韓一度強大。

但韓的問題無可解決——它不幸地站在了圍棋盤的「草肚皮」上。

這個國家的北面有趙、魏，東面是齊，南面是楚，夠讓歷代國君憂心的了，更何況，西部還有著虎視眈眈的秦國。從這種圍困形勢出現的第一天開始，或許韓國就注定了被滅亡的命運。

對這種命運，韓國的百姓們倒無所謂，對於他們來說，安居樂業和輕徭薄賦是最重要的，至於城頭變換怎樣的旗幟，那是貴族們應該擔憂的。

不過，貴族們也並非全部都那麼專注，早在幾年前，韓非就出奔去了秦國，希望能夠得到重要的機會。

話說回來，韓非子的出奔也是有原因的。

韓非子少年時期就跟隨儒家的代表人物荀子求學，說話結結巴巴，法家學說卻是研究得爐火純青，一筆文章也是相當漂亮。韓非子不斷上書，希望得到重用，能夠利用他的那套學說來建立集權制度。但是，王室長期的冷淡讓韓非子終於絕望，他遠走秦國，打算將畢生所學送給對方。

其實，這種事情在戰國時期完全正常。此處不留爺，自有留爺處，到處不留爺，爺就去西部。韓非子就因為相信這句話，才踏上了入秦的旅程。但他沒想到，在盡得其學說之後，嬴政不是給他加官進爵，而是莫名其妙地將他關進監獄。據說，他的同學李斯在其中發揮了不小的推動作用。

難道是因為嬴政太過欣賞這位外援，以至於將他軟禁殺害，以防止變心？

還是因為只需要那些學說理論即可，並不需要這種人來加以實際操作？

又或者，是因為韓非的到來，大大破壞了秦國政壇原本已平衡的利益格局？

或許所有的原因加在一起，就帶來了韓非子眼中那杯月光下閃著清冷光輝的毒酒。

韓非子被殺的消息很快傳到了他的故國，在那裡，貴族們因為這樣的消息而恐慌不安。人們議論紛紛，說嬴政連主動去投奔他的人都殺，更不用說那些拒不投降的貴族了。

說這個話的時候，人們似乎能聽得見咸陽城中秦軍那霍霍的磨刀聲響，聽得見戰馬咀嚼草料發出的咯吱咯吱聲。末了，這樣的談話總會在死一般的寂靜中結束，並將每個人的五官都蒙上一層重重的黯淡灰色。

就這樣，西元230年，秦軍的鋒芒尚未到來，韓國已經盡顯弱態。更重要的是，人心很快就散了：有的人開始飲酒作樂，打算好好揮霍不多的時光；有的人則開始掘地三尺，把財寶隱藏起來；也有人收拾細軟，準備車馬，打算向東逃跑……

幾乎同時，有人卻意外地發現，年輕的貴族姬公子，卻在變賣家產，準備招兵買賣，與秦決一死戰。

疾風知勁草，韓國豈應無人，在秦國通往東方的大道上艱苦扼守了上百年，韓國人等待的並非如此的一刻！

人類歷史的血與火時代裡，最具備獻身意志的，往往是年輕人。而此時年僅20歲的姬公子，正是這樣典型的少數派，而他主戰的原因很簡單：他姓姬。

周武王姬發的姬。

姬，這個淵源古老的姓氏，據說源於華夏族的先祖黃帝。

韓國的王室同樣分享姬姓的榮光。而姬公子的家族，和王室的關係更不一般。從他的祖父姬開地開始，到其父親姬平，先後擔任韓國丞相，幾乎佔據了韓國將近一個世紀的政治舞臺核心。這種世代相傳的情況，在戰國時期很少出現，或許在韓國這個傳統性強的王國中，貴族和王室的聯接還保持著同根連體的緊密。

正因為如此，20多歲的姬公子更是無法接受被暴秦所滅的恥辱，為國、為家，他都主張必須一戰！

可惜的是，姬公子不僅沒有足夠的外援，連應有的內援都相當缺乏。

早在幼年時，父親姬平就因為內憂外患的局面而積勞成疾、不幸去世。從此家族重擔落在姬公子身上，雖然財力優裕，但除了母親和年幼的弟弟，姬公子幾乎根本沒有其他太多社會資源。因此，此時的招兵買馬，在許多人看來，就是一個富家公子的衝動遊戲而已。

如果秦國人知道這件事，估計也會笑掉大牙。

因為他們實在太有理由狂笑了。

秦軍的統兵大將名為騰，擔任秦國的內史。特意派出這樣的官員來攻佔韓國，充分表明了嬴政的自信：

「韓國人，你們聽好了，內史只是掌管治安的武官而已！」

這樣的潛臺詞，讓這次軍事行動看起來更像一次軍事接管行動，而並非侵略。它讓人聯想起希特勒德國對奧地利和捷克斯洛伐克的侵佔，想起開上布拉格街頭的蘇軍坦克，就是想不到「戰爭」兩個字。

彷彿特意為了加強這樣的形象，嬴政只給了騰三萬軍隊，讓他完成接管任務。

這時的秦韓軍事實力對比，已經相當明顯。聽聞秦軍鋒芒透過函谷關，沿黃河兩岸的平原而來，整支韓國軍隊迅速動搖，薄弱的守軍如春季時黃河化解的冰封，轉瞬間崩潰消散，向東而去，無影無蹤。

短短幾天內，韓國的南陽郡就被秦軍完全佔領。

內史騰雖然不是秦國名將，但他對維持治安、穩定人心、傳播大秦良好形象這類政治人物，卻相當拿手。也正因如此，名不見經傳的他才被嬴政親自確定為佔領行動的統帥。

當秦軍攻佔南陽郡之後，內史騰立即發佈了命令：「百姓們無論士農工商，均應各安本分，有乘機鬧事行竊者，斬；原有大小一應官吏，全部各司其職，有怠忽職守或棄職逃跑者，斬；有鼓動反抗襲擊秦軍者，斬。」

這樣的命令，以前幾乎從未於戰鬥力兇悍的秦軍中傳出過。

人們明白過來，秦軍是要長期佔領這裡了。

很快，另一封出自內史騰筆下的信，又被送到了韓王安的面前，這位末代韓王盯著眼前案几上那封書信，濃重的墨跡在他眼中彷彿不是黑色，倒是鮮豔詭異的血紅。

看完書信，韓王雙眼發黑，癱軟在座席上，內侍們亂作一團地服侍著。

半晌，韓王才緩過氣來。他有氣無力地朝早就目瞪口呆的文武百官們揮了揮手中書信，緩緩說道：「內史騰說，秦王上乘天意、下順民心，派軍來解救韓國。不日就要來攻克都城鄭……」

「大王！」沒等韓王說完，大將武信聲音都變了，他白髮蒼蒼，雙目圓瞪，「不須聽他胡言，只要將秦使斬首，老將親自上陣，和秦軍拚個魚死網破！」

話音在空曠的殿堂中迴響、消失，化作一片虛無的寂靜。

其實，武信自己也知道，這樣的話語必然是徒勞的。無論是疆域還是國力，韓國已經被秦軍不斷向東的上百年攻勢所拖垮。此時帶領薄弱的軍力去迎戰秦軍的前鋒，恐怕只是羊入虎口的自殺行為而已。

更何況，一旦反抗，意味著之後注定的瘋狂屠城。

韓王安苦笑兩聲，潸然淚下，他抬頭仰望這座華美宮殿，想到這是當年鼎盛時期祖先滅亡鄭國之後遷都的紀念，不由得悲從中來。

「天意啊，天意！轉告秦使，我韓國君臣願意投降。」

投降這兩個字，就好像一塊臭豆腐，誰都不願意提，但偏偏吃起來又很香。

很快，百姓們的躁動停止了，只要不打仗，怎麼都好。

而貴族們則聽見心中大石頭落地的聲音，有人很快將財寶從土地中重新掘出，打算去走走內史騰的關係，好在新的政治博弈中分一杯羹。

更多人則是對未來的恐懼和對現狀的麻木。

但內史騰則恰恰相反，接到韓國投降的好消息，他立即上奏嬴政，很快，加急消息傳來：命內史騰為南陽郡代理郡守。

第二年，即西元前230年。韓國徹底被秦軍所滅，整個韓國成為了秦王版圖中的潁川郡。

這一年，姬公子陷入了深深的痛苦中。

他恨，恨自己沒有早做準備、力量太小；恨父親去世太早，讓自己毫無政治話語權和影響力；更恨秦國，為什麼必須要滅亡韓國而後快；同樣恨的，還是這個沒有道理而言，一切靠血與火決定的悲催時代。

最初的幾天，姬公子沉陷在這樣的情緒中，懵懵然，只能感覺到太陽從東邊升起後，很快又將餘暉灑進屋中。直到年幼的弟弟搖晃著他的身體發問時，姬公子才回到現實中。

他聽見弟弟的聲音問道：「兄長，韓國，真的亡了嗎？」

姬公子擦擦眼淚回答說：「是的，滅亡了！延續兩百年，亡在我們的手中！不過，這幾天我也想明白了，文臣喜歡錢，武將又怕死，君主懦弱無能，不亡，豈不是沒有天理？」

「那我們怎麼辦？」

姬公子轉過身，凝視著弟弟的雙眼，說：「死掉的韓國就讓它死去吧，未來的韓國還有希望。讓想要和內史騰共事的人去巴結奉承，我打算要離開這裡了。」

說這話的時候，姬公子似乎不再是當初的年輕人，在這短短的幾天內，他經歷了國破家毀的大難，這讓他看起來成熟了許多。

在燭火的搖晃下，弟弟抬頭看著兄長堅毅的臉，忽然發現那種表情早已不是習慣看到的富家子弟氣息。

「弟弟，」姬公子決然而緩慢地說道，幾乎是一字一頓，但卻無可辯駁，「嬴政，注定會拿到天下。」

「那我們……？」弟弟小心地問道。

姬公子抬頭看著窗外，那裡的夜色開始濃重起來。

半晌，他回答說：「我們和秦的戰爭，才剛剛開始。」

金湯勺裡的輓歌：貴族之貴，貴在血氣

韓王安從容不迫地做了秦國的階下囚。

出宮獻降的時候，他面色肅穆，氣定神閒，表情自若地向內史騰遞上正式的投降文書。除過受到幾個姬妾影響流了些眼淚外，韓王安努力保持了一個國主應有的威嚴。

在傳令的秦卒飛馬殺到前，天真到愚蠢的韓王安仍然認為，儘管已經交出了璽綬和佩劍，但只要自己公開臣服在秦王腳下，他就可以繼續充當這片土地的主人，享受韓國百姓上繳的賦稅，如同之前安然運行了八百年的周王朝。至於秦王，他將來是新的周天子或秦天子，韓王安真的不想在乎。

直到幾個秦國士兵上來剝掉他的弁冕和端委（即禮衣朝服），已成廢王的韓安才從夢中驚醒——嬴政並不打算做原先的天子。

這一幕來得太過突然，令冗長的拜見貴族隊伍頓時大驚失色；他們爭先恐後脫掉身上的朝服，極力向佔領軍表現來自韓國最高層的示好和忠誠。

隊伍的末尾處，被人架來的姬公子不屑地甩開拽著他的幾個韓國貴族，逕自坐上馬車，離開被熱鬧的貴族們吵嚷得有些聒噪的廣場。

他的不羈行為絲毫沒有讓那些舊貴族臉紅，反而引起了秦人的警覺；內史騰側目遙望遠處馬車上的青年公子，拉過一個人問：「那是誰？」

被揪過來的貴族老頭不敢隱瞞，哆嗦著撲倒在內史騰腳邊：「回將軍的話，那是故宰相姬平家的公子，名……」

「宰相？」內史騰沒有理會為討好自己而喋喋不休的老頭，反倒玩味地咀嚼起這兩個字，似乎其中有參破所有奧秘的法門。

姬公子的馬車此刻早已駛離韓王宮。臨出宮前，他特意回過頭，向還在正殿前對自己行注目禮的內史騰投去惡狠狠的一瞥。

內史騰已經看不清遠處馬車上那位乘客的長相，準備就此作罷，不想卻始終有一股沒來由的痛感在腦中攪擾。

他望著姬公子離去的方向，那輛桀驁不馴的馬車像長槍般直闖宮門而去，有如橫掃千軍的戰車：「聽說就是這個公子，曾在王師入城前買人命抗秦？」

此言剛出，就令所有前來朝見的貴族們都譁然不已，狹小的韓王宮廣場立刻變得喧鬧起來。

「將軍海涵，姬府五世相韓，姬公子自小嬌生慣養，如今年輕氣盛，行人做事張狂了些，也是情理之中啊。」被扭來問話的貴族老頭聽出內史騰話中的殺意，急忙為他開脫——作為曾經韓王朝堂中的成員，他並不想看到秦軍甫一入城，就將屠刀揮向龐大的貴族階層。

可內史騰根本不會考慮投降者的感受，對他來說，幾條韓國貴人的性命和幾萬炮灰沒什麼區別；唯一的不同點，也只是動手快慢的問題。

「五世相韓？如果不是韓王獻上降表，這個年輕氣盛的公子應該會承襲相位吧？」內史騰玩味地笑道，冷峻的面皮上沒有一絲波瀾。

他的笑容，彷彿是在告訴眼前這幫怯懦的韓國貴族：你們沒有讓姬公子臣服，所以你們要替他受死。

但內史騰終究沒有說什麼。

他招來副將：「找些得力的細作好生照看那位公子，如果他做了什麼出格的事，你們知道該怎麼做。」

交代完手下，內史騰又走向被剝去冠冕、正倒在地上發愣的韓安，用力收起快要溢出來的鄙夷，高聲念道：「大王有令：韓地不日併入潁川郡，原韓王宮室眾人不得再逗留鄭都，全員遷往陳縣。違令者，斬！」

他揪著韓安的耳朵：「韓公，你可聽真切了？」

韓安沒有答話，他呆呆地坐在土地上，任憑咸陽城的治安官玩弄自己肥碩的耳垂，一雙昏花的老眼只盯著被秦兵踩在腳下的朝服——那身衣服曾經是他全部的榮耀。

「廢物！」內史騰到底還是沒能忍住，他命兵丁拖走失語的韓安，轟開那些想要繼續討好他的舊貴族，跳上戰車返回駐地。

「連一個沒能耐的公子都不如，你韓國焉能不亡！」內史騰氣鼓鼓地坐在車上念叨著。

他當然有資格鄙視已成過去式的韓國貴族們：大軍進攻時，這些飽食的碩鼠沒有一個人肯為弱小的母國效死，滿腦子想到的只是自己身為貴族的特權地位和千萬家產，甚至願意為此放棄抵抗。

等到國君投降，做了秦國的俘虜，這些人就又興高采烈起來，彷彿保全國民都是他們的功勞，其實這些人真正保全的，不過是自己的項上人頭和不久後就將被充入秦王國庫的財產。

在秦國，他們形同叛逆的行為會導致全族都被五馬分屍。

如果不是秦王有明令，內史騰當場就會將這些韓國貴族斬首，用人頭換賞功；但如果有得選，他很願意給那位姬公子的家人一條生路——這至少是個忠誠的人。

回到相府，姬公子來不及休息就急匆匆跑向焦急等待著的母親和弟弟。

「國君已經被秦王廢掉，鄭都萬不可久留。請母親打點行裝，我們要離開此地。」姬公子說，隨後又請來府中的門客，向他們宣佈自己的決定。

眼見韓國被滅，門客們對此已有心理準備，因此沒有誰反駁姬公子的決定。但仍有一位門客表達了自己的擔憂：「少主，我等的去路不打緊，只是府中的僕役們該如何自處？」

作為五世相韓的宰相世家，姬府中尚有三百名奴僕聽差，且多數都是世代侍奉姬府。若姬公子打定主意要棄家出逃，這些僕人的出路就不能不考慮。

姬公子考慮片刻，說：「把他們的賣身契燒掉，贈予銀錢盤纏，從哪裡來回哪裡去吧。我既已定下心破家，就斷沒有理由再支使他們。」

姬公子的選擇也是無奈之舉：秦王已然滅掉韓國，下一步必定是清除韓人中的頑抗者。對於五代相韓的姬府，那個內史騰只消把他父親和祖父的名諱報給秦王知曉，殘暴的嬴政就會立刻派兵屠府。姬公子已定下決心，與其坐以待斃，乾脆早作打算：逃出鄭都後，他將以宰相公子的身分高舉義旗聚眾抗秦，同時遊說趙魏楚三國合縱出兵，將內史騰的三萬秦軍趕出韓國，一舉光復失地。

韓國已經破滅，身為宰相之子，姬公子未嘗想不到這個計畫的缺漏——趙魏窮於自保，楚國坐視不理。

但是如果有比這更好、更實際的計畫，姬公子想也不想就會全盤接受。之所以找不到其他的路，是因為現在的韓國裡，只剩下這個年輕人還在為拯救韓國而心急如焚。

然而，就在全家人緊張準備行李時，為府上請脈的醫者卻給姬公子送來一道攔路虎。母親的病已經不能再耽擱，也絕不能顛簸遠行，必須早作診治，否則——醫者始終沒有斟酌好自己的用詞，最後只能用模糊籠統的「益深」指代。

一邊是病重沉疴的母親，另一邊是立足未穩的內史騰，二者勢必難以兼得；在弟弟的勸說下，姬公子只得暫時放棄逃離鄭都的想法，遵照醫者的囑咐，安心在府中侍奉母親。

得到線報的內史騰很高興，他認定姬公子不過是個擅長氣血上湧的幼稚青年，只是比別的老朽更精神些罷了。

他絕然猜不到，姬老夫人的病情之迅猛會超乎想像：短短數月，原本還算得上康健的姬老夫人已然被無常索向了鬼門關。

面對跪在榻前痛哭流涕的一對少子，行將就木的母親努力想憑著感覺再觸摸他們一次，可乾枯的手臂等不及抬起，就有氣無力地垂了下去。

「我的兒，不要哭，人總是會死的。」母親已經看不清兒子們的容貌，她安詳地躺在那裡，靜靜等待死神最後的宣判。

「母親！母親啊……」姬公子嘶啞著撲倒在母親身邊，幾個常年侍奉夫人的老僕也跪在一旁涕泗橫流。

「照顧好你弟弟。」彌留之際，母親細聲道。

姬府大門外，那些秦軍派來的細作正坐在陰涼處有說有笑。

將母親的棺槨與父親合葬後，姬公子紅著眼睛召來全府上下的僕人，當著他們的面將賣奴書投入火盆。

「我已徹底拋賣家產，從今往後就不再是你們的少主了。」他一身縞素，對著大家朗聲說道，「大家各自珍重罷。」

僕人們面面相覷，不明白少主為什麼要將他們棄之不顧。

還是那位門客最先發問：「公子將要作何打算？」

問話的同時，他把目光投向還在和僕人們道別的小公子。

姬公子說：「趙魏積弱已久，齊楚則斷無出兵之理。我意已決，唯今之計只可自救；我不日就帶幼弟去淮陽拜師學藝，招徠天下義士，共舉義旗抗秦。」

「公子決意不再回鄭都了？」

姬公子的語氣冷若冰霜：「等那些享樂誤國的待戮之徒死盡，我自然會回來。」

在一個慵懶的清晨，姬公子親自駕駛著馬車，帶著弟弟離開了鄭都。

天色大亮後，那位最後的門客引導著姬府曾經的僕人們，分批離開了府院——按照先前的約定，賈家會在當天日暮時接收這座金碧輝煌的宅邸。

接到延遲報告的內史騰沒有多少意外，在他看來，這只不過是個心灰意冷的亡國奴選擇的自我放逐，就像那個在楚懷王被囚後悲憤投江的楚國大夫一樣。

選擇淮陽作為新的安置住處，姬公子有他的打算：這裡原是楚國的都城，被秦國擊敗後才被迫遷都至壽春。此處離韓國、齊國、魏國都不遠，姬公子隨時可以根據需要前往任何一國。

他包下了城中最繁華的酒樓，重金招待往來俠客名士；又帶弟弟拜本地最淵博的夫子學習禮法，刻苦學習充實自己。他要用自己的力量恢復韓國人的復國執念。

然而，姬公子尚來不及施展抱負，晴天霹靂就再次降臨。

弟弟自小體弱多病身子嬌貴，又連番經歷韓國滅亡和母親病逝的打擊，身體狀況一天不如一天。再加之長途跋涉來到淮陽，水土不服之下，弟弟幼小的燈芯竟然燃到了盡頭。

姬公子找來楚地的名醫，用重金懇請他們使出渾身解數，務必將弟弟從死亡線上奪回來。這些醫者來了又走，煎服了數百錢湯藥，弟弟卻始終未見好轉。

「姬公子，聽在下一句勸，小公子的身後事怕是要好做了。」臨走時，醫者們無一不這樣勸告他。

失去了國家和父親，沒有了母親的疼愛，現在上天連自己唯一的親人也要奪走。姬公子想不通，自己究竟做了什麼惡事，竟要招致如此殘忍的報復？

「難道我注定要做一個孤獨的韓人嗎？」姬公子走進病房，抱起羸弱削瘦的弟弟。年幼的孩子身上已經沒有了生命的跡象，只剩下幾許硬撐著的活力。

「兄長，我是不是要死了？」弟弟喘著粗氣，想要再多撐幾刻。

姬公子愛憐地為弟弟整理好頭髮，試著擠出笑容讓他看到，卻無論如何也做不好，只能苦笑著安慰說：「傻孩子，你還這麼小，怎麼會死呢？先生說了，你再吃幾服藥就能大好了。」

「如果我死了，是不是就可以見到母親了？」弟弟有氣無力地抬起頭，慘白的面容僵硬如雪。

「不，你不會死的，相信我，你不會死的！」姬公子不想裝，看著親人離世的煎熬，簡直比讓他再經歷一次滅國之災還要痛苦千萬倍。

弟弟哭著說：「兄長，我想回鄭都；這裡我誰也不認識，連我們的字都沒有。我不要待在這裡，我想回去找母親；我要母親用我們的字教我寫名字……」

酒樓外的街道上，人來人往，楚國的民眾經過一天的忙碌後沉入夢鄉，沒有誰想聽到這兩個年輕人的哭聲。

姬公子緊緊抱住逐漸冷卻的弟弟：「我們會回去的，弟弟，我們會回去的……」

第二天，應酒樓老闆的要求，收屍戶從姬公子懷中帶走了弟弟冰冷的屍身。

「公子，小公子的居所該起幾尺啊？」負責葬儀的淮陽官員恭敬地問道。

「不起。」英俊的公子面無表情，「上壟，立石，不建廟，不出殯。」

官員幾乎不敢相信自己的耳朵：「公子，這恐怕不合規制啊。小公子是世家子弟，如果不起居所……」

「我說不起就不起！」姬公子怒吼著將對方趕出酒樓。

弟弟，我不會把你葬在異國他鄉的背井之地。總有一天，我要把你風光遷出帶回鄭都，回到母親和父親身旁，讓你以韓國宰相公子的身分厚葬。

在這之前，我要先為你報仇，為祖父、父親、母親，還有千千萬萬的韓國百姓報仇。讓那個奪去我們一切的人死無葬身之地。

我要親手埋葬攻掠我們家園的暴秦虎狼，我要讓那個嬴政為自己的殘忍和貪婪付出血的代價。

在弟弟的荒塚前，姬公子輕輕地叩下一響，然後起身離去。

他再也沒有回頭。

## 十年謀一刺，為使命而做的第一次運籌

遺憾的是，姬公子在弟弟墳塚前許下的誓言，並沒有能阻滯秦軍洶湧東去的鐵蹄。

韓國的覆滅不過是秦國吹響兼併戰爭的號角，讓暴虐的嬴政在大餐前先品味一碟甜膩的糕點。這個端坐在咸陽宮中縱橫捭闔的國君，正通過地圖上繁複的路線和地名，驅使黑甲的虎狼儘快夷平東方。

西元前228年，上將軍王翦一馬當先，率領秦軍縱馬衝入邯鄲城。大軍一路橫衝直撞，終於不情願地停在了趙王宮的正門前。其他秦卒銳士則秩序井然地開入城中各個地區，等待王翦的指令——接防，或者屠城。

趙王宮中，幽繆王趙遷正躲在角落裡瑟瑟發抖；三個月前，他把趙國苟存的希望交給了碌碌無為的宗族將領趙蔥和寵臣郭開，代價是司馬尚和已經被處死的名將李牧。現在，擺在趙遷面前的選擇，只剩下向征服者送上亡國之君的降表。

他不是個有勇氣自殺的國主。

先是被逼出走的老將廉頗，而後又是忠心不二的北地將軍李牧；似乎和曾經的韓國一樣，當武靈王趙雍被餓死在沙丘時，當年有志吞併秦國的騎射強趙，它的國運已經在那一刻戛然而止。

幸運的是，趙遷的兄長公子嘉沒有傳染弟弟的窩囊和愚蠢，邯鄲城破後，他帶著數百名宗族逃亡自立，試圖繼續與強大的秦軍抗衡。

公子嘉不合時宜的反抗激怒了準備享受征服者身分的王翦，二十萬秦軍未做片刻喘息，就又潮水般湧向公子嘉所在的代郡。

然而，急行軍的路上，一隻螳螂的臂膊擋住了王翦。它的出現不僅改變了歷史，也讓在淮陽城中學禮的姬公子心頭大振。

螳螂的名字，叫燕國。

和趙遷不同，燕王喜並不是一個太過廢柴的國主，在聞聽王翦的軍隊已調轉兵鋒、準備進攻燕國後，心急如焚的國君立刻召集群臣，企圖從這些尚有飽食之力者口中看到弱燕存活的希望。

但群臣終究辜負了國君的希冀，在黑雲壓城的秦軍面前的，大夫們的膽色還不如已成亡國遺民的公子嘉。

所有人中，只有太子燕丹決定横下心孤注一擲——刺秦。

六國蒙難，皆因秦王嬴政貪欲難填；殺了嬴政，就等於打斷了暴虐之秦的主心骨，秦國內勢必局勢大變，前線秦軍也會人心浮動，不站自退。只要嬴政當著全國人的面死在刺客劍下，東方五國就有機會重新合縱，一鼓作氣擊破秦軍，甚至反戈一擊、攻破函谷關！

焦急的太子丹找到「節俠」田光，想請他接下這個亙古未有的大單。不想田光揉著日漸萎縮的雙腿，向太子丹推薦了自己的忘年之交荊軻。

有史以來最華麗的刺殺行動，在俠客們的新老交替中拉開了帷幕。

太子丹不認識荊軻，甚至不瞭解他的生平，但當聽說田光為了保守機密拔劍自刎後，他只得把刺秦成功的希望都寄託在沉默寡言的荊軻身上。

荊軻的出現，幫助太子丹完成了將「刺秦」從構思到計畫的升級；他為弱小的燕國制訂了兩套計畫：一、如果有機會，荊軻會想方設法將嬴政擒住，逼迫他退兵；二、如果嬴政拒不答應燕國的要求，荊軻就手起刀落。

為了完成這次計畫，荊軻要求太子丹為他提供兩樣道具：秦國叛將樊於期的首級和燕國督亢地區的地圖。

荊軻準備用樊於期的人頭爭取秦王的召見，然後將利器藏入督亢地圖之中。屆時以獻地示圖為名，燕國使臣就能合理地接近嬴政，待圖窮匕見之時，就是嬴政投身九泉之日。

他的計畫滴水不漏，完全可以保證一擊殺敵。但荊軻忘記了太子丹的想法：聽完他的思路，未來的燕國儲君腦中想到的，只剩下「挾持秦王」一個環節。

荊軻無奈，他飛鴻去信請劍神蓋聶前來助拳，自己則耐心待在薊城中等待消息。孰料他的冷靜反倒讓焦慮的太子丹狐疑頓生——眼前的這個人，是否還會真心幫助燕國？

在太子丹的不斷催促下，心煩意亂的荊軻只得帶著十五歲就殺人的惡棍秦舞陽，和他一起前往秦都咸陽。

易水河畔，荊軻最後一次聆聽高漸離的擊筑，然後策馬向西而去。

風蕭蕭兮易水寒，壯士一去兮不復還。捲著燕趙劍俠的絕唱，兩位燕國使臣走進了黑幕遮天的咸陽宮；秦王嬴政坐在大殿之上，正等著來人為他送上膏腴肥美的督亢地圖。

於是圖窮匕見如願出現，計畫的策劃者荊軻卻在追逐目標的過程中，倒在嬴政的長劍之下，被蜂擁而上的秦宮護衛瞬間剁成了肉泥。

他至死都在為「綁架」和「刺殺」的二選一糾結不已。

被荊軻扯掉一隻袖子的嬴政徹底狂暴了，將秦舞陽亂刃分屍後，他諭令王翦：即刻發兵滅燕！

一年後，王翦帶回了太子丹的項上人頭——來自燕王喜的貢品。

正當所有亡國遺民都在為荊軻刺秦的失敗惋惜不已的時候，修習禮法多年的姬公子，卻像個興奮的孩子一樣，在淮陽城中四處尋找來自西面的客商和俠客，向他們請教跟刺客荊軻有關的一切。

「這是真的嗎，真的有人捨棄性命去刺殺秦王了嗎？」

「大約是真的，秦王不久就發兵滅掉了燕國。」秦地來的客商嘆了幾句，羞赧地接過俊俏公子遞來的茗品。

「公子不必再向其他人打聽了，秦王真的還活著。」

看著商人漸漸隱沒在人群中的背影，年輕的姬公子悵然若失：「當年若是有這等義士，韓國也不至於被暴秦傾覆。」

想到這裡，他不禁再次對那位名叫荊軻的刺客肅然起敬：「秦王多疑，能在戒備森嚴的秦宮之中接近他，這位義士想必是名滿燕趙、交友天下的豪俠吧？」

轉念之間，姬公子又有幾分遺憾：換作是弱不禁風的自己，也許等不到圖窮匕見的那一刻，他就會被秦王識破。

忍辱負重多年，在淮陽發憤修學，至今都未曾去母親和弟弟的墳塋灑掃。可到如今，他的努力換來過什麼？亡國破家的仇恨依舊鮮血淋漓，弟弟死前哀歎不能用韓國文字書寫名諱的遺憾歷歷在目。秦軍依舊在東方肆虐，他的報仇雪恨之日卻仍然遙遙無期。

姬公子再一次無助的目光投向淮陽城中人來人往的芸芸眾生：這些人中，是否會有我的同道？

「為了不同的亡國血債，為了同一個沾滿國人鮮血的敵人。既然荊軻已經先行一步，那麼我為什麼不能賭命一搏？」蕭肅的深夜裡，孤獨的公子躺在竹簡叢中痛苦地思索。

日益豐碩的學識讓他習得了內斂和謙遜的藝術，卻澆不滅心中刻骨銘心的仇恨。

「終有一日，我也要闖宮刺秦！」

西元前221年，統一六國的秦王嬴政終於登上皇帝大位，史稱秦始皇，自此天下歸秦。

唯一沒有被嬴政的志得意滿震懾到的，是淮陽城中的姬公子。他依舊在不斷地結交四方遊俠，尋找刺秦的戰友。

姬公子的苦心孤詣沒有白費，在一座臨海的小鎮裡，他終於找到了自己的盟友：東夷賢者滄海君。

聽到對方報上的名諱時，洞若觀火的滄海君已然懂得了姬公子的來意，他好心地勸告這位當年的韓國權貴，即使刺秦計畫可以在紙面上臻至完美，他們也絕無實施的可能：就在嬴政登基這年，荊軻的好友高漸離將鉛塊充入筑中，趁著進宮演奏的機會砸殺嬴政，結果失敗身死。從那以後，始皇帝就再也不見六國的人了。

姬公子卻看得很開：「既然如此，我們就有機會全身而退了。」

如同荊軻的失敗帶來的興奮點，高漸離的死讓姬公子想到了一個全新的刺秦計畫。六國覆滅後，秦國不再分封新的諸侯，轉而用郡縣的形式治理吞併來的國土。為了宣示威嚴，始皇帝經常出宮巡遊，向每一個郡的臣民炫耀自己的武功和能量。

姬公子的計畫，就是在皇帝車馬行進的路上，用重物將他的座駕砸成粉碎。他要像荊軻那樣，讓驕橫不可一世的嬴政，在秦國虎狼面前死得血肉模糊！

他決定用最激烈的方式，讓嬴姓的江山動盪不安。

面對刺秦意志堅定的姬公子，滄海君徹底動搖了——他也是六國的人。

西元前218年，秦始皇嬴政第二次出巡。得到消息的滄海君迅速找來姬公子，並為他引薦了一位身高八尺、力扛千鈞的大力士。

這個大力士和秦國並沒有直接的過節，他無所謂天下，無所謂國家。他只是齊地海邊上的普通漁民，過著三天打魚兩天曬網的清貧生活，除了堅硬的肌肉和一手百發百中的拋擲絕活，他的人生再也找不出其他亮點。

直到有一天，當身著黑甲的兵卒闖入漁村，將全村人都編為兵丁時，終日和魚腥為伴的大力士如夢初醒：生他養他的齊國被秦國滅亡了。

尤其是聽說齊王田建未經一戰便投降秦將王賁後，大力士的憤懣瞬間衝到頂峰——他從未想到自己的國君會是個廢物，連帶害得所有齊人也成了秦國眼中的孬種。

他急需為自己和齊國正名的機會，叫那個當了皇帝的秦王嘗嘗齊人的拳頭，哪怕只有一次這樣的機會，他的人生也可完滿。見到自願效死的大力士後，姬公子與滄海君著手組織工匠，連夜打造了一具重達120斤的鐵椎。

撫摸著鐵椎烏黑的光澤，姬公子忽然有些激動莫名。為籌算這一天的到來，他已經用去了十年光陰。

他當即拜別滄海君，帶著大力士和鐵椎向西而去。

十年前，他從一位風度翩翩的世家公子，淪為喪國受辱的落難文生。

十年前，他從一個兄友弟恭的未來家主，變成失母葬弟的遺世孤兒。

造成這一切的人，就是那個腳踏六國的男人，他將秦國的一己私欲加持在全天下的無辜人頭上，直到今天還在奴役六國故人。現在，復仇的機會終於到了！

刺秦計畫中唯一的缺漏，似乎只有那位大力士：他並沒有背負姬公子那般痛徹心腑的國仇家恨，但他難能可貴地具有一種只要過把癮就死而無憾的覺悟。加上滄海君的誠摯薦言，有他在，姬公子很放心。

況且，除了這位大力士，世上恐怕也沒有人能輕易舉起120斤的重物了。

顛簸的馬車上，姬公子鋪開地圖，拿出之前花費重金得到的嬴政巡遊路線，將對方的行程一一標注出來，用心確認始皇帝車駕的下一站。

幾番論證後，姬公子終於算出了皇駕的實際路線，並在其中找到了最適合行刺的陽武縣。他選中的那個地方，叫博浪沙。

## 一錘砸開天地，博浪沙始皇驚魂

嬴政對巡遊有著常人難以理解的熱衷，似乎面前即使有堆積成山的財富和纖肢柔荑的六國美女，壯盛的始皇帝也要大駕出巡，親眼看著所有臣民拜倒在自己面前，尋找那份醞釀多年的心神蕩漾。

但始皇帝的巡遊不能只為滿足愛好：皇帝巡遊的傳統並不是秦王朝的獨創，早在上古時期，天下共主黃帝就曾巡視天下，向四夷宣示自己的地位和主權，並藉機消滅那些不甘心被取代地位的小部落。今日的秦皇，正如同當年的黃帝一樣，親身去威懾敢於反抗他的人，讓東方六國的故舊們徹底臣服。

每巡一處，始皇帝必做三件要事：觀景、立碑、刻石。觀景可讓他心曠神怡，立碑是皇帝曾經親臨的鐵證，刻石則要向上天證明自己尊貴的人主身分——嬴政相信皇統的力量，但他並不相信人心：母后和曾經的相父呂不韋的流言，自始至終都在咸陽城中川流不息，成為嬴政的心頭惡病；嫪毐和母親的苟且更讓他顏面無光，想起來就覺得噁心。離開咸陽，或許可以暫時躲避那些紛紛擾擾的流言。

為了方便皇帝陛下的巡視，王朝發動數以萬計的刑徒和民夫，在全國各地修建通往都城咸陽的馳道。寬闊平坦的道路既安穩又舒適，足以應付上萬人的車馬。伴隨著長如龍蛇的出巡隊伍，嬴政就盤縮在自己的皇駕馬車中，透過針孔車窗，仔細地觀賞跪在道路兩邊的人民，還有地方官專為討好他、沿著馳道栽種的松柏。

始皇帝29年春天，嬴政再次出巡，這次他要沿著上年的東巡路線重走一遍：在始皇帝28年的東巡中，嬴政的「收穫」並不理想，泰山和琅邪台的石刻雖然成功完成，東嶽封禪的工作卻讓他大傷顏面：志得意滿的皇帝本想藉機向滿天的神仙大羅宣告自己的正統，卻被一場豪雨毀掉了封天祭禮；巡覽湘山景致，又讓陰風攪了興致，一怒之下乾脆伐盡湘山草木；派方士徐福浮海尋蓬萊，後者卻果真泥牛入海，至今仍未歸國。

鬱悶的嬴政不希望給世人留下皇帝未得上天眷顧的糟糕印象；他可以砍掉很多人的頭顱，卻堵不住這些悠悠之口，就像他的身世一樣。

只有規模更宏大、威勢更強盛的東巡，才有可能打消東方臣民的質疑。但嬴政或許忘記了，如果他肯接受無聊的生活，安心待在咸陽城中，東方的人民才願意默認這位皇帝的存在。

天子出巡是宣揚國威、彰顯皇權的大好時節，卻給沿路的百姓造成史無前例的負擔：馳道附近的田地不准耕種，皇駕經過的街道全程封路。臣民被熱心奉承的地方官員從田地裡強行帶走，投入到轟轟烈烈的接待工作中去；很多人就此倒在工地飛濺的塵土中，再也沒能回到家中。

六國的覆滅已然讓他們失去了做人的資格和尊嚴，現在他們連活下去的希望都如此渺茫。

姬公子準備放手一搏，為自己和別人已經失去的尊嚴討回一城。如果能一擊即中殺掉暴君，就算身死族滅他也心甘情願。

不，他早已經沒有了家族：韓王投降的那一天，母親在床榻上憂病逝去的那一夜，弟弟躺在自己懷中含淚死去的那一刻，五代相韓的姬公子就再也沒有家人，他自己就是全族。

更何況，我一定會成功。

他再次找來大力士，前往博浪沙查驗地形。

陽武在河水邊畔建城，城外方圓數十里都是沖積扇形成的淤泥沙地，既沒有林木遮蓋，也鮮有大隊人馬路過。為保平安，陽武的馳道修在了縣城南面的博浪沙丘上，此處生有一叢叢稠密的灌木，寬闊的帝國高速就這灌木林中穿叢而過。

毫無疑問，制訂行程的官員不敢讓皇帝承受顛簸的勞累，嬴政的萬人皇駕必定不會選擇淤結難行的河畔空地，他若想進入陽武縣成，博浪沙是唯一合理的選擇。

完整的行刺過程是這樣的：姬公子與大力士藏身在博浪沙馳道險處的灌木叢中，靜待皇帝巡遊隊伍的到來；待皇駕從險處經過，大力士就將鐵椎丟向嬴政的座車。以他的力量和精準，裝飾考究、雕龍擺鳳的馬車絕無法抵擋120斤鐵椎的衝擊，碎成一地渣滓的同時，縮藏在車中的嬴政也必然死無葬身之地。而趁著對方譁然大亂的時機，行刺的姬公子等人就可以從容逃脫，待官府發佈捕盜文書，他們早就在百里之外了。

毫無疑問，這是個凶險無比卻勝算極大的計畫。

荊軻和高漸離的失敗給姬公子敲響了警鐘：兩位鐵血刺客，一位與嬴政相視對坐，一位以盲人身分獲得接近的機會，如此尚無法一擊斃命。如果他們再離得遠些，恐怕連出手的機會都沒有。

他耗費十年心血的謀劃，不是為了幫嬴政貢獻合法殺人的機會。

在精細的謀劃下，終於有了本書序節中的那一幕。

然而，這一幕並不是始皇帝的終場大戲，反而是姬公子人生的轉捩點——

「陛下受驚了！」

慌張的問候如同冰封的箭頭，瞬間釘進姬公子正熾熱難耐的胸膛。

一個身穿白衣的高官，在衛兵的保護下跑向尾隨在遇襲馬車身後的那輛座車。確認過車中人的安好後，鷹隼般的眼睛立刻掃向不遠處的幾個丘陵。

皇帝的狡猾，不是平常人能夠想像的能力：大力士奮力一擊砸中的那輛馬車，只是嬴政的數十輛副車之一。

嬴政不僅懷疑治下的百姓，也不相信保護自己的人。他把所有的車駕都改成同一個樣式，巡遊路上隨機更換座駕，只有丞相李斯和貼身服侍的趙高等人知道，皇帝今天會在哪輛車中。

那個身穿白衣的官員正是李斯，他很快就發現面前的某個土丘有古怪。信手一指，後續的秦軍衛士便飛也似的朝著那塊丘陵衝去。

「捕刺客！」

策劃多年的計謀，卻被奸猾的暴君僥倖躲過；眼見功虧一簣，姬公子木然地跪在沙丘上，眼睜睜地看著黑色的死神向自己撲過來。

「姬公子，你還不快走？」大力士突然吼道，接著就搧過來一個巴掌，急忙將靈魂出竅的姬公子拉回到現實中。未等他完全回過神來，又飛起一腳將他踹下土丘。

跌了好幾個跟頭的姬公子這下才明白自己的夥伴要做什麼：「壯士，快隨我走！」

大力士嘿嘿笑道：「還沒有讓他吃到齊人的拳頭，我怎麼能走呢。」

怒視著腳下洶湧而來的秦卒，大力士頭也不回地跳了下去，高大壯碩的背影在清晨陽光的照耀下，留下最後一輪光暈。

「姬公子，保重了！」

忍著再次奪眶而出的淚水，姬公子連滾帶爬地摔出灌木林，一路跑到河水邊，跳上早已備好的小船，像離弦的飛箭般順流東去。

當天晚上，姬公子在一處河岔口棄船上岸，沿著炊煙找到了一戶人家。對方很好客，不但同意他留宿，還為他準備了乾淨的衣物。

衣服的做工很簡陋，但對狼狽不堪的公子來說，現在沒有什麼還比得上好心人的饋贈。於是為了表示感謝，他準備了幾枚金豆子答謝主人家。

# 第二章 蛻變之路，征途大業的第一步

## 青年任俠，他是下邳張公子

嬴政對臣下們的處理結果很不滿意：雖然當場將刺客拿住，但在眾多秦軍的圍攻下，這個跟樹一般高大的壯漢已然被剁成了碎塊，還折損了不少士卒。至於行刺的動機和計畫，身為「受害者」的皇帝已經無法知曉。

同樣的問題也在折磨負責督查的丞相李斯，但他更想要知道的是：刺客究竟是東方六國中哪一國的舊人。

可惜，從陽武城傳來的消息讓這對君臣失望透頂：士卒們拎著壯漢的首級去法場尋人，滿坑滿谷的陽武百姓，竟沒有一個識得這顆血淋淋的人頭。

面對困境，李斯的大腦飛速運轉起來：無人知曉的刺客身分、重如磐石的武器、未曾露面的同謀……不可思議的人和物，居然出現在同一樁針對皇帝陛下的刺殺行動中，未免太不尋常。

只有三種推測可以解釋當前的困局：

一、刺客同夥就躲在陽武縣城，混在了懵懂無知的百姓中間；

二、刺客不是本地人，按身形來看，他們應該是更北的燕人或齊人。行刺失敗後就匆匆逃去；

三、陽武城的百姓在包庇刺客同夥。

謀算了很久後，李斯認為可能性最高的是第三種，但他希望是第二種。

他向嬴政報告了自己的想法，並建議皇帝立刻下詔封鎖陽武縣城，同時飛報咸陽和各地郡縣，在全國範圍內展開大搜捕。

丞相此刻並不知道，皇帝早在刺客身死時就定下了計較。

「不必那麼麻煩，以那個大鐵椎為心，方圓十里之內全部屠滅。」嬴政揉著痛到發麻的頭皮，輕描淡寫地宣佈了皇帝的旨意。

李斯沒有反駁，也不想反駁。

「等等。」就在丞相離開大帳，準備去擬詔時，嬴政又把李斯叫了回來。

「這個地方人煙稀少，改十里為四十里。」嬴政依舊面色平靜，「另外，給三十六郡的郡守下詔，近期不准行人客商及車馬通行，務必把漏網的鼠輩找出來。」

從皇帝漫不經心的口吻中，丞相敏感地嗅到了對方幾近失控的憤怒：三年前才昭告天下登上帝位的嬴政，至今未能得到六國舊人的認同。他砍下了幾十萬顆頭顱，卻依然被崤函以東的人視作秦王。

驕傲的帝王之心，一統天下的宏願，在被暴秦兵甲吞噬過的土地上，竟只能激起烈焰萬丈的復仇之火。

不得人心至此，饒是精明到家的李丞相，也沒有把握化解皇帝的心結。當天夜晚，他把擬好的詔書交給傳令秦卒帶走，然後叫隨行將領立刻執行皇帝的口諭。

三更過後，博浪沙附近的河水被染成了催人作嘔的猩紅。

經過一夜的混亂，李斯終於幫皇帝尋到了解恨的機會：據幾個被刺客打成重傷的兵卒回憶，對方跳下來搏命前，口裡似乎喊那個逃遁的同夥為「公子」。

「公子？」丞相心中一振，「聽清楚了嗎？果真是公子？」

「囚徒喊的確是公子，好像還是什麼『姬公子』……」

博浪沙行刺事件立刻變得複雜起來。

李斯學貫古今，他當然知道，「公子」的稱謂代表了什麼——那個逃遁的刺客同夥，很可能是舊六國王室之後！

六國之中，姬姓的王室分別是魏國、燕國、韓國，但無論哪一國，他們的國主都不是姬氏（戰國時家族的姓和氏互相分開，如太子丹就是姬姓燕氏，名「燕丹」）。刺客稱同夥為「姬公子」，為保護他不惜螳臂當車，那麼這個人必定是其中一國的世家貴族。

三國貴族中名字中有姬，且對秦王有切齒之仇、不惜籌畫驚天密謀只求一刺的，恐怕只有韓國宰相一族了！

李斯記得很清楚：內史騰曾向他報告，滅韓之前，韓國宰相家的公子曾在國內四處招兵買馬，結交匪盜，妄想靠死戰逼退秦師。韓王舉國投降後，這個公子一開始還住在故國，但很快就變賣家產遣散奴僕，不知所終。他如果還活著，應該已到而立之年了。

就是他！

馬力開足的秦軍猛虎餓狼般撲向全國郡縣，瘋了似地尋找刺秦主謀姬公子。「大索十日」的白色恐怖由此拉開序幕。

他們千方百計從上黨抓來曾侍奉過韓國宰相的僕人，逼他們描繪姬公子的樣貌、神態，甚至還有口音，將畫像貼遍每一個郡縣的城門。在皇命的威脅下，地方官們不敢敷衍，所有面容酷似畫像的人都被當場捕殺，家人也全數族滅。

但秦軍依然找不到「姬公子」的蹤跡，他就像一塵飄散的薄霧，散漫在大秦廣袤的山水之間。

十日期滿，暴虐的黑衣秦卒們再次砍下了數萬顆頭顱，最終悻悻揮師，返回咸陽。

下邳（邳ㄆㄟˊ）城中近來十分熱鬧；受前幾日「大索天下」影響，城中的商戶和小販均不敢擅自開張，街道上一連多天冷冷清清，只有間或不斷巡守城中的騎兵和兇神惡煞的城卒。很多人家中早就無米下鍋，卻不敢輕易走出屋門，生怕被秦兵當成刺客的同謀捕去。

如今「大索」期滿，停滯多時的下邳城重新開市，居民們迫不及待地衝向店面採買，以解家中的燃眉之急。一時間，這座水上的幽靜小城居然繁華得有如秦都咸陽。

熙熙攘攘中，一個身著髒布衣的年輕人也隨著人流，悄然混進了下邳城中。

張良早就想到，博浪沙的刺秦行動一旦失敗，氣急敗壞的嬴政肯定要展開報復。但他沒有料到，狡猾的嬴政居然真能得到上天的庇佑，在大力士的鐵椎下死裡逃生。

如果沒有大力士的昂然赴死，張良很可能當時就已被秦卒捉住，亂刃分屍。

逃出陽武後，張良沒有回淮陽，而是一路朝東——只要秦卒找到跟自己有關的丁點蛛絲馬跡，他居住了十年的淮陽城瞬間就會淪為險地。

他始終沒有靠近城池，因為城門口有他的畫像，儘管是多年前的樣貌，但足夠讓城卒認出眼前眉清目秀的男子。

即便進得了城，如果被官府發現或者小人告發，他都將無處可藏，反倒會連累收留他的無辜人。

為求得最大可能的生機，多日來，張良始終在深山洞府之間穿梭；他避開寬闊的馳道，沿著山路走過了大梁、陳留。一路上風餐露宿，渴飲泉水，饑食草根——為防止有人循著光亮找到自己，他連火也不能生；為防猛獸襲擊，他甚至只能在樹上過夜。

靠著硬生磨練下的晝伏夜出的本領，張良終於躲過幾十撥窮凶極惡的秦軍。臨近下邳城，他滿面長鬚的模樣，已然同終日遊走山林的獵戶沒什麼分別。

這樣也好，看著河水中的倒影，張良思忖道。

就著清冽的河水，他剪去了些面上的鬚髮，隨意梳洗了幾下就朝城門走去。

張良很幸運：「大索」之期已過，那些個守城卒被咸陽來的秦兵折騰得人困馬乏，對這個骯髒邋遢的流浪漢毫無興趣，問了幾句場面話便讓他進城了。

下邳瀕臨泗水和沂水交匯之處，兩條河水穿城而過，城中浮橋水巷重疊不斷，是一座格外恬適的小鎮。儘管不久前的大搜捕讓城中百姓苦不堪言，但風聲過去後，他們的生活就又重新恢復正軌。

在這些山高皇帝遠的居民心中，誰當一國之君，誰殺了一國之君，對他們來說並不重要。只要能繼續保持當前安靜祥和的生活，他們就不會太在乎頭頂上的江山姓什麼。

這裡是逃亡者的天堂。

張良找了一家最簡陋的客店住下，收了錢的店主人甚至不願意問他的姓名——這個髒乎乎的客人不是被盜賊襲擊過的客商，就是開罪了哪方的公人，從遠方逃大禍而來。

他們絕想不到這是刺殺當今皇帝未果的天字第一號通緝犯，因為他實在太瘦弱了。

安頓下來後，張良學著下邳的風俗，穿上了楚人喜愛的短衣和草鞋。他沒有像在淮陽城時那樣揮金結交四方俠客，而是頻繁出遊，用磨出厚繭的雙腳，親自丈量下邳的每一條街道與河流，用雙眼親眼體察小城裡的風土人情。

因為他明白，如果再和以前那樣招搖，用不了多久，嗅到氣味的秦卒就會興兵而來。到時候不僅張良跑不了，下邳的所有百姓也會跟著他遭殃。

可是如果不結交身負奇才的人物，他又怎能了結自己和嬴政的冤仇？大力士的死仇，何時方可得報？

姬公子，保重。大力士臨行前的那句道別，像一條刮骨的利刃，無時無刻不在刺痛著張良即將爆裂的內心。

母親和弟弟仍躺在荒蕪的墳塚之下，韓國的百姓在暴秦的統治下民不聊生。他為報大仇精心謀算十年的計畫，卻在最後時刻功虧一簣，還白白賠上一條壯士的性命。

不只是壯士，還有那些因為張良而冤死在秦卒劍下的無辜百姓。

他和嬴政的仇恨，早就不再囿於簡單的國破家亡；他已經看得到，蒼天覆蓋下的每一處，都充斥著低沉的怒吼。

仇恨正如同饑餓的螻蟻，不斷啃噬張良瘦弱的身軀，逼著他做出最後的抉擇。

終於有一天，他來到一條最熱鬧的城中河邊，再次就著清冽的河水，剔去了為掩蓋樣貌蓄起的鬍鬚。

見到英俊白淨的客人回來，店主人更堅定了自己的推斷——可憐的富家子。

如果他們仍然不肯放過我，那便只抓我一人，不要連坐下邳的百姓。

如果他們永遠找不到我，那麼終有一天，我會回去找他們，帶著所有不甘忍受暴秦奴役的人。

之前漂泊動盪的生活，和眼前淡然富足的下邳城，已在不知不覺間，改變了張良。

只刺死一個嬴政，還會有第二個嬴政走上帝位，繼續執行秦人的殘暴。只有推翻所有秦人，復立他們自己的國度，無辜的人才能找到真正的安樂居所。

山清水秀的下邳城，用最不經意的口吻悄聲告訴張良，他的仇恨應該怎樣結束。

「刺秦」無用，「反秦」才是解決一切的奧義。

這一年張良三十二歲，他的人生終於開始朝著歷史設定的軌道行駛。

他重新出現在酒肆茶舍之中，繼續結交往來的客人和俠客，與他們談天論地，辯辭黃老孔孟、商君韓非，卻絕口不提時局，更不會討論博浪沙馳道上的驚魂一幕。

他身著短衣草鞋，卻風度翩翩；他俊俏貌美，卻與販夫走卒相視而笑；久而久之，下邳城中的「張公子」已然成為閒逸之人的共同偶像。

而立之年的張良，終於學會了創業路上的真諦：在時機成熟之前，要懂得保存自己。

不過，現在的張良不光要靜待時機，他更需要真正的實力。

但，茫茫人海，又有誰可以教他？

又是一個春風和煦的清早，飲過早茶後，張良就離開客店，準備出城賞景。

「張公子今日好興致啊。」隨著張良住宿的日久，店主人也越發客氣起來。

張良信步來到郊外，只見沂水兩岸鬱鬱蔥蔥，枝繁葉茂。粼粼的水波閃爍下，兩岸躬耕的農夫也被照得亮潔如神。

然而，就在張良出神賞景之際，一個極不和諧的聲音叩響了他的耳膜。

「那小子，過來！」

被毫不客氣地呼了一聲，張良也略微有些吃驚；他放眼望去，四周卻依舊沉寂靜謐。

「說你呢，胡亂看那個！」

溫婉古樸的浮橋小城，怎麼會有如此刺耳不羈的人？張良不禁循著喊聲瞧過去。遠遠的，橫貫南北的沂水圯（圯）橋中央，正站著一名鬚髮皆白的老翁。

## 圯橋拾履，意想不到的人生轉折

被素不相識的老翁召喚，張良多少有些意外：正常的禮節應當是老翁招手輕喊，待張良看到他再做個長輩虛禮，一番隔空行禮後，張良亦步亦趨地走過去向老翁行後輩禮，然後才開始正式的交談。

楚國本是荒蠻之地，民風之驃悍純粹不亞於暴秦。芈（芈）姓華族在此經營十幾世，卻未見有多少成效，連上了年紀的人也不願意自持，想必這才是真正的楚人吧？張良笑著思索道，只覺老人粗俗得有些可愛。

那老翁卻不依不饒，見張良站在原地不動，眉毛倒立便聲如洪鐘：「還傻愣著幹什麼？快些過來！」

張良畢竟是世家貴族出身，又在淮陽學禮多年；作為姬公子，拒絕來自長輩的召喚是等同於不孝的惡行。於是不等對方怒氣沖沖地再次破口大罵，張良便一路小跑來到圯橋之上，向老翁萬分恭謹地行晚輩禮：「見過老丈。」

禮畢抬起頭來，張良發現面前的老翁確實與眾不同：單看樣貌，此人已年過六旬，卻面色紅潤，身軀挺拔；細長的黑目深嵌在眼窩之中，比兩汪水井還要深邃幾分。他雖然和當地的楚人一樣，穿著粗布短衣，卻多披了一件黃色的大褂，伴著橋上的微風輕輕飄動。

仙風道骨的無名老翁，逃亡他鄉的反秦公子，老少二人站立在沂水圯橋上，芸芸之中，這場見面注定將要蒙上一層不同尋常的神秘味道。

唯一不太稱景的，是老翁只蹬了一只草鞋，另一隻赤腳正踩在空處。他就這樣彆扭地站著，眼如銅鈴地看著柔弱有禮的張良。

見對方直勾勾瞪著自己，蹊蹺之餘，張良不禁心生敬畏，急忙溫聲問道：「敢問老丈，方才是否在喚小可？小子愚鈍，竟讓長輩苦等多時，真是孟浪了。」

老翁卻好像不願受「公子」的禮數，他抓住張良伸過來想要攙扶自己的手，就勢跳著來到橋邊，用黑亮的手杖直直戳著橋下的河水。

「老夫的鞋掉下去了，你去給老夫拾來。」

張良順著手杖的方向細瞧過去，靜靜流淌的河水中央有幾塊大石，那只掉落的草鞋就被夾在石縫之間。

扯著嗓子喊了半天，原來是讓他過來幫忙撿鞋。

這樣的要求，無論放在哪個時代都不算太過分；老人行動不便丟了鞋子，身強力健的後生為老人下橋尋履，既合禮數，也屬人道。卻讓張良啞然失笑——他跟老翁根本就不認識。「怎麼，不願意？」見張良沒有動彈，老翁竟又泛上幾絲怒氣來。

見自己的猶疑令長輩不悅之色滿滿，張良心生愧疚，惶恐間忙擺手解釋：「老丈莫急，小可不過在尋草鞋的去處，這就下水為您取來。」

安撫完老翁，張良就趕忙跑下圯橋，撩起褲腿蹚進沂水。清晨時分的河水格外冰冷刺骨，越向河中心靠近，冰肌刺骨的痛麻感覺就越重。

張良被冷水激得連連咬牙打顫，經過河心時，涓涓的流水幾乎是像利刃般切割他的小腿。不得已，張良從衣服上扯下半塊來咬在嘴裡，蹣跚著接近夾著草鞋的那幾塊大石。

橋上的老翁卻好似沒看到這一幕，看他步履遲緩，還不時地要催下來幾句難聽話。

忍著冰冷撿回老翁遺落的草鞋時，張良自己的鞋已經爛得沒法再穿了。事已至此，他反而釋懷不少，乾脆扯掉這些累贅，打著赤腳回到橋邊。

因為擔心鞋子滲水後不便行走，張良把草鞋裹在懷中細細擦擦一番，擠掉浸入的冷水，這才恭恭敬敬地遞還給老翁：「託老丈的福，小可幸不辱命，這是您老的鞋。」

一絲弔詭的笑容悄然劃過老翁的嘴角。

「別廢話，快給老夫穿上！」

未等張良反應過來，一隻紋理盡顯的雞皮赤腳已伸到面前。

無緣無故來這樣一齣戲，張良真是好氣又好笑，隱隱覺得對方是有意戲弄自己。但轉念之中，他卻想起母親臨終前自己侍疾的場面：病痛中的老人連吞水的力氣都沒有，只能靠張良幫著母親輕捏喉部下嚥。

也許他只是個沒有家人兒女在身旁的孤寡，所以才極力想感受被孩子照顧的感覺吧？張良默默地想著，然後老老實實跪在老翁面前，順從地為他綁好草鞋，安心等待下面的吩咐。

然而，那老翁好似能看穿張良心中的想法一般；待張良替他穿好鞋、等他繼續出招時，他卻站起身，捋了捋長鬍鬚就離開了，留下張良一人跪在橋邊，連最起碼的道謝都沒有。

「老丈好走。」真是個奇怪的老翁。看著對方離去的身影，道別禮的張良像做夢似地毫無方向感。

不對。

之前那老翁喚他時，人站立在橋的正中央，那只草鞋又是如何掉到河裡去的？

詫異之下，張良急忙起身想要追住老翁。可惜那雙赤腳偏不爭氣，只追了幾十步，就被石子磨出了數條血口。

「姬公子」苦笑幾聲，一瘸一拐地回到汜水橋上，準備回下邳城尋雙好鞋，順便把衣服也換掉。

「哈哈哈！」爽朗的笑聲從身後襲來，剛才已經離去的老翁，現在竟然重新出現在汜水橋邊，那根手杖依舊光亮，未沾半點泥土。

他如何能這樣快？張良驚詫不已，未加思索就躬身向老翁再次行禮：「老丈可是有遺落物什？」

老翁沒有為自己的去而復返解釋什麼，他站在恭謹有加的張良面前，笑眯眯道：「如此竟仍恭敬自如，果然孺子可教，孺子可教啊！」

此時的張良並不知道，全天下數一數二的好運就要降臨到自己的頭上；但聰慧如他，已經猜到對方的身分必然非同尋常。

「姬公子」極為少有地撲倒在地：「夫子在上，受小子一拜！」

結果膝蓋還未著地，張良就被老翁的手杖挑了起來：「無需多言，五日之後，天亮之時，圯橋之上，你在此等我便是。」

張良大喜，叩頭就拜：「夫子有約，安敢不從？」

老翁沒有搭理他，自顧自走下橋，笑呵呵地向遠處走去。

回到客店中，張良仍舊興奮難耐；那個黃衣老翁仙風道骨，談吐不凡，先前又在橋上故意脫鞋「試」他，滿意後才定下五日之約。想必對方是要傳授給他極為重要的法門秘術，所以才如此鄭重其事。

若果真被仙緣眷顧，將來張良就有機會親手完成反秦復國的大業。

得了奇遇的張良這幾日再也無心交遊，只記著老翁與自己的五日之約，一改過去市井結交的作風，待在客店中深居簡出，卻詩書懶念，飯食少進。致使店主人都在懷疑，向來任俠自得的張公子是不是害了重病。

張良自然不可能染上什麼重疾，困擾他的，不過是塊讓自己想起來就笑逐顏開的「心病」。

他焦急地等待著，在不安和胡思亂想中熬過了第四日的漫漫長夜。

第五天清早，天邊剛泛出魚肚白。

「張公子，可是大好了？」連續幾日不曾露面的客人走下樓來，店主人也覺得心情大好。

張良笑了笑，接過對方送來的面巾隨便擦拭兩下，道了聲「得罪」就急忙向城外趕去。

似乎是擔心到地方時天已大亮誤了期限，張良一路飛奔來到圯橋。卻見老翁早已坐在橋頭，正氣鼓鼓地盯著他來的那條路。

「失了長者的約，算何種罪過？」老翁嗔怒道，壓根兒不在乎年輕人的氣喘吁吁。

見老翁怒氣難平，張良趕忙賠禮：「夫子恕罪，小子知錯了……」但沒等他跪下告罪，老翁已繃著臉拂袖而去。

「回去吧，五日後再來，莫要遲了！」

老翁的身影逐漸消失在郊外的濃霧中，甩下張良一個人跪在橋上發愣。

大清早前來卻吃了頓「面門羹」，懊悔的張良只得悻悻離開，在店主人怪哉的目光中回到客店。

他拿不準這次見面是不是老翁的新考驗，不過有一點張良很清楚：早晨老翁的怒容不是裝出來的，如果張良一再失約，老翁很可能從此不再出現。

張良可以容忍機會的喪失，但絕不會接受別人對自己品德的定性。

五天之後，聽著凌晨的第一聲雞叫，張良翻身下床。他不講道理地拉起店主人，逼對方為自己提前開張營業。

「張公子今日好雅興，天不亮就出門，可是要去遠處訪友嗎？」睡眼朦朧中，店主人目送張良飛也似的衝出客店。

張良滿以為這次可以站在橋頭恭候老翁到來，不想剛跑到沂水邊，就看到老翁悠閒地坐在那裡，向他怒目而視。

「可惡！」張良這次真的生氣了──難道連起早都比不過一個老人嗎？！

老翁卻更不高興，他這次甚至連話都懶得跟張良說，只伸出手掌晃了兩下，便再次飄然而去。

須臾之間，張良隱約明白了這個約定的含義：我可以給你五天時間，但我只有兩隻手。圯橋拾履，張良得到了最初的「五日」機會，但他遲到了；於是老翁拂弄著衣袖又給了他一個「五日」，結果他又遲到了。現在老翁招手給了他最後一個「五日」，屆時如果張良再不按時出現，他們就不會再見面了。

張良垂頭喪氣地躺在床上，撓破頭皮卻找不到破解的法子。

他又覺得老翁有些不厚道，明明約好天明時分，卻每次都要提前來。不是故意消遣他嗎？

「五日之後，天亮之時，圯橋之上，你到此等我。五日之後，天亮之時，圯橋之上，你在此等我……」念叨著老翁給自己的約定，困頓的公子漸漸沉入夢鄉。

在此等我，等我，等我……

等我！

第四天日暮時分，簡單地用過晚飯後，張良走出了客店；臨出門前還專門交代店主人，晚上不必等他，他要在城外過夜。

夜深人靜，午夜的沂水河依舊明光可鑑，皎潔的月光碎落在河面上，竟比最新穎的帛畫還要精美。然而，這些美景都無法勾起張良的興致，他靜靜地枯坐在圯橋之上，只等待天亮的那一刻。

到了後半夜，冰涼的濕氣襲來，伴著初生的露水侵入骨髓，張良禁不住又打了一個寒顫。他有想過到城門下取暖，又擔心老翁此時前來。幾番掙扎後，他靠著橋邊的欄杆，用力把自己蜷縮成團，咬緊牙關等著。

剛過五更，一陣輕快的步伐聲敲醒了險些凍暈過去的張良。踏著白亮的月色，那老翁和往常一樣，穿著短衣草鞋，披著黃色大褂，拄著手杖飄然來到沂水圯橋上。

「哈哈哈！」爽朗的笑聲終於又一次充盈在圯橋之上。老翁拉住迎上來的張良，卻止不住自己滿臉的高興和慈愛之色。

「想必是昨夜就在此地了罷？這才像話嘛！」老翁脫了黃褂披到他身上，驚得張良慌忙作揖告罪，結果又招來一頓訓斥。

待在橋上坐定，老翁從懷裡掏出一包書簡遞給張良：「拿去吧。」

張良受寵若驚，急忙跪下雙手承接：「夫子如此厚愛，小子惶恐不已。」

老翁卻哈哈大笑，扶張良起身：「什麼惶恐不惶恐？這部書是你應得的。回去後記得細心研讀，日後定能派上用場。」

聞聽此言，張良立馬再次跪倒，乖乖地行了一個弟子禮：「老師在上，請受弟子張良一拜！」

老翁這次沒有拒絕他，微微笑道：「這部書可讓你成就他人的帝王大業，做一代帝師。但要記住，你只有十年時間；十年之後，無論是否得盡書中真傳，你都必須出山！」

「弟子謹遵師命。」

「是真的才好！」老翁撚鬚道，「別跪著了，地上怪涼的。」

起身後，張良本想再問幾句跟書簡有關的事情，轉念想想，又覺得該是天機不可洩露，便不再多言；何況他還有更大的疑問沒有解決。

「弟子愚鈍，尚不知老師的名諱……還有，老師那日為何會選中弟子？」

聽到這樣支支吾吾的問題，老翁竟像聽笑話似的捧腹不已：「真是多嘴！老夫叫什麼很重要嗎？你又真是張氏嗎？」

老師話中的諷刺格外刺耳，張良頓時羞愧難當，只得低下頭告罪：「老師大恩，弟子終生難忘，唯有發憤苦讀以報！」

「你若有心，十三年後，去濟北的谷城山下看黃石，帶著你的功績來尋我吧。」言罷，老翁飄然南去，片刻便消失在濃霧之中，蹤影全無。

張良懷抱書簡，身上的黃色大褂依然伴著細風隨意擺動。他呆呆望著老師離去的方向，默然無語。

厚重的濃霧漸漸散去，沂水河畔萬物靜籟，細膩的土地上看不到半片腳印。

就著初生的晨光，張良解開包裹書簡的步片，兩個大字映入眼簾：三略。

## 研習天書，只有自己最能送自己一程

在下邳困囿多時的姬公子終於有事情可做了。

為了躲避秦軍的追捕，曾經的韓國公子化名改姓自稱「張良」，但是直到被不知來由的老師點中成為門徒，「姬公子」才真正走入張良的世界。

似乎是冥冥之中寫就下的定數，《三略》的出現，將要改變的不只有張良的認知和能力，還有他即將被傳唱千古的一生。

不過，真正讓張良成為後人史書中那位絕代軍師的，並不是《三略》。

嚴格來講，《三略》並不算是真正意義上的兵法，它的論述更多地摻入了儒道兩家的政治思想，還有作者本人對戰爭的思考，甚至也受到了墨家「非攻」的影響。整部書既論戰，又論國，兼論民生仁愛。饒是智慧無雙的張良，也沒能完全理解它的真諦——這部很可能凝結了老師畢生心血的寶物，只給了他十年的頓悟時間。

《三略》不是百科全書，它的字裡行間盡是黃衣老翁的身影，讀者卻始終看得到、摸不著。任何竭力推敲隻言片語的結果，就是距離真相永遠有一步之遙。於是每當張良想要瞭解老師自身的思想時，總顯得蒼茫一片，幾乎找不到跟他有關的隻言片語。

張良學禮起家，他能讀懂艱深枯澀的議禮文章，卻看不懂這部奇書。老師字裡行間縷述的，始終在兵戈戰陣的周邊和內裡，還有那些近乎讖語的謎團——似乎從開篇起，老師就打定主意不講述具體的排兵佈陣之法。

為什麼鄭重其事交給自己的，竟是這樣一部無頭無尾的文字？張良禁不住要質疑起老師當初三試自己的真正用意。

每天念叨著這些晦澀到極致的格言，張良幾乎有種想要將它砸碎的衝動。

我要的是能反秦復國的秘笈，不是謀國為政的老生常談！

我的幼弟、母親，還有博浪沙上赴死的壯士，他們的冤魂依舊找不到歸宿。飽受秦皇暴虐統治的六國無辜，仍然生活在水深火熱之中！現在我無國無兵，什麼都沒有，什麼也做不了，卻要幻想著有朝一日登上相位，給某個帝王出謀劃策，居中廟算嗎？

難道你是知曉了我的過往，於是可憐我，希望我繼續麻木地待在下邳城中，用勞什子的帝師夢了此殘生？

神秘出現而後飄然離去的黃衣老人，命中注定要成為張良一生孜孜不倦地追求。可是《三略》讓他失望了——當年的韓國公子早已過了而立之年，青春於他而言，正在逐步移向奢侈品的行列。

如果不能在十年之間徹底參透，沒有獲得老師希望自己掌握的實力，張良的人生就只能在光與色的市井遊蕩下去。

他也終將徹底遺忘祖先和母國的榮耀，像那些安居在故地的六國貴族一樣，淪為舔舐暴秦腳尖的亡國奴。

浪費了一位義士的性命。

韓國被滅十幾年來，唯一支撐著張良的，只有推翻暴秦、光復鄭都的願望。可現實是無情的，秦王成了千古一帝，韓國舊人自甘沉淪，他在博浪沙寄望砸出新天地的搏命一擊，卻只是浪費了一位義士的性命。

渺小精緻的下邳城和總也用不完的金銀，如今已是張良的全部身家；大家對青年任俠的張公子禮敬有加，卻無人知曉那個埋藏在公子心底的願望。

癡心復國，搏命刺秦，改名換姓，苟且偷生。我做的一切都沒有錯，可為什麼成功不了？你既然有心幫我，卻為什麼不願點明實義，是嫌棄我受到的折磨還不夠多嗎？

簡樸的客房裡，孤獨的張良將頭埋在雙臂之中，痛苦地抽搐著。那件黃色大褂正披在背上，跟著他聳動的肩膀來回擺動。

「柔能制剛，弱能制強。」

「這部書可讓你成就他人的帝王大業，做一代帝師。」

真正的奧義，是不可能從書本中得到的；但是它可以告訴自己，怎樣去做就可以得到。《三略》的隱秘正在於此——謀國先謀身。

在一個不同尋常的深夜裡，張良重新抱起老師的書簡，就著燭光重新品讀。

《三略》中有的不僅是哲理，還有每個胸懷大志的人想要找到的一切：思想家會從中發現最樸素的哲理，政客企圖找到縱橫捭闔的罩門，野心家能深鑽其中不為人所知的帝王之路。一千個不同目的、不同身分的信眾，都可以在《三略》中看到自己存在的意義。

但是張良想要的技藝，《三略》給不了他——這部謀國神作是不可能速成的。

「十年之後，無論是否得盡書中真傳，你都必須出山。」分別前老師的告誡歷歷在目，重新咀嚼起這句話，張良似乎忽然明白了什麼。

「十年之後，怕是就要天下大亂了吧？」

這本書並不是用來幫助我復國的，它是專門為我準備的。

再偉大的名將，也會被歲月腐蝕精氣；再強悍的軍隊，也會被持續不斷的戰鬥摧毀。這個世界上，沒有流傳千年的強國，但卻有永不褪色的智慧。

這個智慧的名字，叫「大略」。

它可以讓缺乏才幹的庸碌之輩成為當世良將，也能讓一支破爛不堪的軍隊變成虎狼之師。有大略指引，弱邦可以稱強，小國能爭天下。

千萬場兵戈不息的大戰，不過是地圖中的幾套棋子。

習得「大略」的我，就是那個下棋的人！

這個夜晚過後，張良徹底收起了姬公子苦心復國的幻想，將那些曾將他折磨得苦不堪言的國仇家恨擱置在一旁。他跪坐在書桌前，一心一意地開始精研《三略》中隱藏的大略，並不斷地將其收為己用。

他終於走上了命中注定的蛻變之路。

如果想學打仗，只要經常持劍上陣、多研習兵書和名將的戰例就可以了。更何況，在山高皇帝遠的下邳城中，《孫子》、《吳子》這樣的書多得驚人。

然而，即便最笨的人也知道，紙上談兵帶來的不是勝利，而是葬身長平的四十萬條性命。只有偉大到無懈可擊的戰略才是制勝之道。

如同當日博浪沙上的搏命行刺：假使提前預料到始皇帝狡兔三窟的陰險，張良就根本不會選擇在三十六輛真假莫辨的巡遊隊伍中下手；他甚至不需要刺秦耗費十年──嬴政第一次出遊的時候，封禪泰山就是最好的機會，因為封天必須要皇帝本人單獨為之。

然而，經過《三略》洗禮的張良，已經不是當初為策劃行刺而徒費光陰的衝動青年了。對《三略》中每一處知識的理解，都幫助他更進一步認清秦帝國外強中乾的本質。

這個天下正在走向動盪，嚴刑酷法下隱藏的怒火正在狠命灼燒最後一層封窗紙。

反秦需要的不只是勇氣和血性，還需要更深邃的眼光和謀略。因為他要謀取的，是大秦帝國的天下。

「嬴姓倒行逆施已久，不出十年，天下必亂！」

想要成功，就必須自己創造一個念想。

至於《三略》，張良注定要用一生去讀完。

這日黃昏，埋首苦讀整整一天的張良不禁頭痛疲乏。在房中活動一番筋骨，便整衣出門，準備去找幾位素來交好的談友飲酒解乏。

路過一處熱鬧的街頭，卻見人頭攢動，將狹窄的空間圍得水洩不通，人群中間還不時傳來幾聲怒罵。

張良湊過去一看，原來是街頭賣肉攤的老闆，正拉著一個過路的大漢理論。

「我已給你道過不是，為何誣陷於我？」

「何來誣陷？分明是你想找我的碴蹭肉。有本事咱們去官府，看看到底誰不講理！」

只見那大漢人高馬大，身材頎長，雖然身著布衣草鞋，眉宇之中竟隱隱透出英武之氣，絕不像普通的健卒俠客，倒像是個行伍出身的軍人。

最能讓張良確定懷疑的，是當肉攤老闆拉著大漢揚言見官時，大漢竟然顯露明顯的懼色。以他的樣貌氣度，應該沒理由擔心一個小市民的刁難。

除非他跟自己一樣，不能進官府。

張良準備幫這個大漢解圍。

「老闆啊，天色已不早了。何必這個時候去官府找晦氣？」

「張公子？您竟肯替這個無賴開釋？」肉攤老闆見張良出來，本想客氣幾句，卻見他為大漢幫腔，於是繼續不依不饒：「不行！撞翻了買賣我明天還怎麼做生意？見官，一定要見官！」

張良心下計較已定，他用力拽開糾纏不休的肉攤老闆，將幾粒銀塊塞進對方袖中：「其實此人是在下遠道而來的舊友，無意衝撞了老闆，您老可切莫記在心上。」

「既然是張公子的朋友，那今日之事定是誤會了！」有張良主動作保，肉攤老闆也轉怒為喜，當即收拾東西準備回家，「左右不過是碰倒了幾個擔子，不礙事，不礙事的！」

眼見再無熱鬧可看，圍觀的人群也漸漸散去，只留下張良和大漢站在街頭。

大漢顯然對這個俊俏公子沒來由的幫助有些迷惑，但礙於臉面，他還是認認真真地向張良作揖：「公子義舉，某今日感激不盡，他日定當以死相報！」

張良哈哈大笑——這樣的事情他在下邳城裡已經不是頭回碰到，如果每個人都給他以死相報，怕是要折損不少陽壽：「壯士有禮了，在下張良，字子房，不過是下邳城中一凡夫，何能擔得起壯士的謝禮？壯士若不棄，可願同在下飲上幾壺酒，只當歇腳如何？」

那大漢本想推辭，但見張良態度誠摯，不像居心不軌之人，考慮片刻便道：「如此，便勞煩公子破費了！」

張良引著大漢來到自己時常光顧的那家酒樓，問店家要了一個單間；待酒菜備好後，便舉起酒盅先乾為敬：「壯士莫要誤解，下邳城中民風恬淡，對四方賓客向來禮敬有加，只是少有見過壯士這般高大勇武，故也跟著心慌了些。」

相比張良的豪爽英氣，大漢倒有些拘謹，只是不停地感謝張良出手相助的義舉，窘迫的舉止讓終日與俠氣為伴的張良都不禁有些莞爾。

他摁住大漢不住抱拳致謝的雙手，又遞過去一只酒盅：「相逢即是有緣，壯士若真心感激張良，便與我痛飲幾杯。」言罷便昂頭一飲而盡。

大漢見他豪爽，便也知趣地不再提方才的趣事，舉起酒盅和張良共飲。

待酒氣上湧耳根溫熱後，張良才記起最初的疑惑：「張良愚鈍，卻不知壯士高姓大名，上下如何？」

他問得不疾不徐，卻見幾絲凶光劃過對方的瞳仁；張良這才想到，大漢來下邳城的目的很可能跟自己一樣。

那大漢遲疑了好一陣，直到確認張良沒有敵意，周遭也並無身形可疑的人後，才小聲啟齒道：「某不過是下相來的村野莽夫，賤名項伯。」

「項伯？」

## 名將之血，戰死者的重生之路

在下邳城中遇到項伯絕非偶然。

西元前224年，在秦王嬴政的懇請下，王翦接替作戰失利的李信，同時秦軍添兵至六十萬，前去攻打戰國七雄中最後的對手——楚國。

和最後的戰國田齊相比，楚國的存在才是最大的威脅：秦昭襄王曾數度攻伐楚國，甚至囚死了國君楚懷王，但人稀地廣的楚國依然堅強地站立在秦人面前，像一根硬挺的芒刺，深深地刺痛著秦王嬴政的後背。

他放棄了攻滅齊國、戰略壓制楚國的選擇，徵調全國青壯充入秦軍，準備一舉消滅這個心腹大患。

為了順利達到目標，傲慢的嬴政不惜放下身段，親自去頻陽向王翦謝罪，請他掌兵，還以鮮有的耐心和胸襟，接受了這位碩果僅存的「戰國四將」近乎無禮的封賞要求。

不久前剛經歷過敗仗的嬴政已然懂得，只有垂老的王翦能帶領秦軍攻滅楚國，因此他不吝賞賜。而相比自己的君上，稱病已久的王翦更加清楚眼前的局勢：之前李信伐楚戰敗，並非這位青年將軍志大才疏；他只是碰到了一個不應該碰到的對手，這個人只要仍在指揮作戰，秦軍就休想攻滅楚國。

所以王翦才會不斷地向嬴政討要封地和賞賜——在那個人面前，他也不確定自己能否活著回到秦國。

況且，如今連兒子王賁都已經成年為將，王翦實在不想再遭遇「人屠」白起的悲劇。

六十萬兵馬不光要完全佔領廣袤的荊楚大地，也是為那個人準備的。

項燕。

如果戰爭可以忽視生命的消失和人民的哀嚎，那它就是人類史上最獨一無二的空間藝術，王翦和項燕則是這門藝術中棋逢對手的良才。

一年前，堅稱「六十萬平楚」的王翦被嬴政當面斥為怯戰之舉，然後拜李信為將，和蒙恬率領二十萬傲氣沖天的秦卒闖入楚國境內，準備蕩平芊姓苦心經營數百年的蠻荒福地。

危難關頭，楚國大將項燕臨危受命，點齊僅存的部隊，準備同秦軍決一死戰。但是沒過多久，原本抱著必死之心的項燕就發現，這些殺氣騰騰的秦軍其實不堪一擊：他們太少了，根本沒有能力佔領龐大的楚國版圖，只能在各個戰略據點之間逡巡攻打。

項燕對曾經窮追燕王喜不捨的李信略有耳聞，知道這位將軍喜歡一蹴而就的勝仗。他迅速傳令給仍在抵抗的城池：儘量囤積糧草堅守，不要再主動應戰；如果秦軍來攻，務必把他們擋在城外！

意氣風發的李信很快就注意到了端倪：士兵們正在以匪夷所思的速度流失士氣，不斷拉長的戰線帶來的，是越發困窘的糧草供應和要求回師的強烈呼聲。在以軍紀殘酷聞名的秦軍中，這種情形讓李將軍沒來由的恐懼。

終於，疲憊不堪的李信收起入侵時的傲慢，命令部隊退出國境線，準備休養生息後捲土重來。可他沒有想到，項燕此時就尾隨在秦軍身後。

以逸待勞的楚軍沒有辜負項燕的計謀，他們輪番猛攻李信的大軍，斬殺了七名都尉，秦軍的兩座大營也被徹底擊破。

被打中要害的李信這時才反應過來，率領士卒拚死作戰。在倉皇趕來的蒙恬接應下，終於狼狽逃出楚國——此時的秦軍已接近全軍覆沒。

項燕很高興，他在國破家亡的邊緣拯救了社稷；攜大勝餘威的楚軍將士也和上將軍一樣躊躇滿志，堅信他們可以成為頹勢盡顯的東方六國中的例外。然而僅僅一年過後，當六十萬秦軍在王翦的帶領下浩蕩開來時，項燕和他的楚軍再也笑不出來了。

這是一個親手滅亡燕趙的強敵。

在六十萬虎狼面前，所有抵抗和拒敵的想法聽起來都比玩笑還可笑。盯著手中僅有的二十萬兵馬，項燕知道他沒得選：從接受將印的那一刻，他已經將自己乃至項氏家族的命運都捆綁在了戰車之上。

正相反，王翦這一路走得很是輕鬆；他把軍務交給稗將軍蒙武（蒙恬的父親），自己帶著兵士們盡情享樂，飲酒嬉鬧。平時的主要工作，不過是向咸陽發去一封封討賞的報告。無論對面擰成膛線的項燕如何叫罵，王翦始終頓兵不出。

到後來，王翦乾脆就地建營，將六十萬大軍駐紮在項燕原本選定的交戰區域裡，怡然自得地開墾起軍屯來。

項燕有些迷惑，他知曉王翦的厲害；可對方此刻表現出的素質根本不像名震東方的戰將，倒頗有幾分軍閥的嘴臉。

直到王翦請封的消息傳遍天下，項燕更加確定了自己的推測：這是一個準備擁兵自重，甚至妄想自立為王的人。

緊張多時的項燕終於難得地將眉頭舒展幾分，卻依然沒有放鬆警惕——在對方露出馬腳之前，他始終堅信，王翦準備復刻他一年前對李信做過的事。

攻方飽食終日，守方兵不卸甲，兩支大軍就這樣極其弔詭地在戰場上對視。有那麼一段時間，甚至項燕自己都快要分不清楚，他和王翦究竟誰才是侵略者？

從秋天對峙到翌年夏天，王翦始終頓兵不出，他的士兵們玩樂不減，毫無鬥志。

看著壽春發來的百官責難文書，還有對面夜夜笙歌的王翦，項燕終於徹底放下心，命令楚軍拔營回師。

大錯就此鑄成。

項燕沒有想到，為了等這道軍令，王翦已經忍著性子在營地裡憋了一年。他確實準備復刻項燕的神蹟，所以才發誓比項燕更有耐心。

於是當細作送回楚軍即將回師的報告後，王翦和某個軍官留下了那段流傳千古的對話：

「我見兵士們每日嬉戲不止，卻不知玩的是什麼？」

「回上將軍，能玩的都玩遍了，兵卒們現在只能砸石頭、練跳遠。」

「很好，軍心可用。」

當天夜晚，王翦急命銳士出擊，六十萬兵馬以猛虎下山之勢衝向匆匆離去的項燕，緊繃了一年的楚軍根本無法抵擋敵人的重擊，頃刻間被打得七零八落。

項燕一路向東狂奔，最終在蘄南被王翦追上；面對這個跟自己硬生生死磕了一年的對手，王翦為楚陽侯項燕奉上了自己最誠摯的尊敬——圍攻楚軍，毫不留情。

每個人上戰場後都只有一次機會，李信的失敗送給了項燕第一次機會，可惜他沒能珍惜，被王翦搶走了良機。重重圍困下，大勢已去的楚國名將再也承受不住身上的重壓，提起寶劍結束了他短暫卻耀眼至極的將星人生。

失去了項燕，兵敗如山倒的楚國已然橫躺在了秦國的砧板之上，隨著楚王負芻被王翦生擒，秦國統一天下的尾聲也悄然臨近。

然而，這對霸氣外露的秦國君臣並沒有輕易放過項燕。

項燕的成仁之舉給楚人留下了永世都難以磨滅的悲劇，更深深震撼到那些已經失去故國的東方遺民。在暴秦橫行山東、六國無人能敵的橫掃年代，項燕用自己的勇氣、智謀，還有一往無前的決心，令所有正被秦國壓榨的人看到了重生的希望。

這是一代名將用鮮血和生命換來的希望，也是秦人心中難以名狀的恐懼。

他用最後的奮起，給不可一世的秦國造成了戰國史上最慘烈的失敗和傷亡。雖然中計身死，但項燕已然成為荊楚大地上百年不倒的豐碑；他是楚人的生命寄託，更是楚國復立的曙光。

尤其是當越來越多的楚人在聽到同一條流言後，他們的憧憬和秦人的恐懼竟奇妙地融為一體。

嬴政一生都在向捕捉不到的鬼神尋找人生和霸業的答案，在政治爭鬥中懵懂長大的他，對宿命和預言有著絕無僅有的崇拜和迷信。王翦攻滅楚國後，興高采烈的嬴政除了準備嘉獎老將軍的善戰外，還準備仔細研究那條秦軍帶回的流言。

那是一句連藏匿下邳的張良都有所耳聞的流言。

它的創造者，是楚國的陰陽大家南公。這位神龍見首不見尾的奇人在自己的同名著作中鄭重其事地寫道：「楚雖三戶，亡秦必楚。」

助項伯，為未來埋一顆鉅子

多疑狡詐的嬴政確信，沒有人會隨隨便便說出這種話；他同時也知道，死去的項燕還有很多兒子。

從那以後，項氏一族就注定無法在荊楚安身，他們要忍受秦國耳目的嚴厲監視；已經分家出去的項氏族人更遭到秦國官吏的苛難，在痛苦的煎熬中苦苦度日。

對自刎殉國的項燕，王翦自始至終抱有軍人之間的尊敬，他的想法很簡單：既然項燕的子孫並沒有流露反秦的意圖，那麼他也沒有必要把這位名將的家族斬草除根。

王翦不知道的是，項燕的兒子們已經將所有的仇恨埋進了心底，期待著有朝一日的爆發——毫無疑問，他們很早以前就聽說了南公的預言。項伯是項燕最小的兒子，和兄長們相比，他忍辱負重的功力並不高深：暴秦和王翦奪去了他的父親，卻讓未亡人生活在恥辱盡顯的故地，接受征服者的殘暴統治。母國的滅亡，家族的沒落，這些外來的折磨早就將他逼上了絕路。

項伯想要報仇雪恥，卻無奈身陷敵陣，終日周旋在秦吏和無賴的挑釁之間，苦苦不得解脫。

父親的死仇尚未得報，他的兒子卻即將走向落魄的邊緣。驕傲的項氏從未經歷過的屈辱，都被弱小的項伯所承受。

但項伯的忍耐實在不堪入目。

當囂張的秦吏又一次上門挑釁時，憤怒的項伯忍無可忍，把跳樑小丑砸成了一灘血肉，任憑那些走狗逃去報信。

闖下大禍的項伯知道秦卒很快就會前來報復，於是連夜遣散家人毀掉宅院，自己則打點行李單騎出逃。

項伯走後不久，就有大批秦卒找上門來，準備教訓一下這個不知天高地厚的項氏老么。看到連窗戶都被拆掉的項氏府邸，憤怒的秦卒立刻發佈懸賞令，誓要將膽敢挑戰威嚴的項伯緝拿歸案。

為防止禍及家人，項伯沒敢投奔已經分家另過的仲兄項梁──他知道項梁還帶著大哥的一雙幼子；他也不能去找其他出戶的兄長，他們背後同樣是神出鬼沒的秦國密探。經過激烈的思想鬥爭，項伯狠心賣掉了坐騎，孤身一人拎著包袱向沂水小城下邳趕來。

他相信，在這座遊俠遍地、客商雲集的小鎮中，一定會有自己的安身之處。

「其實你不叫項伯，應該叫項纏才對吧？」在項伯小心翼翼地報出名諱時，張良看到了他眼中隱藏的防備之心。

「張公子竟是如何得知？」項伯異道，他的確名「纏」字「伯」，可眼前的張良不過一介「任俠」，怎麼可能瞭解他的真實身分？

「莫非張公子早就聽說某在下相做過的罪事，故特在此地等某前來？」原本放鬆的心情瞬間又被緊緊攥住；逃亡多日，項伯早已習慣風聲鶴唳、草木皆兵的狼狽。

項伯的防備並沒有引起張良的反感，他撫掌笑道：「壯士從下相而來，又是項氏的族人。子房不才，年輕時倒是聽師傅提起，楚陽侯項公生來好福，竟有七位虎子，長子曰『超』，次子曰『梁』，三子曰『樂』，季子曰『權』，五子曰『柱』，六子曰『楫』，幼子曰『纏』。後來楚陽侯殉國，項氏七子也在國破後先後流亡，時逢幼子項纏尚留在下相舊府。前不久聽說又惹上了人命案子，連夜逃匿。如今壯士突然現身下邳城，還自稱項伯──子房大幸，竟能在有生之年一睹楚陽侯公子的風采，真是蒼天予我之福啊！」

一番激情說罷，張良跪直上身，恭敬異常地朝項伯行了後輩禮。

聽過張良的推算，項伯早已經被面前俊秀男子的才智和見聞所折服，見他如此客氣，急忙伸手扶起，口中止不住的感慨萬千：「張公子切莫取笑，某如今已是國破家亡的落難黔首，又有什麼本事再自稱是楚陽侯的兒子？」

項伯的感慨，同樣也是客居異鄉的張良心中的痛處：「出了函谷關，又有誰不是國破家亡的黔首呢？」

張良聰慧，項伯也不笨，原本只是簡單的寒暄回禮，經張良那樣一講，竟有濃烈的鄉愁味道撲面而來。粗中有細的項伯猛然反應過來──任俠不羈的下邳張公子，似乎不應該對禮數有過分高深的認知。

「張公子所歎，倒像是話中有話。」

「哦？」張良漫不經心地應道，順手為項伯添滿空落的酒盅，「項兄何出此言？」

項伯嘿嘿笑道：「張公子口音並非楚人，如果某沒有猜錯，張公子來下邳的緣由應與某一樣，至於張公子的名諱嘛──」

「將門之後，當真目光如炬。」不等項伯猜出真相，張良已將酒盅敬上，「容子房再敬項兄！」

這天晚上，項伯與張良同宿一處促膝長談。經張良細緻解釋，項伯才知道，原來對方就是當年在博浪沙行刺始皇帝、逼得暴君大索天下的韓國姬公子，使得原本就對張良感激不盡的項伯又對他多出幾分敬意。

而當張良黯然地講到大力士為救他慨然赴死，自己卻只能窩囊地待在下邳城中等待機遇時，項伯竟強忍不住拍案而起：

「天道循環，暴秦軍馬或許能佔盡六國成為天下共主，但始皇帝為政刻薄寡恩、殘暴不堪，如此下去，他們嬴姓的江山遲早要易主。某今日得遇子房，想必是生來就有過的命數，只消靜待天道，將來天下大亂之日，便是某與子房振臂高呼、復仇嬴氏之時！」

項伯說得壯懷激烈，張良心下也寬慰不少——他並沒有將《三略》的事情告訴項伯：「能與項兄相識，足見子房命中已得上天眷顧。從今日起，想兄大可安心住在下邳城。只要子房這個刺客尚可苟存，項兄定能不動如山！」

他與項伯邊飲邊談，一直談到天色五更，兩人才共睡一榻，抵足而臥。

項伯從此就住在了張良下榻的客店裡，由著張公子的緣故，店主人也只當項伯是個不知名的俠客，對他的來路並不關心。兩人不時飲酒作樂，討論學問，共商反秦大事。閒來無事時還偕同其他下邳城的義士出城郊遊，親密無間如同雙生兄弟。

正像張良自己所講，與項伯結識是他命中的又一個轉捩點；飽經《三略》浸淫的張良同時也已經瞭解，項伯的作用遠沒有兩人發宏願時說得那麼大。

衝動之下，項伯犯下了殺人的勾當；逃亡時又慌不擇路，被張良一眼看穿。以張良此時的修為，他早就認清了項伯的才能和視野。但他依然決定幫助項伯，為他提供庇護所。

張良相信，這個項燕的小兒子和他身後的家族，一定會在未來的反秦大業中助他一臂之力。他當然沒能想到，把恩惠牢記在心的項伯究竟是顆多麼重要的棋子。那對被項伯仲兄項梁帶走的侄子，將來又會給他製造多少麻煩。

兄弟相稱的兩人，就這樣在下邳城中共同過著隱姓埋名的流亡時光。

時間其實從來經不起推算，一晃而過，從張良藏身下邳城開始，也已經有十年光景了。在這十年中，張良全心研究《三略》，掌握黃衣老人的智謀真諦，並且觀察天下大事，時而和項伯共同在附近遊歷，瞭解民情風俗、結交豪傑友人。幸運的是，仗著自己手中還有足夠的家傳財富，日子過得倒也不算艱難。

這種平靜，在張良四十三歲的那年，即將被徹底打破。

一個不同尋常的清晨，心急如焚的項伯叩響了張良的房門。

「子房，時機到了。」

半夢半醒的張良此刻還有些懵幻，尚未明白項伯口中的「時機」是什麼。項伯卻沒有張良那般淡定；他面皮抽動，似乎努力想要平復自己的喜悅之色。

「方才有咸陽來的傳令卒進城——暴君從南方巡行後，要回咸陽了！」

# 第三章 在時代亂局中，為理想找個出口

## 悲喜大變天：秦失其鹿，四海逐之

秦始皇前往南方巡幸的消息，其實張良早就有所耳聞了。只是，上次博浪沙一擊未中，張良對這種單純冒險的刺殺，熱情已經不大——此時的張良，由於研析《三略》時日長久，漸漸領悟到即使刺殺秦皇成功，也並不一定有益於天下的道理。於是，面對興奮的項伯，他用了好長時間，才勸慰他冷靜下來，讓他和自己一樣等待機會。

秦始皇巡幸，不僅讓在下邳的項伯熱血澎湃，也讓他的兄長項梁難以自抑。

原來，項伯殺人逃亡以後，項梁因此受到牽連，被關進了櫟陽監獄中。幸虧好友百般相救，才得以釋放出。然而，項伯惹下的麻煩實在太大了，仇家們一路跟蹤，時刻尋找機會報

復。無奈之下，項梁只好一路流亡，將目的地選擇在會稽郡治所在的吳（今江蘇蘇州）。

流亡的路從來都是不好走的，因此，項梁草草收拾了一些細軟，外加半箱書籍、兩把銅劍。臨行前，他也遣散了家中所有僕傭，單單帶上了侄子項羽和項莊。

在項梁眼中，項羽，就是家族最寶貴的財產了。

項羽是項燕長子項超的兒子，項超早死，楚國滅亡後，項羽兄弟便由叔父項梁撫養成人。隨著他日漸懂事，漸漸明白了國仇家恨的含義，更明白自己作為項家第三代的重任。正因如此，在項梁眼中，項羽從來不是個乖孩子。

項梁曾經傳授他書法文章，但項羽根本懶得學習，舞文弄墨，當然沒辦法將秦皇從神聖寶座上扳倒。於是，項梁又開始訓練項羽個人武藝，但項羽雖然天賦過人，卻也沒表現出多少興趣。

「你究竟想學什麼？」迷惑不解的叔父有一天這樣問道。

項羽認真地回答說：「學幾個字，不過是寫寫字、記記帳，給秦國當當小官吏；武藝搏擊，就算練好了，也只能和幾個人搏鬥——這些都沒什麼大用處。我打算學的，是能夠橫掃千軍的真本事！」

項梁讚許地點頭，心中暗暗說道：「這樣的孩子，的確稱得上我們將門後代啊！」

於是，流亡路上，項梁便有意傳授項羽排兵佈陣的戰略思想、教導他臨陣指揮的戰術設計，從逗引埋伏、潛伏突擊到山水關隘、天時節氣，將平生所學所用，一一傾囊相授。

這一次，項羽學得比什麼都認真。

就這樣，叔侄倆很快來到了吳縣。吳，在戰國時期就成為了楚國的勢力範圍。因此，這裡的人們對「項」這個姓氏有著幾乎天然的情感，今天看到項梁氣宇非凡、項羽則少年才俊，讓當地從百姓到豪強都敬重不已。很快，項梁就成為了山高皇帝遠的吳地數一數二的社會名流。每逢城中興建工程、徵派徭役，或者重大的婚喪嫁娶，民間總以能邀請到叔侄倆參加為榮。而項梁也非常樂意領導這樣的活動。因為無形中，這是為他將來舉起反秦大旗所暗中進行的人脈準備。

更重要的是，在這樣的過程中，項羽也一天天變得老練起來。青春總是不約而至的，僅僅數年中，項羽就從個稚氣未脫的孩童，一晃變成了鶴立雞群的年輕人。這時的他，不僅繼承了家傳的兵法，跟有著八尺身高、過人膂力，常常在青年人中表演舉鼎的絕活。這樣，無疑又增加了項家在吳地的威望。

幾乎和項伯得到消息同時，項梁也告訴了項羽秦始皇出巡的消息。

自從秦皇統一天下之後，他瞬間沒有了敵手，便將過剩的智慧和精力花費在巡幸苦心追尋來的一統江山中。登泰山、觀滄海，多次巡行之後，在其即位三十七年（西元前210年）的夏末秋初，秦始皇將巡行地點定在了更遠距離的南方。

浩浩蕩蕩的隊伍由左丞相李斯、中書府令趙高帶隊，陪同的則有小兒子胡亥。隊伍首先來到了雲夢（今湖北孝感），然後又向南來到傳說中舜帝的陵墓九疑山拜祭。接著，始皇帝的隊伍向東而去，途徑丹陽，經過浙江，觀賞了此時已經聞名天下的錢塘潮。最終，他們折返向西，從餘杭渡江，登上會稽山，拜祭了古代治水的大禹。

從會稽山下來，就是黃帝的歸程，第一站，就是吳縣。

這是秦始皇第一次巡行到這裡，可想而知，官吏們比完成任何政務都緊張。為了迎接聖駕。他們忙不迭地調集民夫、黃土墊道、淨水洗街，只為博得皇帝那閒極無聊時從車駕中偶然一瞥的讚許。

項梁叔侄，自然也是這繁忙隊伍的成員。

好容易準備完畢，皇帝車駕終於遠遠而來，項梁由於在當地的名望，被允許跪倒在前列，瞻仰始皇的威儀。項羽也跟隨著叔父，跪在路邊。

當漫長的隊伍踏起整齊的步伐走過，將旌旗和長戈的陰影推倒在人們的頭頂之時，項梁忽然聽見身邊的侄子情不自禁地說了這樣一句話：「這傢伙，應該也是可以被取代的吧！」

項梁情不自禁地打了個寒顫，他開始用一種自己也感覺陌生的眼光，重新打量這個自己再熟悉不過的侄子。

項羽的話居然成真了。

在這次巡行的歸途中，秦帝國毫無徵兆地失去了其統治者。

當隊伍走到沙丘（今河北省廣宗縣）時，秦始皇身染重病、不久便平靜地死去，甚至平靜得過於詭異。

只有李斯、趙高和胡亥這幾個人知道秦始皇死去的消息，為了防止走漏風聲，他們將千古一帝的屍體照舊放在車中，每天照舊隔著簾幕請示，一切似乎都跟平時無二。由於天氣炎熱，屍體開始不斷腐爛，甚至引來蠅群的追逐，李斯乾脆讓人到處收購鹹魚作為隊伍的食物補給，用鹹魚的異味來加以掩蓋。

但另一面，政治上的行動卻根本不用掩蓋。

趙高主動成為胡亥和李斯之間的串聯者，三個人很快用秦始皇的名義發下幾道詔書：第一道，指責正在長城戍邊防衛匈奴的皇長子扶蘇「為子不孝」，著賜死；第二道，指責和扶蘇共事並忠心輔佐的將軍蒙恬「為臣不忠」，下獄處死；第三道，胡亥忠孝過人、才智足以承擔大任，立為太子。

可以想像，一個素來依靠絕對個人力量統治的帝國，在這種情況下，是多麼薄弱到不堪一擊。幾個小小的陰謀家，就如此戲弄了嬴政一生以來耐心經營的帝國。幾天後，這支巡行隊伍回到了都城咸陽，然後馬上就變成了發喪的隊伍。

李斯和趙高聽說，扶蘇和蒙恬都已經死了，立刻放心地公佈了秦始皇駕崩的訊息，然後依照「遺旨」，將胡亥擁立上皇位。為了證明合法性，他們還特地安排了隆重的儀式，將秦始皇安葬到驪山下的陵墓中。

秦帝國就此進入了胡亥的時代，遺憾的是，這個時代甚至根本都不能由他染指一二。

胡亥原本依靠的就是趙高和李斯才登上帝位的。但實際上，他根本不瞭解作為皇帝所應該具備的才能、應該履行的義務。按照他的理解，皇帝只需要足夠的兇殘、暴虐、專橫，再加上為所欲為的享樂，就足以成為一國的領袖。

於是，秦二世胡亥上位之後的第一件事，就是繼續營造起父親生前沒有完工的阿房宮，其所有建築的式樣、規模，裝飾的品味、等級，全部都按照嬴政當年的方針繼續執行。

其實，咸陽的宮殿原本就不少了。在秦始皇即位之初，這裡的宮殿已經堪稱壯麗，在他兼併六國之後，又仿照這些戰敗者國家的文化風格，建造了不同的殿堂作為享樂和紀年的雙重場所。但是，好大喜功的嬴政並不滿足，僅僅在其死去前兩年，他開始動工修建渭水南岸旁那座設想中更加宏大而壯麗的宮殿。這座宮殿甚至都沒來得及起名字，只是因為它緊挨在咸陽城附近，人們將之命名為「阿房宮」——緊挨城市的宮殿。只是，這座宮殿並沒有挨在秦始皇的身邊，而是挨在胡亥的身邊了。

依靠著不計國力的投入，阿房宮終於在秦二世的時代中基本完工。這樣一座前無古人同時也想要後無來者的宮殿，前殿東西寬五百步，南北長度達五十丈，還分為上下兩層。上層可以容納萬人朝覲，下層則能夠樹立起五丈高的大旗。在這樣恢宏的前殿之後，是雕樑畫棟而金碧輝煌的迴廊、林立排列而狀若迷宮的後殿，五步一樓、十步一閣，藏有無數從六國搶掠來的宮女，可以讓胡亥不用走下車輦，就能夠直接到她們香氣瀰漫的後宮中隨意加以寵倖。

即使這樣，胡亥也不滿意，他下令，要繼續完善修葺這個碩大工程，力求超過父親的設計，打造出屬於自己的時代風格。

不僅如此，胡亥為了穩固自己的地位，派人殺死了蒙恬的弟弟蒙毅，據說，這位上卿因為兄長被殺，而時刻想造反作亂。

蒙毅死後，胡亥用同樣懷疑的眼光觀察起自己的兄長來。他當然知道自己的地位來得毫無合法性，因此，在趙高的支持下，一口氣殺掉了秦始皇的十八個皇子和十個公主，確保自己的位置得意穩固。

可想而知，當這樣駭人的消息一個接一個地傳到遠在下邳的張良耳中，他會作何想法了。即使是並不太懂政治的項伯，也早就從秦始皇死去所帶來的喜悅中清醒過來，每天，他都帶給張良比昨天更壞的消息：賦稅又增加了；徭役又增多了；又有某個村子荒蕪了；又有一鄉人因為反抗而被屠殺了……

張良的眼中常常因此飽含淚水，他恨自己的無力，也恨時機為什麼總是難以成熟。但是，他更明白地告訴項伯，現在要做的並非是仇恨，而是精心的準備。因為如果那句傳說中的預言靈驗，加上秦二世如此的倒行逆施，那麼，秦帝國的分崩離析已經是近在咫尺的事情了。

「究竟是哪句預言呢？」項伯迫不及待地請教道。

張良緩緩地說道：「那一年，隕石墜落在東郡，有人在上面刻了七個字，你知道嗎？」

項伯茫然地搖搖頭，他以前是向來不大關心這些民間輿論的。

「始皇帝死而地分。」張良說完，又打開了面前的《三略》，他明白，這種在安靜的案几前苦讀的時光，恐怕很快就不多了。

## 盲目下水，不如先靜測水深

沒多久，「始皇帝死而地分」的預言果然成真了。

大澤鄉的消息傳到張良的耳朵裡，僅僅只有五、六天時間，對他來說，消息的真偽版本並不重要，重要的在於那是一個信號，從中看到外表強大的帝國內裡已經虛弱下去的徵兆。

這天，張良和項伯特意邀請來一位鄉民，他給兩人帶來了這樣的詳細消息：

二世元年（西元前209年）夏天的七月，陽城縣（今河南方城）徵調了九百名民夫，集體派往漁陽（今北京密雲縣西北）戍邊。在這個隊伍中，兩名屯長分別叫做陳勝和吳廣，在他們之上的則有兩名秦吏同行監督。

鄉人們活靈活現地描述著陳勝少年時期的傳聞。

據說，他原本只是陽城縣中最普通的農夫，從小家庭貧困、無法謀生，只好為村子裡最大的地主家做耕田的長工。即使如此，他卻從來沒有放棄過自己的抱負。

某一天，陳勝和幾個一同幹活的哥們，冒著烈日在田間幹活，一個個汗流浹背，累得直不起腰。好容易耕完一趟田，坐在田頭的樹蔭下休息時，陳勝看著整齊的田畝感嘆道：「將來如果誰也能像他這樣有權有勢、過上了好日子，可不能忘記了現在這些窮兄弟啊。」一身旁氣喘吁吁的兄弟們哄笑起來，說：「我們既沒有田，也沒有房，只有自己一把苦力，怎麼能過上富貴的日子？」

陳勝沒有回答，抬頭看看天邊飛過的鳥群，自言自語地解嘲說：「這些燕雀，怎麼能知道大雁的志向呢！（燕雀安知鴻鵠之志）」

鄉人們說到這裡時，張良不禁在心裡叫了聲好。雖然出生在富貴世家，但張良卻似乎天生地對這些窮苦人有著親近的感觸，尤其是自己經歷了命運的起伏坎坷之後，深深體會到從上層社會進入民間草根的那種無奈，更能明白陳勝這種人會有多麼想改變自我的境遇。

鄉民卻沒有看出張良的感慨，兀自說下去——

陳勝和吳廣帶領著這九百多名戍卒，走了多日，來到大澤鄉（今安徽宿縣北）。大澤鄉，聽起來就是個經常發生洪澇災害的地方，偏偏此時又碰上了連日大雨，暴漲的河水攔住了去路，將原本便於行走的驛道變成一片汪洋。結果，這個不大的隊伍只好尋找高地駐紮下來。

一連幾天，天空依然不見放晴。有細心的人算了算日子，發現這樣耗下去，期限已經迫在眉睫，而漁陽還在千里之外。按照秦始皇制定的嚴苛律法，徵發戍邊逾期不到者，一律判處死刑。這下，整個隊伍人心浮動起來。

陳勝雖然將這種不安看在眼裡、聽在耳中，卻並沒有站出來表態。他在觀察吳廣的動向。

吳廣很快就按捺不住，他避開眾人的耳目，偷偷和陳勝商量說：「這樣下去不是辦法，我們七尺男兒，怎麼能就這樣給殺掉？不如拋下隊伍，跑掉算了。」

陳勝撥弄著面前的篝火，良久才回話道：「誰都不願意這樣就被殺。不過，你想一下，就算逃跑，能跑多遠，如果被地方官吏們抓回來，你怎麼辦？就算僥倖逃走了，哪裡是我等兄弟的安身處，遲早還是會被官府逼死。依我看，不如趁現在這九百多兄弟在一起，舉旗造反，說不定還能求得一條生路。」

吳廣恍然大悟，興奮地低吼說：「大哥，你的主意好，只要你領頭，我一定跟隨，絕不反悔。」

陳勝擺擺手，暗示他低聲，然後繼續說：「天下人都被秦壓迫得太苦了，只是因為無人領頭起事，所以到現在還算太平。但是，我聽說現今的皇帝本來不應即位，而是逼死了長兄扶蘇才登上皇位的，天下人並沒有知道真相，還以為他依然在守衛邊疆。另外，還有楚國名將項燕，他曾經在抗秦的大戰中立下赫赫戰功，直到現在還受到楚國人的懷念。如果我們現在用這兩個人的名義來討伐暴秦，天下人豈不是會迅速回應行動？」

吳廣聽得愈加興奮，恨不得馬上就能行動起來。陳勝說：「幹這樣的大事，一定要謹慎行動、一舉成功。現在最重要的，是能夠將九百名戍邊民夫發動起來。」

當夜，兩個人密謀了通宵。

第二天開始，民夫的營地裡發生了種種古怪事情。有人報告，說是在捕獲而來的大魚魚腹中，發現了一塊素帛，上面赫然寫到「陳勝王」三個大字；也有人說，夜晚的營地旁總是傳來狐狸的哀鳴，加上聽得不太清楚的嚎叫，隔著淒風苦雨，也能聽清楚是「大楚興，陳勝王」的聲音……

鄉民講述到這裡，發現一絲笑容浮上了張良的嘴角。張良看見他停止不語，便收斂了笑意說：「那你們覺得這是為何？」

鄉民老實地說：「聽說，發出狐鳴的地方，正是大澤鄉那裡有名的楚國古祠，不由得大家不信——這一定是上天的預兆。」

張良點點頭說：「天理昭彰，如果說是天意，確實也未嘗不可。」

鄉民不明白張良在想什麼，於是乾脆繼續說下去——

戍卒們一傳十、十傳百，個個都知道了天意所在，他們看待陳勝的目光，比起素日的敬佩更加深了一分。吳廣也趁機到處議論，說如果陳勝注定成為王，那麼這群最開始追隨他的人也就不會被殺死了。

就這樣，陳勝成為了九百雙眼睛注視的救星。

那兩個負責監管隊伍的秦國官吏，卻根本不知道事情的發展。他們看大雨無休無止，乾脆整天狂飲酒水、打發時間，將隊伍裡的大小事情一律指派給陳勝、吳廣辦理。這樣，神不知鬼不覺中，起事的準備工作就已經完成了。

這天，吳廣趁兩名秦吏喝得爛醉，突然帶著人闖進他們的營帳中，大聲說道：「連日大雨成災，耽誤了行程，現在是必定無法按時趕到漁陽了。與其到了那裡再被處死，還不如早點逃生。我打算今天就要逃走，先來告知一聲。」

醉眼矇矓的官吏聽到「逃走」兩字，立即努力地睜大了眼睛撲了過來，嘴裡還發出含混不清的罵聲：「什麼，你準備逃走？我現在就殺了你！」說著，他拔出了自己的佩劍。

吳廣早就有準備，一腳飛起，將佩劍踢飛。然後順手撿起佩劍，將秦吏刺死。另一名秦吏見勢頭不對，轉身想跑，被陳勝奪下他的佩劍，一劍穿胸，當場斃命。

眾人們簇擁上來，陳勝示意大家圍攏，然後朗聲說道：「各位兄弟，我們大家奉命去漁陽戍邊，可是運命不濟，在這裡被風雨困住。這樣，就算我們日夜兼程，到了漁陽也是個斬首的罪名。就算僥倖不死，離家千里，加上邊境艱苦，我們也沒有生還的道理。縱然是個死，不如死得轟轟烈烈，現在起事，也算不枉到世間走一趟。那些王侯將相，難道是天生的良種？為什麼我們就應該受欺壓？」

陳勝說完，吳廣接著說道：「是啊。大家也聽到了，這幾天，天神也在告誡我們，大楚要復興，陳勝要做王！這可是天意啊！弟兄們，我們一起跟著陳勝大哥動手吧！」

就這樣，他們真的起事成功，攻下了大澤鄉。

鄉民說到這裡，項伯已經是激動不已，對陳勝和吳廣的英雄壯舉心嚮往之。他頻頻看向身邊的張良，卻發現這位朋友並沒有像他那樣熱情高漲。

等鄉民告退，項伯立刻按捺不住地說道：「張兄，看來陳勝他們已經搶佔了先機，他們這樣草率行動，都能成功。推翻暴秦有望啊！」

張良緩緩說道：「項兄，陳勝的勇氣和智慧固然可嘉，不過，現在並非馬上動手的好時機。」

「何以見得？」項伯並不認同。

「你見過海邊的大浪嗎？」張良耐心地解釋說，「如果秦國像是一道已經開始動搖的堤防，那麼，陳勝他們就是向堤防衝擊的第一道浪。對不對？第一道浪的結果是什麼？」

項伯一時啞口無言。

「是粉身碎骨。」張良自己說出了答案，「粉身碎骨倒也無妨，可如果這樣還換不來推翻秦國的結果呢？我想，我們與其搶著去做第一道浪，不如再稍等數月，看看動靜。項兄，堤防可都是在數次衝擊以後才會垮下的……」

項伯勉強同意了，但不久之後，他到張良這裡越來越勤快，而且帶來的消息一次比一次令人震撼。

一開始，項伯告訴張良，陳勝吳廣的隊伍，不到一個月，就從大澤鄉出發攻下了周邊數個城池；

沒過多久，項伯又比劃著告訴張良，陳勝他們已經攻下了陳郡的治所陳縣（今河南淮陽），在那裡，他真的稱王，並且建立國號為「張楚」。

「張楚，就是復興我大楚的意思，哈哈哈！」項伯興奮地端起酒杯一口喝乾，自從聽說了大澤鄉起義的事情，他就沒有停過酒。

張良還是不為所動。

似乎是有意要激張良起事，項伯很快帶來了第三個好消息：陳勝開始出兵了。

陳縣，位於中原戰略要地，在這裡，陳勝派遣自己的部下四處攻襲秦軍。北上的部隊，有張耳、陳餘負責攻略趙地、周市負責攻略魏地；東出的軍隊，則由鄧宗帶領，攻擊九江，攻打廣陵方向的則是召平將軍；主力部隊由周文率領，向西進攻函谷關，試圖直接攻入秦國的發源地，同時策應的則是被封為假王的吳廣，他奉命北上進攻三川郡；另外，將軍宋留則向南進攻南陽，進入武關。

諸路人馬中，西路軍是進攻的重點，吳廣和宋留兩軍給予周文軍很大策應，讓他得以全力向西進攻。按照項伯的說法，咸陽被攻下，都幾乎是指日可待的事情了。

「子房啊，為何你還不著急呢？」項伯用這樣的催促結束了自己的敘述。

「不是我不著急，」張良徐徐睜開眼睛，這十年來，他已經練就了在最危險緊迫的情況下，也能保持呼吸從容宛若熟睡嬰兒的本事。他看了看項伯，說道：「在下水前，我還想看看水究竟有多深。」

## 走馬起事，不冷靜和太冷靜都成不了大事

聽見張良還說要等待，項伯臉上的表情似乎僵硬住了，半晌也沒說話。

看見自己這位兄弟如是失望，張良縱然再有修為，也於心不忍。為了安撫下他的情緒，也為了落實自己考慮的計畫，他想了想繼續說道：「不過，想要下水，過於膽小怕事也不是好事。現在，倒也可以著手準備了。」

項伯的表情這才舒緩起來，他說：「是不是要招兵買馬，打造兵器？」

張良差點被他這樣的「高瞻遠矚」給氣笑了：「這樣做，還不用舉起義旗，恐怕就會被官

府知曉了。不妨如此這般……」

項伯聽完以後，連連點頭，並且直埋怨張良沒有早點透露出這樣的好計策。

第二天，項伯和幾個朋友，開始在城外的空地上，圍起一圈空地，招人前來比武摔角，如果有人能勝了項伯，立即可以取走賞金五百錢。聽說這個消息，整個下邳城的年輕人都心思浮動起來。

在下邳一帶，本來就有著習武健身的傳統，青年人們在農忙之餘，更是喜歡摔角賭賽為樂。在那個缺乏文化娛樂生活的時代，即使是官府，也不大好干涉這種流傳了數百年的民間風俗。加上這一次項伯給出的賞金分明比慣例要高得多，讓眾人動心不已也就相當正常。

短短幾天之內。來比賽的人絡繹不絕，有人進了圈子和項伯一交手就被摔倒在地，也有人可以勉強對付幾個回合，但終究不是將門之後項伯的對手。但有趣的是，越是沒人能拿到那五百錢，場地外圍觀報名的人就越多。

又過了幾天，項伯聲明，雖然大家拿不到賞金，但如果願意，自己可以教授眾人習武健身，保衛田園，不用任何學費。聽說有這樣的好事，圍觀的年輕人紛紛報名，項伯倒也仔細，從他們中間挑選了上百最精悍、意志最堅決的人，開始傳授基本的格鬥訣竅。到了晚間，則帶人陸續去張良那裡，大家縱論天下大事。

兩個月後，練武的年輕人開始有了明確的秩序，他們的行動變得整齊劃一、聽從號令，精神風貌也變得更為上進。不過，這種變化是相當微妙的，官府中的吏員們已經忙亂不堪、根本沒有時間來理睬這樣的變化，而普通的百姓們更是不會過來主動打聽。

這天傍晚，張良第一次來到城外這塊練武的場地。他和項伯緩緩前行，看見這些年輕人們正兩兩結對練習著格鬥的技術，比起隊伍剛聚起來時，顯然矯健了許多。

張良露出滿意的神色，向項伯點了點頭。

項伯知道，這是張良下定決心了，於是他高喊一聲：「大家都停下，張先生來了！」聽到張先生三個字，年輕人們立刻停止了演練，自動地從各個角落聚集過來，很快，人群將張良和項伯簇擁起來。他們七嘴八舌地向張良問好。的確，經過這段時間項伯的引領，幾乎每個年輕人都聽過張良的教誨，一直掙扎在民間最底層的他們，現在已經深深明白這樣的道理——不推翻暴秦，不僅自己沒有好日子過，全天下所有人、乃至後代子孫，都不會有好日子過。

張良環視著這些年輕的面孔，似乎看到當年意氣風發在韓國準備起兵抵抗的自己，也依稀看到當年在博浪沙草叢中那位大力士的風采。「是可以動手了！」張良內心油然生起一股豪情，這樣的豪情，是逃亡以來未曾有過的。

是的，歲月能夠讓一個人變得成熟而圓融，然而，在經歷這樣的蛻變之後，當時機再次出現，重新燃起的豪情，勢必會超越當年的一夫之勇，而變得更加熾烈、更加忘我。

在十年之後的今天，面對這些血氣方剛的少年朋友，張良重新找到了當年氣沖牛斗、邀擊天下第一人的壯烈志向，以至於一向在練習氣功吐納的他，今晚也覺得呼吸急促起來。

張良定了定神，清晰而富於穿透力的聲音在初降的夜幕中傳遞出去：「大家最近都聽說了嗎？」

眾人們竊竊細語：「聽說了，聽說了……」

「聽說了什麼？」張良的聲音陡然提高了八度，不由得讓小夥子們精神為之一震。不等所有人回答，他繼續說了下去：「是不是聽說大澤鄉的事情？現在，陳勝吳廣他們已經建立了張楚國！是不是聽說我們下邳周圍的沛縣、留縣，還有南到會稽、北到齊魯，都有了反抗暴虐秦國的義旗？你們想過沒有，他們為何要冒著九死一生的危險，做這樣殺頭的事情？」

雖然是暮色之中，人們依然能看見張良的雙眸中，射出一股精氣，即便是項伯，也很少看到這樣的張良。

「我想，道理平常已然說了許多，今天不用多言。當今天下，已經不會再回到始皇帝的那個天下了，如果有敢為將來打算謀劃的，今晚就請留下來，共謀大事。如果有不敢的，也請現在就離開，絕不強勉。」

人群中稍稍安靜了幾秒鐘，立刻爆發出熱烈的歡呼聲，並沒有一個人離開。這些年輕人似乎已經被壓抑得太久，巴不得張良發出這樣的倡議。他們歡笑著互相激勵，彷彿迎接他們的並非沙場上的浴血拚殺，而是充滿光明的美好未來。

項伯一開始尚存的擔心立刻化為烏有，按在腰間佩劍上的手也慢慢移走了。

這天夜裡，張良他們聚集了兩百多人，正式在下邳豎起了反秦的大旗。第二天清晨，這支隊伍迅疾地撲向下邳縣衙。沒想到，當地的官吏們不知道從哪裡得來的消息，早就趁著夜色遠遁城外，幾十個守城的普通士卒根本不予反抗，反而幫忙打開了錢糧和武器倉庫，任由張良手下的義軍戰士搬運去分配給全城百姓。

一時間，下邳成為了脫離暴秦的新世界。老人們、孩子們歡笑愉悅，享受著這種難得的自由。

對於善良的百姓來說，只要暴虐的官吏不會再陡然出現在家中、拉走唯一的壯年勞力去寒冷的北方，只要自己不會因為叫「連坐」的法律，而承擔誰都不知道會什麼時候犯法的鄰居的罪責。那麼，這樣的日子就是天大的好日子了。

所有人都將好日子歸功於張良和他的義軍，在這樣的熱烈氣氛中，更多的人報名參加了這支小小的隊伍。

但是，此時的張良，卻陷入了新的困境之中。他忽然發現，成功似乎到來得太過容易了。

雖然沒有直接告訴項伯，但是，張良還是多少有些後悔自己行動的急迫：下邳城並不是什麼戰略要地，否則自己也不可能如此輕易得手；而另一方面，自己手中的力量又太過薄弱，一旦秦軍反應過來，不僅義軍面臨被合圍消滅的危險，支持義軍的下邳百姓，也一定會因此而遭殃。

「患在不預定謀！」

張良忽然想到老師的《三略》中，這樣看似平淡卻振聾發聵的一句。是啊，如果不及早找到辦法，那麼大患就要到來了。

然而，巧婦難為無米之炊，即使是張良，面對著無險可守、無兵可用的下邳，也毫無辦法。如果說「謀」，那麼唯一的「謀」就是去投奔比自己更有實力的義軍了。

但問題是，誰願意收留我們呢？

張良糾結著這樣的問題，為了多一分思考的力量，他甚至特意向項伯吐露了自己的心聲。

在項伯看來，他們投奔的目標應當是原本最為強大的張楚義軍。然而，也就是這幾個月內，情況已經迥然不同了。

張楚義軍中的西征部隊，雖然一度攻破函谷關，離秦國都城咸陽不遠。然而，秦二世大赦修建驪山陵墓的刑徒們，並封官許願，由秦將章邯率領迎戰。這些刑徒大都是亡命之徒，看到自己再次活下來的機會，無一不充滿了殺意，將自身的力量使用到極限，因此，以農民為主要構成力量的義軍陷入了空前的苦戰之中。

與此同時，張耳、陳餘擁戴大將武臣，在趙地自立為趙王；周市在魏地復興了魏國，並將魏國王室後裔魏咎擁戴為新的魏王；齊國的後裔田儋，則在齊國起事，自立為齊王。這樣，雖然反秦的聲勢更加浩大，但張楚義軍的力量卻進一步分散了。

不久後，形勢進一步惡化——吳廣軍被秦軍主力牽制於滎陽城下，宋留軍則同樣被阻擋在南陽城下，周文失去了左右兩軍的側應，面臨著章邯軍的巨大壓力，終於無法支撐，全線崩潰。最終，周文戰敗自殺，吳廣被殺，章邯則從容不迫地對張楚義軍各個擊破。到了十二月，陳勝被自己的車夫莊賈殺害，整個張楚義軍宣告分裂。

這些消息很快傳到下邳，雖然是張良曾經預言過的，但卻依然對項伯造成了不小的衝擊，現在，當時積極提議起事的他變得低沉了許多。

不過，一封從吳縣飛來的書信，讓項伯臉上的陰霾一掃而空。很快，這封帛書被他得意洋洋地放到了張良的案前：「子房，我們有地方去了！」

「哦？」張良說道，「是能成大事的力量嗎？」

張良的言下之意很明顯：我等待十年，不是為了投奔類似於陳勝這種缺乏長遠眼光和才能的主公的。

「當然！」項伯拍拍胸脯，「我們項家將門，豈能不力？您還是看看信吧！」

看見項伯如此自信，張良不由得打開了帛書。

帛書是從吳縣的項梁那裡發來的。

原來，陳勝、吳廣起事的消息傳到吳地之後，項梁也預感到天下將亂，他正和項羽秘密商量起兵的事情，卻突然接到了從郡守殷通那裡來的命令：立即到郡守府中商量大事。

帶著惴惴不安的心情，項梁很快來到了郡守府上，沒想到的是，殷通根本沒有懷疑他的動向，相反，卻發出了求助：「項公，我聽說，這一帶的郡縣，已經全部都反了。看來，秦國的天下不久了啊。我聽說，如果能先行動的人，就能制約別人。我們江東地面雖然不大，也不能等待別人前來吞併。所以，我打算立刻起兵，好歹也能坐擁一塊地盤，將來無論形勢如何發展，手中有兵有地盤，才能放心。因此，我想請您來做將軍，為我號召整個江東。」

這段話，真是讓項梁又好氣又好笑，他想：「這個郡守，當著秦國的封疆大吏，想著的卻是怎樣分一杯羹，真是相當無恥。」

但表面上，項梁還是謙虛地拱手說道：「項梁不才，雖然是所謂將門之後，但是說起行軍打仗的事情，卻從小明白的不多。如果您真的要起兵，不如將楚國著名的人才桓楚請來如何？」

顯然，郡守聽說過桓楚的名字，但他並沒有流露出贊同的神色，相反卻皺眉不語。半晌，他才說道：「可是，這位桓將軍已經逃亡天涯，無人能找到了啊……」

「這個簡單，」項梁看到對方有所動心，連忙承諾下來，「只要大人能有足夠誠意相邀，不才願意去邀請桓楚將軍前來號召江東。」

聽到項梁這樣承諾，殷通高興得眉開眼笑，連連說好。

從郡守府出來，項梁立即回轉府邸，找到項羽將事情一一告知。此時的項羽，早已不是當年不願讀書和練劍的魯莽少年，聽完叔父的話，他反問道：「您是不是想要將計就計，殺掉郡守來起兵抗秦？」

項梁高興地撫著項羽的背說：「你真是我們項家的兒郎啊！叔父想的全都被你說中了！」

就這樣，叔侄兩人安排好了計畫，等待著正在做著割據美夢的殷通上鉤。

次日清晨，項羽又做了一番精心檢查，確定一切都在安排之中後，護衛著項梁來到郡守衙門中。

兩個人剛走進大堂，殷通就急不可待地站起身迎接出來：「項公，人有沒有請來啊？」

「回郡守，桓楚將軍一會就到。」項梁向對方施禮後說道。然後，他看了看項羽，眼神裡露出一股殺氣。

項羽立刻會意，只見白光一閃，大堂內外的人什麼都沒看清，就看到殷通的頭顱如同熟透的木瓜一樣掉落下來，在地上兀自骨碌碌地滾了幾圈。還沒等這些驚呆的人反應過來，項梁一個箭步，將桌案上的郡守大印提到手中，另一手撿起地上那顆血肉模糊的人頭，高聲喝叫道：

「什麼人敢動手？郡守已經死了，暴秦無道，你們還要跟著朝廷一起送死嗎？」

郡衙門中的衛兵不算少，然而，這些人或者平時就深受項家叔侄的厚待，或者早就看殷通不順眼，更多的人是親眼見識過項羽的神力，因此，縱然他們人多勢眾，卻相互推搡，無人敢上前。

聞訊而來的官吏們，看到郡守已經交代了，更是嚇得魂不附體。原本這些文人就時常聚在一起，商量如何應對天下如同烈火般燃燒的局勢，這下倒也結束得痛快。人們轉念一想，反正事情是項梁叔侄做的，不如推舉項梁做新的首領。於是，項梁很快就成了新的會稽郡守，城頭上原本高高懸掛的「秦」旗，也換作了「楚」。

起事成功，是計畫中的事情，但一開始就有了這樣高的起點，也是項梁自己都沒想到的。他拿到兵權之後，第一件事情。就是到會稽郡各縣調集甄選了八千名精兵，然後讓自己原先結交的賓客、好友、門人、豪傑充任其中的校尉、侯、司馬等軍事官員。項梁則成為了副將，協助自己率領著八千子弟兵，開始統一江東的進程。

這時的項羽，剛剛二十四歲，幾乎是張良的侄子輩分。而這封書信，正是他手下的騎兵連夜送來的，為的就是邀請項伯立刻回去，出任軍中要職。

張良看完這封書信，對項羽的印象大大超過了項梁，在他世家公子的外表內，始終跳動著一顆英雄情懷的心臟，而項羽做出的這些壯舉，顯然觸動了這顆心臟中的某種共性，讓張良不由得也想會一會這位少年英雄。

但是，張良和項伯不得不面對這樣一個現實：從下邳到會稽，道路漫長，更何況，現在衡量道路的遠近，早已經不能用單純的地理距離來看待了。

這是因為，在這幾個月內，整個長江下游地域，幾乎都已經是義軍的天下。但問題在於，隨著陳勝死去，這些義軍更加缺乏統一的號令，相互之間時合時分，甚至難免有大魚吃小魚的現象。

以張良手下的這點隊伍，如果貿然去投奔遠在江東的項梁他們，恐怕路上還不夠其他義軍吞併的。

情急之下，項伯打聽來一個消息。在距離下邳不遠的留縣（今江蘇省沛縣東南），陳勝原來的部下秦嘉，擁立了楚國的舊貴族景駒作為「假楚王」，具備一定實力。

張良謀算一番，發現下邳的這點人馬如果能先投奔過去，應該會得到不錯的接待——更重要的是，這樣好歹解決了困守孤城的危機，也能有更多機會去想法輾轉到會稽去。

於是，在迅速地準備之後，張良和項伯帶著隊伍離開了下邳。

留縣在下邳的西南方，這一行人走出了兩天不到，路上就碰見了另一隊人馬。還沒等張良開口，對方領頭的人就跳下馬來，抱拳為禮：「對面來的義軍辛苦了。」

張良和項伯看見對方如此客氣，連忙下馬回禮。

張良再看對面的那人，形象雄偉，令人印象深刻，一部鬚髯飄灑胸前，看起來威武不凡。鼻樑挺直、額頭方正，在人群中一看便是個領袖之才。但是，此人渾身上下又透著一股從民間而來的聰明勁兒，並沒有朝堂中人那種或迂腐或官僚的可厭氣質，更沒有普通文人的那種書呆子相。

電光石火之間，張良就看出此人的非同尋常。於是他內心一動，在記憶中搜尋著此人的姓名，難道，他就是……

名字還沒出口，對方似乎猜中了他的心思，大步走上前來，樂呵呵地說道：「我嘛，就是沛縣的劉季，兄弟們都賣面子叫我沛公。」

沛公！原來他就是沛公！

這幾個月來，張良在處理事務之餘，聽說過太多義軍的傳聞，差點忘記了這個傳聞最有趣、名聲最奇特的沛公。一見之下，果然是不同凡響。

這時，恰巧是秦二世二年（西元前208年）的元月。此時結識了生命中新角色的張良，正多少帶著好奇、猜度的觀察眼光，試圖讀懂面前這個既普通又不凡的漢子。但他沒想到的是，和這位「劉家老三」的偶然相逢，最終將注定改變兩人的一生。

## 初識「劉老三」，流氓也可成俠

劉家老三，僅僅在一兩年之前，還是個流氓角色。

那時的所謂流氓，並沒有今天內涵的如此不堪。很多情況下，任何農村居民，都有會被看作流氓的可能。流者，四處晃悠也，氓者，沒有田地的遊民也。換句話說，如果你本來該種地，卻落得無田地可種，那麼，你就是個流氓。

不過，老三劉季，並非沒有田地，他只是主動讓自己和田地絕緣。做農活，他吃不下來苦，摸到鋤頭把，他就會叫苦叫累。

劉季大名叫做劉邦，原本是泗水郡沛縣豐邑（今江蘇省豐縣）人，從他記事開始，似乎就沒有一天對普通的農業生產生活表示任何興趣。劉邦的生活主要有這些事構成：交友、賭博、旅遊、施捨和喝酒。好在他並沒有一直沉湎這種生活，不久之後，那時候沒多少薪水，也談不上多大權力，工作節奏也遠非繁忙的基層官吏，就成了劉邦最嚮往的職業。

按照秦朝的制度，十里一亭，十亭一鄉長，亭長只能管轄附近一兩個村落的治安和民事。劉邦沒有念過幾天書，也談不上表現出多少才能，但考慮到沒有競爭對手，他便成為了當地亭長——這好歹也算是有了職位。

當家人聽說劉邦決定當「官」時，第一反應都是長長舒了口氣。其中也包括被劉邦欠下酒錢的酒肆老闆，他們甚至計畫好，以後可以利用劉亭長的關係，多拉一點客人過來，便主動找到劉邦，表示過去的酒錢統統算了，以後重新開始。

對此，劉邦欣然會意，付之一笑。

在別人看來，幹這樣的差事，實在不如回家種田有實惠。但劉老三偏偏就做出了點門道。

他首先將職位的人脈網路拓展到極致。

劉邦在亭長的位置上，雖然沒幹出什麼驚天動地的事情。但他卻充分發揮了自己聊天的特長。他素來以能說會道在鄉間著稱，現在到了亭長的位置，認識的人、明白的事便更多，談興和談資也就更加濃厚。

每逢到縣裡領取公文，或者有事集會，人們常常能聽到劉邦的高談闊論。許多事情他都能信口道來，完全沒有顧忌，而聽眾們也聽得津津有味。甚至他頂頭上司的縣級官吏，也感到他為人的有趣仗義，因而願意和他相處。其中的蕭何、曹參和夏侯嬰等人，都成了劉邦的好友。

一天，劉邦從鄉間來到縣衙報告事情，恰恰在衙門裡聽說縣令有位姓呂的老友帶著全家遷居過來。為了表示客氣，呂家專門邀請吏員們赴宴，當然，有幸受邀的人們也早早準備好了賀禮。劉邦事先並不知道這件事情，手頭根本拿不出賀禮，但他還是混在人堆裡，說說笑笑來到呂家大門口。

恰好，為呂家幫忙做事的人瞭解劉邦湊熱鬧的習慣，遠遠看到他晃悠過來，便大聲喊道：「賀禮不超過一千錢的，請坐到堂下去。」劉邦似乎根本沒有聽見，走到門口告訴提筆記錄的人說：「我，劉邦，賀禮一萬！」說完，也不管他人相信與否，就昂首挺胸，直入大堂，挑了個好位子坐了下來。

這下，周圍的人多少都有點尷尬。身為請客方，當然不能按照賀禮的高低來區分客人的上下，但劉邦這種敢做出頭鳥的氣度，也著實是讓大家開了眼界。

呂公作為主人，當然需要化解這樣的尷尬，於是，他很快將敬酒的對象轉移到劉邦這裡。簡短交談中，讓他對劉邦產生了很不錯的印象。和沛縣這個小地方不同，呂公一生走南闖北，見識過許多人物，深知在當今的世道下，那種老實本分種地的人很難有出息。於是，在酒宴結束之後，劉邦被單獨留了下來。

呂公端詳著劉邦，說：「劉季啊，我年少時喜歡給別人相面，所以現在特意請你留下，是想仔細看看你的相貌。」

劉邦原本還以為呂公要質問他的一萬錢賀禮，沒想到只是相面，於是心裡更加踏實。

呂公一邊相面，一邊拉家常般地問道：「不知道劉亭長是否娶妻或者定親呢？」

劉邦脫口而出：「實不相瞞，劉三我素來不喜歡農活，就算我願意娶妻，恐怕也沒人看得上我——也好，家中自有兄弟，父母倒也不催促。」

呂公輕撫花白的鬍鬚，點點頭說：「我有一位小女兒，名叫呂雉，如果劉亭長不嫌棄，不如定下這門親事？」

劉邦回憶起剛才酒宴上，似乎看見呂公的女兒出來敬酒，長得也算動人，更有著沛縣女子所缺乏的伶俐和幹練。於是，他立即屈膝下拜，認了這份親。幾天後，劉邦果然如約娶親，迎回這門從天而來的姻緣。

有了家庭，劉邦比起之前要收斂許多，更何況呂雉雖然精明幹練，但也有著鄉下女性所無法比擬的馭夫之道，這多少有點讓劉邦準備不足。好在，此時劉邦出遠門的機會越來越多了。

原來，和陳勝、吳廣的隊伍一樣，沛縣也經常組織起前往北方服役的民夫隊伍，由於是苦差事，縣衙門的官吏們沒人願去。縣令乾脆讓他們將差事分配給底下的亭長，而劉邦對這樣的機會卻來者不拒。一是結交新朋友，二也可以暫時遠離家庭的束縛，享受外面的廣闊天地。即使大澤鄉起事之後，連其他亭長們也不願幹這樣的差事，而劉邦卻還是樂此不疲。

一天，劉邦又帶著幾百個民夫趕路到夜晚，辛苦的民夫們很快橫七豎八地在營帳中進入夢鄉，但劉邦自己卻喝上了悶酒。

寂靜的夜晚中，看著淡淡的月色籠罩著平坦的原野，聽著微風掃過草叢的聲音。劉邦一杯杯將稍顯辛辣的濁酒倒進咽喉，很快，他感到熱浪從體內漸漸湧動上來。劉邦轉過頭，看看發出厚重鼾聲的民夫們，忽然感到一陣內疚：「我送了這麼多鄉親出去，可回來的卻有誰呢？」

想到這裡，劉邦啪地一聲摔碎了酒杯，然後大聲喊道：「都給我起來！」

茫然的年輕民夫們一個接一個坐起身來，以為發生了什麼緊急情況，但他們看見的只有情緒激昂的劉邦，在月色下高聲疾呼：「你們這些人，馬上就要去到驪山下做苦工了，不是累死病死，也會被打死，就算僥倖能活下來，也很難活著回家啊！不如這樣，老子今天乾脆把大家全都放了，各自找活路去吧！」

劉邦的身材並不算高大，但在這一刻，民夫們隱然感到，站在面前的這個人，正是傳說中的俠者。

劉邦說完這句話，便噴著酒氣，呆呆地看著民夫們作何反應。

民夫們聽著劉邦的話，一開始愁容滿面，聽到最後，卻不敢相信自己的耳朵了。有人試探著問道：「亭長，你把我們都放了，你怎麼辦？」

劉邦似乎根本沒考慮過這個問題，他打了個酒嗝，說：「我……我管他怎麼辦，我跑唄！」

有幾個仗義的民夫看到劉邦這樣，不願讓他獨自冒險，就帶頭說道：「亭長，我們單獨跑也很難有活路，乾脆，請你來當我們的首領。你讓我們怎樣，我們就怎樣！」

劉邦想了想，欣然同意。於是，他帶著上百個願意追隨自己的民夫，趁著夜色沿小路遠遁而去。快走到芒碭（碭ㄉㄤˋ）山附近，劉邦的酒意也差不多醒了，忽然，前面的人停住了腳步，紛紛說道：「好大的蛇啊。」

「哪裡來的蛇？」劉邦快步上前，看到小路當中橫臥著一條白色大蟒。那時的人們，將蟒蛇看作龍的化身，因此誰都不敢輕易冒犯，更不用說從未見過的白蟒了。

可劉邦是誰，能信這個邪？他借著醉意，一把抽出佩劍，將白蟒揮作兩段，然後帶頭沿著小路走了下去。其他人很快跨過蟒蛇的屍體，堅定地追隨劉邦向前趕路。

就這樣，劉邦也成為了一支義軍的首領。

## 薛縣會盟，項家軍的新動向

這個消息很快傳到了沛縣縣衙中，縣令是既恨又怕，他恨的是劉三擅自作主，怕的是自己要承擔這個責任。思來想去，打算乾脆自己抓住機會來回應陳勝，為此，他專門找來了影響最大的蕭何和曹參商量。

沒想到，此時的蕭何與曹參，並不支持縣令的打算，他們的建議是，不如讓劉邦回來帶領義軍。

「這……這是有何原因呢？」縣令本以為自己的提議會獲得支持，所以不由得連說話也吞吞吐吐起來。

蕭何耐心地說道：「您可別忘了，您是秦朝皇帝委派的官員，是吃秦朝俸祿的。如果由您來掌管沛縣的義軍，鄉民們如果不同意，恐怕我們也保全不了您的性命啊！』

這句話結結實實地嚇到了縣令，他立即同意修書給劉邦，請他從藏身的芒碭山中回來主持大事。

送信的人正是呂雉的妹夫樊噲，他原本在沛縣是個殺狗宰豬的屠夫，此時當仁不讓地接下了這個任務。很快，樊噲找到了劉邦的隊伍，將這個好消息告訴給姐夫。

劉邦當然不會錯過這樣的好機會，他立即帶上人馬，向沛縣開進。

然而，此時的縣令又突然後悔了。他思前想後，覺得大權旁落，終歸不是什麼好事。因此，樊噲前腳剛走，縣令就準備讓人抓起了蕭何、曹參，並準備伏擊劉邦的隊伍。好在縣令平時素來不得人心，消息很快傳遞給了蕭、曹兩人，他們隨後連夜出城，投奔了劉邦。

這下，沛縣成為了劉邦隊伍的囊中之物。

按照蕭何的計策，劉邦將話傳遞到城中，說：「天下想推翻暴秦已經不是一天兩天了，如果大家還跟著秦皇委派的縣令幹下去，恐怕將來義軍打下城池，各位要被全城滅盡；如果有人能夠殺掉縣令，有了反秦的主力軍，才能保住家園。」

這樣的話從劉邦口中說出，當然又有了更多威力，幾天之後，有人帶著縣令的頭顱前來投奔。隨後，沛縣四門大開，迎接劉邦回到城中。

在歡迎劉邦的人群中，有人高喊道：「劉季，你就當我們的縣令吧！」

劉邦心裡一百個願意，但嘴上卻拚命推辭：『各位，我不是怕遭到殺頭滅門的罪責，而是實在能力微薄，怕辜負了大家的願望啊！」

雖然這樣說，劉邦還是在「殺頭滅門」四個字上加重了音調，並有意看了看身邊的蕭何、曹參。很顯然，有資格能和他競爭一下領袖位置的，也只有這兩人了。

蕭何不自覺地皺了皺眉，他當然知道帶頭起事問題的嚴重性，而曹參更是想到自己全族老小的生命。於是，兩人異口同聲地說道：「亭長，你就不要過謙了，沛公這個位置，非你莫屬啊！」

於是，在一片「沛公」的稱呼聲中，劉邦被人群簇擁進縣衙，沛縣的新領導者，就這樣誕生了。

當然，劉邦這些頗有傳奇色彩的故事，張良在下邳時也略有耳聞。這次見面，讓張良親眼目睹了沛公的英姿，更感嘆到確實不同常人。

張良看了看身邊的項伯，發現他也充滿敬意地望著劉邦，不禁念頭一動，說道：「項兄，或者我們也不必去投奔景駒，先和沛公合兵一處，再做商議如何？」

項伯雖然也想早點看見長兄和侄子，但也明白並非一日可成，何況更不想現在錯過劉邦這樣豪爽有膽識的漢子，於是便欣然應允。

就這樣，張良暫時成為了劉邦的部下，和他一起進了沛縣。當天，張良被封為劉邦的廄將，負責招兵買馬。

起初，張良奇怪劉邦既然起事比自己早，為何沒有迅速壯大，過了幾天，他才從直爽的樊噲口中瞭解到具體情況：

原來，自從劉邦在沛縣站住腳之後，便命令叫雍齒的部下去駐守豐邑城，而自己去帶兵攻打其他縣城。

沒想到，雍齒本來就看劉邦不順眼，勉強跟隨大家稱呼他沛公而已。等劉邦的隊伍走遠沒多久，雍齒就抓住機會，投降了佔據魏地的周市。劉邦聽聞消息，氣得七竅生煙，打算回兵攻打豐邑，但由於兵力不足，始終無法攻克，最後，連手頭原有的部隊都四處潰散了。

一路走來都很順利的劉邦，怎麼也沒有想到這麼快就遭遇背叛。沒辦法，他只好帶著最忠誠的家鄉子弟，回到了沛縣。

蟄伏了一個月左右，劉邦又恢復了往日的神采，他先是跑去駐軍在留縣的秦嘉，但跟著他轉了幾個月，發現對方根本沒有多少雄心。於是，又帶著人馬投奔到已經發展到薛地（今山東曲阜）的項梁那裡。

項梁果然慧眼識英雄，他看出劉邦本事不凡，便借給他精兵五千，收復豐邑。這樣，劉邦的隊伍很快重新拉了起來，經常帶著人馬出去打探情況、攻略那些尚在秦政府控制下的城池。

正是在這時，他在路上巧遇了張良和項伯。

對於張良原本想投奔的秦嘉，劉邦根本嗤之以鼻。這一天，在沛縣城中舉行的小型宴會上，他一五一十地告訴張良：「秦嘉這個人，不是什麼大器。自從他起兵之後，就沒想過要完成反秦大業，而是自行其是，總想著欺世盜名的事情。一開始，陳勝派人和他聯繫，想要統一行動，結果他居然殺了對方使者，還宣稱陳勝將他分為大司馬。後來，他又搞來個傀儡景駒當楚王。秦嘉對我，也是敷衍了事，既不說不支持，也不真心支持，我算是看透了這個人……」

一直沒什麼機會說話的項伯，終於抓住空隙，向劉邦問起項梁和項羽的情況。對項家叔侄，劉邦自然是讚不絕口，誇他們英勇仁義，是可以信賴的好漢，說得項伯眉開眼笑。

宴會就在這樣的歡樂氣氛中結束了。

當天晚上，項伯悄悄來到張良的房舍中，打算試探下他的動向。沒等項伯開口，張良就看出了他的來意。

「項兄，我知道你知道了項家軍的動向，在這裡已然待不下去了，是不是？」

項伯默然地點頭承認，接著又不甘心地說：「張先生，你精通兵法，熟悉戰策，不願意去為我們項家軍出力嗎？真的願意給亭長出身的劉邦做廄將？」

這句話，說到張良的心坎上，投奔劉邦十幾天來，他始終找不到機會真正瞭解劉邦的才能。此時此刻，面對項伯的質疑，他的確一時無言以對。

「張先生，這也不能怨你，劉邦對我等有收留之恩，便是俺項伯也不忍離去。所以特意趁今晚大家不在，前來單獨和先生辭行。」

聽說項伯要走，張良在席上坐直了身體：「項兄決意要走，我當然不能挽留，惟願項兄千萬記住我等義軍起事的初心，千萬用心輔佐項梁將軍，順天救民，擊垮暴秦！」

項伯深施一禮，眼眶已經紅了。但他不想讓張良看見，從齒間莑迸出話來：「張先生，當年下邳救命之恩，項伯將來一定要報，就此別過，後會有期！」

說完，他迅疾起身，頭也不回地走出院落，一陣腳步過後，已是萬籟俱寂。

在這樣的年代中，相逢聚散，都只是緣分，今天的好友，或許很快就會各自浪跡天涯，甚至他日就成為仇敵。張良想到這裡，忽然感到悲從中來。但他很快理清了思緒，是時候要試一試劉邦了。

第二天，趁劉邦暫時得閒，張良和他單獨長談了一次。

張良先是將項伯離去的消息婉轉地告訴了劉邦，沒想到，劉邦並沒有表現出太多的懊惱和惋惜。他哈哈一笑，高興地說道：「好啊，希望他們能兄弟團聚，共謀大業。」

張良沒想到劉邦心胸如此開闊，不由得暗暗讚嘆。

隨後，兩個人的話題延伸到了未來的戰略發展態勢上。

從進沛縣之後，張良就抓緊時間，考察了沛縣附近的地形，他發現，沛縣山靈水秀，但卻無險可守，並不是什麼用兵之處。因此，在他看來，抓緊時間蓄積力量向中原發展才是正事。不過，向中原的道路並非坦途，首先需要淮水流域錯綜複雜的形勢。

為了向劉邦解釋這樣的形勢，張良特意讓人準備了一幅地圖，鋪開在面前，加以一一講解。

讓他吃驚的是，當自己結合黃石公的《太公兵法》，講解這些戰略形勢和破解之道的時候，劉邦居然一點就通，像是早就明白這些道理。比如，張良剛解釋完設伏的訣竅，劉邦就能在地圖上找到另一處上佳的設伏地點，張良剛談了對渡河作戰的看法，劉邦馬上就提出新的相關問題。

這種情況，是張良從未碰見過的。

以前，他也曾嘗試著就《太公兵法》和項伯共同研討，沒想到，項伯練武、格鬥都精神奕奕，談論起兵法戰策卻昏昏欲睡，這讓張良也感到索然無味。

沒想到，劉邦看似讀書不多、學識淺薄，卻偏偏在這個領域有著相當的天賦。張良不由得脫口而出：「沛公這樣的才能，果然是天縱英明。」

的確，張良從不會刻意吹捧一個人，在他說出這句話的同時，也就確認了追隨劉邦的決心。

然而，世間的事情即使是張良這樣的智者，也難以逆料，很快，一個讓他必須做出選擇的機會來到了面前。

## 願譜復國曲，不唱《後庭花》

這個機會源於劉邦接到的會盟邀請，而這封邀請來自於在薛地駐軍的項梁。

當張良終於尋找到認可的主公同時，項梁也確定了新的方向。原來，項梁率兵向北進軍薛地之後，正準備大舉西進，卻聽到了陳勝身亡的噩耗。一時之間，項家軍失去了戰略目標。不久之後，聽說秦嘉擁立了景駒成為楚王，在彭城附近開始活動，試圖阻擋他們向西進取。於是，項梁便決定對這個擅自立王的義軍分裂者動手。

秦嘉的部隊屬於典型的七拼八湊，哪裡是訓練有素的江東部隊的對手，一擊即潰，抱頭鼠竄。項梁揮軍西進，終於攻殺秦嘉，並將其殘餘部隊予以收編，那個被擁立為楚王的景駒，也死於亂軍之中。

由於陳勝死亡的消息已經被確認，此時最具備實力的項梁感到自身責任重大，於是，他便廣發書信，邀請附近各路友好的義軍將領來到薛縣，共商討秦對策。

張良沒有想到，剛剛和項伯分別沒有多久，很快又在薛地相遇。項伯自己也很不好意思，連連對劉邦施禮道歉，說自己不辭而別也是迫不得已。

劉邦卻根本不以為意，他嘻嘻哈哈地說笑了一通，項伯臉上的尷尬神情也隨之消散。很快，項伯將張良正式介紹給兄長項梁和侄子項羽，尤其稱讚了張良如何淵博睿智，如何審時度勢，更把當年他在博浪沙刺秦的英雄壯舉說了一遍。

張良一邊謙遜著，一邊觀察著對面項梁和項羽的氣度。但見叔侄兩人皆為氣度不凡的戰將，年老的項梁城府頗深、行動穩重，而年輕的項羽則英氣逼人、令人側目。因此，張良隱隱約約感到，將來中原逐鹿的過程中，項家軍絕對不是一支能夠輕視的力量。當然，這樣的想法，他半點也沒有透露出來。

當晚，項梁安排了盛情的宴會，歡迎劉邦一行人等，劉邦自然是開懷暢飲，酒到酣處還親自高歌一曲，雖然聲調一般，但氣勢雄渾，自成特色。

第二天，更多的義軍首領陸陸續續來到了薛縣，會盟就此正式開始。

項梁憂心忡忡地說道：「各位，自從秦失其鹿，英雄輩出，然而，觀察最近的形勢，各路義軍各自為戰，如同一盤散沙。而自從秦二世將驪山刑徒全部釋放，由大將章邯統領，士氣大漲，將義軍分頭擊破。現在看來，形勢已經開始對我們不利，大家有什麼好辦法嗎？」

沒等大家思考，就有人提出了看法：「各位，現在北方的那些新諸侯國，什麼齊、趙、魏、燕，其實都只是託名而已，並沒有多少實力。項家軍戰力強勁，而且名門聲望、一呼百應，加上項羽將軍英勇過人，項老將軍更是威震江淮。我看，不如請項將軍登上義軍領袖的位置！」

其他義軍將領聽了，有的沉默不語，有的卻點頭稱是。論實力、論名望，確實項梁實至名歸。

驀然，在一片贊同聲中，傳來一位老者的聲音：「不可，千萬不可。」

眾人的視線立刻集中到聲音發出的源頭，在席位中間，站起一位鬚髮蒼白的老先生，他鶴髮童顏，望去好似世外高人，飄然獨立，眼神中流露出對在座大多數人的不屑。

有人悄悄對張良說道：「這位是范增，江東的名士，最近才跟隨項梁，頗為受到重視。」

張良點點頭，默然不語，想看這位范老先生接下來的意見。只見他懇切地對項梁施禮，然後不慌不忙地對大家說道：「今天，之所以項家軍能夠縱橫江淮，原來的楚國人民也能夠鼎力相助，是因為大家覺得項家世代忠於楚國，相信項將軍能夠復興大楚。如果現在將軍自立為王，又如何服眾呢？」

項梁緊跟著說：「范先生說得不錯，我從來沒有為王的想法！」

張良注意到，項梁說完這句話，眼神似有意無意地掃了身邊項羽一眼，而項羽卻專注地看著范增，似乎被這位老先生辯論的風采所吸引。

得到項梁的支持，范增的言辭更加有力起來，他說：「在被秦滅亡的六國中，楚國受到的苦難最為沉重。楚懷王被騙往秦國，死於囚禁，楚國上下一向看作奇恥大辱。後來，楚國又為秦軍鐵蹄踐踏，讓老百姓們沒有一天好日子過。因此，我們所有義軍，不妨在項梁將軍的大旗下，再找到楚懷王的後人來做楚王，這樣，不僅實至名歸，而且能夠讓楚地的百姓奮起響應，到時候我們擊破章邯，齊入關中，滅掉暴秦就指日可待了。」

這一次，比起剛才的建議，范增的話引起了更多的熱烈支持，甚至有義軍首領激動地鼓掌歡呼起來，劉邦也大聲稱讚叫好。

薛縣會盟，達成了新的共識，讓所有義軍看到了新的希望。

尋找楚懷王後裔的事情緊鑼密鼓地開展起來，很快，人們找到一位名字叫「心」的孩子，他年僅十三歲，人們找到他的時候，他正一臉茫然地替地主家在放羊——甚至成群的大人們跪倒在面前時，這孩子還嚇得緊緊抱起了最喜歡的小羊，以為偷羊賊們已經發展到了明搶的程度。

據說，這個孩子是楚懷王的後代，是真正的楚國的標誌。

順理成章地，放羊娃糊裡糊塗地成為了楚王，為了讓楚國人民感應到這個孩子的存在性，項梁下令，所有人都要稱呼他為「楚懷王」。然後，項梁用這位新王的名義，將自己封為武信君，將陳嬰封為上柱國，都城設在盱眙（今江蘇盱眙縣）。

這樣，項家軍無可逆轉地成為了天下矚目的義軍核心力量。

或許正因為如此，當張良跟隨劉邦離開這裡的時候，他既敬畏又警惕地看了看身後城牆上飄動的「楚」字大旗，不知怎地，他從此刻就開始擔心，項家軍遲早會成為自己夢想實現道路上的艱難對手。

此時的劉邦，並沒有觀察到張良的憂慮，他甚至根本不以為意，覺得誰來當這個核心都不奇怪。但是，張良從離開薛縣開始，就陷入了深深的思考中。

他反覆向自己問這個問題：義軍中大部分的構成，都是楚國或者親楚的力量，但是，你呢，你的韓國呢？

是的，韓國，一個多麼熟悉而又陌生的名字。十餘年來，張良不願想，也不敢想這個名字，但隨著復仇夢想一步步的接近，猶如外出遠行的遊子，終究要面對這種近鄉情更怯的結局——在推翻秦國的過程中，作為韓國貴族的後裔，卻在為陌生的楚國效命。

這是讓張良難以接受的現實。

更加讓人難過的現實是，連陳餘、張耳、周市這些人，都依靠自己的能力，幫助趙國、魏國的王室復國，我張良世代受韓國厚恩，卻不能站出來為他們復國，豈不是要令天下恥笑？張良啊張良，難道你真的要為楚國做一輩子的臣子？那麼，你和賣國求榮又有多少區別呢？

當然，張良懷念韓國的思緒中，也加入了自己綿延了十年的情愫。當年，在韓國許下的親事，始終沒有履約。而據張良千方百計得到的消息說，有著婚約的未婚妻，十餘年來始終守身如玉、堅決不二嫁，始終相信未婚夫會回到故國完婚。

無論是於國於家，張良都迫切地希望復興韓國，這首延續了十餘年的亡國恨曲，不應該在今天繼續下去了！

然而，張良終究是理性的，他明白，自己想要復興韓國，不僅需要讓劉邦理解和接受，更要讓義軍核心項梁統一。而且，考慮到維護整個反抗軍的全體利益，這個復興的韓國，不能和脫離了反秦大業的齊國、燕國、趙國和魏國這些新諸侯一樣，置身於鬥爭之外——只有讓項梁他們看到這一點，才有可能同意自己的建議。

思考成熟之後，張良來到了項梁的大帳中。

由於項伯的關係，項梁對張良歷來相當看重，不僅經常詢問他的看法，甚至試探過想要請他進入幕僚行列。

因此，這一次，張良也不願遮掩，開門見山地說出了自己的想法：「項將軍，您擁立懷王後裔為王，忠肝義膽，上順天意、下應民心，可以說讓我等感動不已。也觸動了我張良的傷心往事：仔細想來，我的祖父和父親，當年也是韓國的重臣，世代接受韓王的恩惠，如今，所有被秦國滅掉的六國中，只有韓國還默默無聞，未曾復國。這讓我想起來就輾轉反側、食不甘味。更何況，韓國被秦國滅亡最早，眾多人民被暴秦蹂躪時間最長，心中的怒火也最熾烈。我聽說，目前韓國望族的後裔中，橫陽君韓成是最賢能的。如果有人能去韓國振臂一呼，將他立為韓王，號召中原的韓國民眾行動起來，那麼，不僅我私人的願望可以滿足，更能夠為江淮活動著的楚國義軍建立一道屏障，增添一支盟軍。這樣做是否適合，還要請項將軍定奪裁量。」

張良這一番話，以相同的情感作為發端，以共同的利益作為保障，句句打動著項梁。更何況，多一支盟軍，總比多一個對手好，老於政治的項梁，絕對清楚這個道理。就這樣，他很快答應分上千人馬給張良去復興韓國。

比起項梁，更讓張良感到有所虧欠的是劉邦。

自從投奔劉邦以後，雖然只是短短相處了幾個月，卻讓張良深深感到，這個人身上有自己所不能及的優點，甚至有著連項梁、項羽這些人都無法取代的力量。正因為如此，他更希望能和劉邦更多地相處，去借助他實現自己的夢想。但形勢比人強，路走到這裡，必須要暫時分開。

其實，劉邦也何嘗沒有這樣的感覺，只是他向來心胸豁達，好像很快就忘記了丟失賢良助手的遺憾，真心誠意地來到城外送別張良，祝願他復國順利。

劉邦越是這樣，張良越是不忍，於是長揖到地：「沛公，今日暫別，他日定能相會於咸陽城中！」說完，他跨上馬頭也不回地帶領部隊向西而行。

走了好遠，張良回頭看去，但見劉邦的身影還站在夕陽之下，張望著自己的方向。雖然他身邊簇擁著不少人，但依然顯得那樣落寞、寂寥……

此時，正是秦二世二年（西元前208年）六月。

# 第四章　一步未行，先算百步之外

## 鉅鹿被困，分兵埋下的相爭格局

亂世中的人生，永遠充滿太多的際遇和可能，但冥冥中，緣分也會讓該到一起的，最終都走到一起。而左右著人們聚散的力量，永遠也不會消亡。

張良和劉邦的再一次見面，很快就發生在一年以後，那時，恰巧是秦二世三年（西元前207年）四月。

然而，在這短短的時間中，神州大地幾乎如同巨鼎中翻騰的沸水，沒有一刻能呈現安然穩定的局勢。

最開始，義軍面對的就是瘋狂反撲的秦軍主力。

在大將章邯、丞相李斯之子李由的率領下，秦軍由驪山刑徒和邊防軍組成的主力，掃蕩了陳勝殘部後，迅速向關東撲去。他們首先攻破了最弱小的魏國，魏王咎被迫自殺，齊王田儋則死於戰場上。好在齊國畢竟有充足的戰略迴旋餘地，田儋的弟弟田榮收拾了殘兵敗將，逃到了東阿城中（今山東聊城東南），固守待援。而其他的齊國貴族們，則陸續前來投奔，他們將戰國末期齊國的宗室田假推上王位，又讓田角擔任相國、田間擔任將軍，繼續維持死亡線邊緣的國家。

秦軍當然不願將唾手可得的勝利放棄，他們繼續猛烈地圍攻東阿城。幸好，雖然項梁厭惡這個平時事不關己、出事就到處求救的田氏齊國，但出於義軍的立場，他還是毅然帶領主力擊破秦軍的前鋒，暫且緩解了東阿城的壓力。

沒想到，被解救出來的田榮，根本沒想感謝項梁、共同對付秦軍，反而轉身鬧起了內訌——他揮兵猛攻田假，結果，這位「假」王乾脆放棄王位，逃到項梁軍中。於是，田榮將自己的侄子田市重新任為齊王，自己則成了相國。

項梁對此當然無可奈何，畢竟，現在最大的敵人是秦國，田榮這種小人，只要不來找義軍的麻煩，也只好暫且不去過問。而在解救東阿城的作戰中，楚軍第一次對陣秦軍主力，卻獲得了戰場上的優勢，這一點又讓項梁油然生起了別樣的興奮和希望——難道，秦軍並沒有傳說中的那樣厲害？

的確，經過東阿的戰事，楚軍士氣高漲，而秦軍一路攻城拔寨的銳氣受到挫傷。從這點來看，項梁的判斷沒有錯。在這樣的判斷下，他開始部署起反擊的戰役。

在項梁的計畫下，一部分軍隊被交給項羽和劉邦率領，去攻取秦軍佔領的城陽（今山東甄城東南），而主力部隊則由他親自率領，向濮陽推進。

項梁方面的攻勢相當猛烈，剛剛在濮陽站穩腳跟的章邯沒想到對方這麼快就組織起反擊，結果，倉促迎戰的部隊迅速被擊潰，秦軍很快放棄了濮陽這座戰略要地。幾乎同時，項羽和劉邦的部隊進展也相當順利，他們攻佔了城陽，然後按照項梁的授意繞過定陶，在雍丘突襲秦軍，斬殺了三川郡守李由，然後回兵專攻外黃、陳留等地。

聽到這樣的好消息，項梁當然高興，他決定自己帶主力部隊回到定陶，打算趁章邯西撤的機會，拿下這另一塊戰略要地。

然而，當全軍上下被主帥項梁的驕傲情緒而感染時，厄運就這樣不期而至了。

在一個風雨交加的夜晚，定陶城中的秦軍精心準備，開城偷襲楚軍大本營。結果，猝不及防的楚軍一敗塗地，項梁本人則被驃悍的秦軍騎兵所殺。

這個消息很快傳到了陳留附近的楚軍營帳中。

「什麼！你胡說！」項羽一把拎起了前來報信的敗兵，怒吼道，「我叔父怎麼會打敗仗？他從未敗過！」

雖然敗兵被嚇得面無人色，但事實終歸是事實。

項羽悲憤地一聲長嘯，讓守衛在營帳外的衛兵也情不自禁地哆嗦了兩下。

「傳我的軍令！」項羽瞪著佈滿血絲的雙眼，定定地看著營帳外黑洞洞的夜色，「全軍立即轉向定陶，我要屠城為叔父報仇！」

坐在一邊的劉邦求助般地看向范增，范增雖然也很難過，但卻不失冷靜地說道：「將軍，武信君是一手撫養您長大的叔父，更是整個義軍的領袖。如今，他為國捐軀，悲痛的不僅是您，更是我們整個楚國上下啊。只是，將軍您現在最要緊的不是去復仇，而是穩定軍心，保存實力啊，千萬不能意氣用事！」

劉邦也趁機說：「將軍，別忘了武信君的囑託！」

這一句話，瞬間將項羽拉回到現實中。他想到，自己臨行前，叔父千叮嚀萬囑咐，生怕因自己的脾氣而導致不利，特意讓老成持重的范增做隨軍的謀士，並勸他一定要凡事多和范增商量。

想到這裡，項羽又是一聲怒吼，頹然跪倒在席上，兩行熱淚滾滾而下。

看到項羽不再堅持己見，劉邦不由得長出一口氣，再看范增時，老先生卻已經去吩咐偏將們，全軍星夜拔營返軍，回往彭城。

原本順利的西征，因為武信君項梁突然的陣亡，而全面停頓下來，各條戰線上的諸將也先後退回到彭城，連楚懷王也被人接到這裡，共同商討下一步的計畫。所有人一致同意，接下來的計畫，應該是重振士氣，讓因為項梁之死而遭到打擊的楚軍儘快恢復正常。

但是，軍不可一日無主帥，更加當務之急的是，誰來接替項梁的位置。

如果從項家子弟兵的意見來看，項梁戰死，那自然應該是項羽接替，項羽經常和將士們一同在前線出生入死，連用餐也是同一個大鍋中掄勺子，平易近人而不怒自威，因此在普通將士中有著莫大的威望，然而，此時的義軍並非單純是一支軍隊，更是一種政治實體。

按照眾人相互平衡斡旋之後的意見，新的權力格局產生了：以楚懷王的名義，封項羽為長安侯，號魯公，率領所部駐彭城以西；封劉邦為武安侯，擔任碭郡守，率領所部駐紮碭郡；封大將呂臣為司徒，率領所部駐紮彭城以東。另外，楚國的臨時首都被義軍將領們遷到了彭城，讓呂臣的父親呂青擔任令尹，由懷王的名義來直接節制駐紮彭城的項羽和呂臣。

很快，楚軍從作戰不利的情況下，獲得了及時的收縮和調整，士氣面貌煥然一新。

但這一切，章邯卻並不知道。在項梁陣亡之後，章邯獲得的消息是楚軍已經全面敗退，和幕僚商討之後，他決定率軍北渡黃河，攻打趙國。

對於章邯來說，這也是必然的戰略選擇。因為相對於遠在江淮的彭城來說，緊挨在函谷關以東的趙，才是咸陽的心腹之患。

此時，趙國的國王是前趙王室的後裔趙歇，而掌握軍權的，則是以前陳勝的舊部陳餘和張耳，他們倆分別擔任將軍和相國，在信都（今河北邢臺市）維持著政權的獨立。

現在，章邯決定將這個小政權當作第一打擊對象了。

強大的秦軍渡河之後，迅速攻佔了邯鄲，為了防止以後圍繞這個城市再發生爭奪戰，章邯下令，立即將所有尚存的百姓遷往河內郡（今河南鄭州西北），然後將整個邯鄲城化作平地。

這樣，信都的門戶盡失，已經直接暴露在秦軍鐵蹄的面前了。張耳、陳餘感到形勢不妙，他們很快放棄信都，退守鉅鹿。

鉅鹿，古名大麓，遠古時期就是兵家必爭之地，有著重要的戰略價值。但是，此時困守這樣的要地也不是辦法，因此，趙王和相國張耳守在城中，而將軍陳餘則向北收拾兵力，準備對抗秦軍。

當陳餘返回鉅鹿時，他突然發現，自己辛苦收編的幾萬人，可能派不上什麼用場了。原來，章邯在掃平邯鄲城之後，下令讓大將王離和涉間繼續前進，包圍鉅鹿，而他自己則在鉅鹿以南，開拓道路、運輸糧草，供應前鋒以方便長期圍城。因此，陳餘只好在城北遠遠紮下營寨，然後派出使者，四處求援，請求燕、齊、楚諸侯援救。

燕國和齊國此時已經明白，如果再坐視不理，最終將唇亡齒寒。他們很快派來了援軍，但看到秦軍那鐵桶般的圍城陣勢、堅實的糧草供應路線，深知秦軍此戰勢在必得，於是，他們也就按照次序在陳餘營壘的旁邊駐紮下來。

最後到來的，是項羽的楚軍。當然，如果這樣說被一個人聽見，他會相當不滿。

這個人就是楚軍將領宋義。

按照眾人的意見，楚軍的上將本應是項羽，但楚懷王不知道聽了誰的「建議」，特地任命資格較老的宋義作為主將。一方面，懷王考慮的是項羽威望發展太大，不利於各部隊之間的平衡，另一方面，他也聽說當時項梁的失敗，也是因為沒聽說宋義的勸告。

因此，嚴格來說，宋義才是楚國援軍的主將，項羽縱然再勇猛果敢，也只能屈居其次，當然，懷王沒忘記，讓范增作為末將相隨，以便約束住這個性如烈火的年輕人。

同時，還有人提出，趁秦軍主力章邯被吸引在鉅鹿城下，不如另選一支部隊，向西前進，出其不意地向咸陽進發。

楚懷王欣然同意，但問題是，選誰呢？他馬上想到了劉邦。

比起其他將領，劉邦似乎顯得沒有多少特色——作戰，他的部隊絕不懦弱，但也談不上多麼勇猛精銳；政治，似乎這個小小的亭長也沒多少興趣，從沒見過他四處活動。但劉邦最大的特色，是他的仁愛。每次攻略一地，劉邦必定最早出現在民眾當中，安撫他們的情緒，關照他們的生活，真心誠意地和他們載歌載舞，慶祝脫離暴秦的統治。

這樣的劉邦，即使佔領了咸陽，也應該會傳播我大楚的美名吧，更重要的是，他一定會保護我的人身安全。

帶著這樣的想法，少年聰穎的懷王暗自決定了西進的人選。

正是這樣的決定，促成了劉邦和張良的重逢，也埋下了未來楚漢相爭的格局。

## 破釜沉舟，偉大的對手總以傳奇方式出場

秦二世三年（西元前207年）九月，部署完畢之後，楚軍即將分成兩支分頭前進。

在誓師大會上，懷王命令自己身邊的人傳遞了這樣一條命令：「不論哪支部隊，只要完成自己的軍事任務，都可以向西攻打咸陽，先入咸陽者，即可為關中王。」

直到聽見這條命令，項羽的臉上才多雲轉晴。本來，有了宋義這樣的上級，再加上劉邦地位的迅速上升，已經讓他內心老大不痛快了。但懷王說出這樣的諾言，讓項羽感到猶如被注入一針興奮劑，渾身上下都充滿了無從發洩的氣力。

然而，這種興奮的狀態，很快被冰冷的現實打破了。

當北上的楚軍走到安陽（今山東曹縣東）的時候，宋義下令，全軍就地安營，原地駐防休息。

項羽起初並沒有意識到問題，但當部隊休息到四十多天的時候，他終於發現事情不對了。

項羽決定去找成天在營帳中飲酒作樂的宋義。

「如今，秦軍圍攻鉅鹿，趙國已經危在旦夕。我們既然答應救援，就應該立刻率軍強渡黃河，與趙軍裡應外合，打破秦軍的包圍才是。將軍為什麼在這裡耗費時間，每天只是飲酒？」

宋義摸摸鬍子，輕瞥了下項羽，帶著諷刺的笑意說：「你上戰場多少年？我跟隨你叔叔作戰的時候，你好像還是個毛孩子吧？如今，秦軍要攻打趙國，如果贏了，也會因此疲憊不堪，那麼我就果斷出兵以逸待勞；如果敗了，我們更好一鼓作氣，向西追擊進入關中。所以，本將軍的計畫是讓他們先拚個你死我活，然後再坐收勝果。這樣的計謀，你當然想不到了！怎麼，你擅長在戰場上衝鋒，還要來做本將軍的主嗎？」

項羽被宋義這樣一頓訓斥，氣得臉色忽紅忽白，低下頭，強迫著自己保持表面上的冷靜，然後大步走出了主營。

帶著醉意的宋義看見項羽一臉不服氣地甩門而出，心頭也燃起怒氣來，他馬上讓傳令兵諭告全軍：「軍中將士，即使勇猛如虎、鬥狠如羊、武藝超群者，如不從命令，就一律斬首！」

這道命令馬上傳遍全軍，一同傳播的還有傳言：項羽和宋義將軍不和！

項羽怎麼也沒想到，自己和主將在想法上的差異，居然變成了全軍上下都知道的赤裸裸的軍令威脅。他氣得獨坐帳中，誰都不願意見。

而此時的宋義，顯然早就忘記了這件事。他根本不理睬楚懷王不斷的催促，卻加緊和駐軍所在地的齊國勢力進行勾搭。齊國丞相田榮看到宋義手下有如此強大軍隊，樂得巴結孝順，就主動表示，想請宋義的兒子宋襄去齊國擔任相國。宋義當然高興萬分，於是親自將兒子送到了無鹽，並在那裡舉行了盛大宴會款待田榮。

此時，已經是年末時光了。冷風刺骨、三九嚴寒，部隊中的士兵們衣著單薄、怨聲載道，巡視軍營的項羽看到這樣的情況，氣憤地和手下將士們說：「我們本來是承擔著救援趙國的使命而來的，可是，現在宋義這個老兒，不敢帶兵渡河，還自己整日飲酒，說什麼坐收漁翁之利。如果虎狼之秦併吞了趙國的地盤和軍力，再來進攻我們，我們又有什麼好處呢？我看，宋義這個傢伙，違抗懷王命令，一定是心懷不軌！」

將士們紛紛贊成項羽，有人說道：「項將軍，我們本來就是跟項梁老將軍起事的，現在您說怎麼幹，我們就怎麼幹！」

就這樣，圍住項羽的人越來越多，群情激奮，難以抑制。

項羽看見士氣可用，於是轉身，向宋義的營帳中走去，一邊走，一邊大聲說道：「宋將軍出兵救趙！」

「請宋將軍出兵救趙——」應和他的，是更加整齊響亮的將士吼聲。

這吼聲震動了全軍，也震動了正躺在臥榻上醒酒的宋義，他跳起身來，正好看到全身披掛的項羽帶著士兵們闖了進來。情急之中，他口不擇言地說道：「項羽！你，你，難道你不要命了，想要違抗軍令？」

這句話一下提醒了項羽，他大聲喝道：「宋義老兒，今天，我就要你的命來發令！」

宋義嚇得渾身一哆嗦，耳旁涼風一過，頭顱已經被項羽手中的佩劍結結實實地斬下。項羽一手提起這顆腦袋，大步走出了帳外。

看到主將被殺，剛才還在群情激奮的將士也被嚇呆了，誰都不敢說話動彈。

項羽面不改色地說道：「各位將士，宋義私通齊國，背叛我大楚，按兵不動，違抗懷王命令。我已經奉懷王的命令，將他處死！」

如雷般的吼聲，嗡嗡地掃過人們的頭頂，震得前排的士兵耳中作響。雖然大家知道根本沒有什麼懷王的命令，但他們原本就不滿宋義的胡作非為，加上對項羽的威武充滿敬佩，所以紛紛跪下，表示願意服從指揮。

項羽見軍心已定，於是，坐到宋義原先的位置上，開始掌管大局。他一面派出輕騎，去斬殺宋義已經送往齊國的兒子宋襄，一面派人將事情經過報告給懷王。很快，懷王的命令下達了，項羽被封為上將軍，同時還統領英布、蒲將軍（名不詳）這兩支義軍。這樣，項羽不僅取代了宋義的位置，還成為了北路楚軍的主帥。

接到命令後，項羽遍示三軍，正式行使指揮權。他首先派出英布和蒲將軍，率領各自部下作為線頭部隊，橫渡漳水去鉅鹿策應，然後自己帶領部隊也向前開進到漳河南岸。

此時，英布和蒲將軍的部隊已經到達漳水以北，他們在那裡建立了初步的灘頭陣地，並小有勝利。但以楚軍目前的實力，還是無法解決鉅鹿周邊強大的秦軍。

經過對情況的觀察，項羽認定，秦軍勞師遠征，而且在鉅鹿已經圍困了數月，勢頭顯然不如一開始那樣強勁。如果能夠鼓舞起楚軍的士氣，一戰擊破，那麼，在鉅鹿以北作壁上觀的諸侯們，也一定會行動起來，帶著撿拾戰功的目的加入作戰。

由此，項羽下定決心：破釜沉舟，一擊破敵！

項羽傳令，讓將士們帶足三天口糧，然後砸碎所有行軍做飯所用的鍋。這條荒謬絕倫的軍令，讓楚軍將士們再一次陷入了不按常理出牌的疑惑和驚恐中。

大概看出了所有人的懷疑，這一次，項羽沒有等人提出問題，就主動站到軍營最高處的檢閱臺上說道：「沒了飯鍋，我們才能輕裝渡河，儘快擊破秦國！至於吃飯，讓我們戰勝秦軍，去他們那裡找飯鍋吧！萬一，此戰失敗，我們也都無生路，還要飯鍋做什麼！」

說完，項羽從勤務兵手中奪過自己的行軍鍋，向空中輕輕一拋，當那口鍋帶著弧度摔到地上並碎裂成幾瓣之後，楚軍全體將士不由自主地發出了怒吼。在這山呼海嘯般的怒吼中，一口口行軍鍋被接二連三地摔碎了。

當士氣高漲、懷著必勝之心的楚軍主力渡過了漳河之後，項羽再次傳令，將渡船全部鑿沉，然後燒掉所有行軍營帳。

面對著緩緩下沉的船隊，在伴隨黑煙、漫天飛舞的營帳碎末中，楚軍主力達到了潛力盡出的狀態！

人的潛能一旦迸發出來，是尋常力量所無可比擬的。更何況，秦軍此時的確已經被長期圍困戰拖得銳氣不再。與此同時，英布和蒲將軍的部隊又奪取了秦軍用來運送糧食的甬道，秦軍大將蘇角被殺，秦軍更是感到驚恐萬狀。

因此，當如同戰神附體一般的項羽，一馬當先，衝入秦軍營地、連斬數將之後，秦軍的陣線很快開始鬆動。而緊跟項羽掩殺而來的楚軍將士，則各個爭先、奮勇廝殺，如同一支挾帶著死亡旋風的鬼神部隊，將復仇的烈焰噴向勉強支撐的秦軍中。

煙塵滾滾，殺聲震天。激戰半日後，項羽的主力已經完全斷絕章邯和王離兩軍之間的聯繫。

援軍方面，儘管章邯傳令的聲音已經嘶啞，負責前線攻擊的將領也親自上陣，但卻始終打不開一條至關重要的增援通道。

而壓力更大的則是負責圍困鉅鹿的王離部隊，他原本以為圍城秦軍人多勢眾，根本沒有把渡河而來的楚軍放在眼中。沒想到，楚軍的攻擊力連他都感到前所未見，更不用說手下的部屬了。雖然王離不斷地督促秦軍奮力作戰，但在接下來的兩天之內，秦軍不斷被楚軍在各個薄弱的地段所攻擊，吃了九次敗仗。整個鉅鹿的包圍體系已經大為動搖。

看到這種情況，鉅鹿城中的趙軍也開始派遣部隊，從背後加以攻擊。

而幾乎與此同時，所有守候已久的諸侯紛紛做了戰前的動員，然後揮軍南下。轉瞬間，原本看似滴水不漏的包圍圈崩潰了。戰場上，到處都能看見秦軍橫七豎八的屍體、破敗不堪的戰旗，血水染紅了漳河，黃沙遮蔽了陽光……

當鉅鹿城周邊重新回到義軍手中時，項羽已經連續三天沒有脫下鎧甲了。他疼惜地撫摸著胯下烏騅馬的鬃毛，緩緩向已經在鉅鹿城下紮起的楚軍營帳騎去，他看見，那裡密密麻麻跪倒了一群人。

其中，有著趙國的陳餘、張耳，有著燕國的臧荼、有著齊國的天都、田安、魏國的魏王豹、韓國的韓王成……

項羽並不認識這些人，只是看到他們身後遠遠低垂著的將旗，他甚至連想好好端詳下這些曾經坐看趙國被困的「戰友」們也不行。

因為，這些人的臉，已經快要匍匐到黃土中去了。他們一個個垂頭跪拜，稱讚著項羽的英武。

有人說：「恭喜項將軍，秦將王離已經被我軍擒獲，獻給將軍帳下！」

有人說：「恭喜項將軍，秦將涉間被我軍包圍，已經舉火自焚了！」

看見這一幕，聽著雜七雜八的表功聲，項羽想像這幫人擁擠壁上、觀看楚軍奮力搏殺的場面，不禁渾身抖動起來，伴隨著這興奮的抖動，人們耳邊傳來了他攝人心魄的仰天大笑。

這一刻，他注定將成為神話！

## 又見劉邦，士為悅己者謀

和出發時項羽的複雜心情不同，劉邦並沒有花費精力去揣測別人的心思，他坦然地接受命令，帶著自己上萬人的隊伍，離開彭城向西而去。

一路上，由於沛公廣納賢士、知人善用的名聲，加上他對各處百姓的仁慈，讓不少曾經被秦軍擊敗過的部隊前來投奔結交。這樣，「劉」字旗下的部隊彷彿如滾雪球一樣，越來越大。其中，著名的有昌邑起兵的彭越，他和劉邦曾經共同圍攻過昌邑城，對劉邦的人格魅力讚不絕口，深深敬服。後來，又在陳留碰見了一位六十多歲的狂生酈食其（酈食其）。

這位酈食其可不是一般的書生，他家境素來貧窮，又不願意輕易投奔任何一方勢力，只是嗜酒如命，因此人送外號「高陽酒徒」。不過，酈食其心計過人、謀略和口才俱佳，在表面上的疏狂之下，他時刻在尋找可以貢獻自己力量的平臺。

看到劉邦的第一句話，酈食其就徹底地激怒了他：「沛公啊，你是打算幫助秦朝攻打諸侯，還是想率領諸侯攻打暴秦朝？」

劉邦正大大咧咧地讓侍女給自己洗腳，一聽這話，破口大罵道：「你這個書呆子，真是豈有此理，我沛公會幫助暴秦攻打諸侯嗎？」

「既然這樣，你為什麼會這樣傲慢地對待一位長者呢？」酈食其瞇縫著眼睛，搖頭晃腦地繼續說道，似乎還像是在說醉話。

劉邦一聽，馬上察覺到自己的不對。之前，他結交的是樊噲這樣的勇猛之士，敬仰的是張良這樣的貴族後裔，利用的是蕭何、曹參這樣的精幹人才，但現在他才發現，將來要成大事，少不了酈食其這樣的狂生。

就這樣，劉邦向西的路程中，不斷地為自己的營帳中增添新的力量。而此時，劉邦的兵鋒，也和張良手下的部隊相距不遠了。

其實，在這一年內，張良雖然也關注著秦軍和楚軍之間的戰事，但自己卻實在無法抽身相助。他率領上千人馬進駐到舊時的韓地，輾轉發展於潁川附近，逐漸壯大起來，開始約束和牽制秦軍。但是，張良雖然想入關進攻，但實力不足、補給有限，而搶佔的土地，又經常被秦軍奪回，結果，恢復韓國的夢想，看起來依舊遙遙無期。

無論如何，聽到沛公進駐陳留、攻略開封的消息，張良還是相當高興，他立即帶領親信，迅速來到了劉邦的大營中。

和劉邦的隊伍分別一年多，張良發現這裡增添了許多新面孔，好在樊噲、蕭何、曹參、夏侯嬰這些人還是那麼熟悉，紛紛圍上來問這問那，樊噲更是高興地四處大嚷：「這下好了，俺們又要有軍師出謀劃策了！」被劉邦狠狠瞪了兩眼，聲調方才有所收斂。

張良倒是很欣賞樊噲這樣的直爽，所以並不見怪。寒暄幾句，他轉移話題說道：「沛公打算繼續向西用兵？」

「是啊，」劉邦想了想，說道：「我打算和兄弟們先拿下開封，然後再向西進取。」

張良略一沉吟說：「據我所知，開封城防守堅固，難以在短期攻破。而且，我認為目前應該盡力消滅秦軍的主力，倒不應過於執著於區區城池。」

「哦？那麼，依張先生的看法呢？」劉邦謙虛地問道，這一路上來，他感覺自己聽到的太多都是「沛公仁德」「歸順沛公」之類的讚美話語，像酈食其那樣的人已然是極少數，而張良這樣能提出對戰略不同看法的，更是屈指可數。

張良繼續說道：「按照我的看法，不妨用少量軍隊包圍住開封，虛張聲勢，但並不強攻。這樣，龜縮於開封以西的秦軍，必然會前來救援。」

「是不是等他們全部進了開封再一網打盡？哈哈！」背後又傳來樊噲粗放的聲音，然後是蕭何「噓——」聲的制止。

劉邦朝那個方向瞪了一眼，說：「樊噲，你這個屠夫，什麼時候能長點腦子？張先生的意思，必然是半路設伏，截擊秦軍主力！」

「正是！」張良點頭稱善，眾人也齊聲說好。

就這樣，劉邦將部隊安排在開封四周，拉出了強攻圍困的意思，而暗地裡卻將主力部署在開封附近的白馬（今河南滑縣南）。果然，不出張良的預先判斷，秦將楊熊認定劉邦主力圍困開封，立刻領兵向東試圖解圍，在白馬附近，遭到劉邦全軍突襲，驚慌失措的秦軍無法抵擋，向曲遇（今河南中牟）潰敗。不久後，義軍在曲遇追上秦軍，再次將其打得損兵折將。

僥倖撿到一條性命的楊熊，只好帶著殘兵敗將敗退滎陽，沒想到，在戰場上逃了出來，卻最終逃不過秦二世的怒氣。沒多久，楊雄就接到賜死的命令——秦二世已經對這種不斷的敗退忍無可忍了。

這是劉邦在西征路上所獲得的最大勝利，全軍上下興高采烈，張良一面提醒樊噲他們讓手下的將士注意警戒，一面建議派出探子打聽在鉅鹿的戰事情況。

不久之後，北方的消息就傳到了劉邦帳下。

鉅鹿一戰，大大鼓舞了其他諸侯的士氣，也讓他們感到楚軍的威猛，乾脆宣佈聽從項羽指揮。在接下來的戰鬥中，秦軍全線崩潰，秦將王離被活捉，涉間自殺。

聽到這個消息，張良感到局勢的急迫，他讓探馬再去打聽，然後對劉邦說道：「沛公，現在形勢開始明朗了，在我看來，章邯支持不了多久，失敗或者投降都是這幾個月的事情了。如果您無法加快速度向西入關，那可就……」

劉邦表面上從來不會顯露焦急神色，但只有在張良面前，他才不願意掩飾自己。於是，他喝退左右，然後誠懇地求教說：「先生有什麼良謀能教我的呢？」

張良說：「現在，我雖然不曾佔據什麼城池，但畢竟都是韓國舊領土，加上這一年來我和韓王的活動，讓這裡民心思變。如果沛公同意，那麼我願意去作為先導，勸說韓人拿起武器，為沛公而戰。」

聽到這個消息，劉邦當然喜出望外。

張良果然沒有說錯，很快，轘轅、潁陽等韓國故城，先後被劉邦一一拿下。而此時，趙國的將領司馬卬開始試探性地想要渡過黃河，進入函谷關，聽說這個消息的張良，立即建議劉邦加以防範。

在張良的謀劃下，劉邦轉而向北進兵，拿下了黃河的孟津渡口，斷絕了司馬昂入關搶功的想法。

看到自己連戰皆捷，劉邦的野心迅速膨脹起來。他喜不自勝地告訴張良，自己已經決定，要沿著黃河一路西進，攻克函谷關，進入關中。

對劉邦這樣興頭上的想法，張良自然不好反對，於是報以沉默。這樣的態度反而讓劉邦更加確定，於是他揮軍直攻洛陽，卻在城東被秦軍擊敗。

這一次失敗雖然不致命，但卻讓劉邦軍損失了不少軍用物資，也正是這樣的失敗，讓處於高漲情緒中的劉邦獲得了最重要的冷靜機會。當他重新獲得了應有的理性之後，想到張良當時的沉默態度，更感到張良的重要。

劉邦自己尚且如此，更不用說蕭何、曹參、樊噲這些人了。

就這樣，不僅劉邦自己看重張良，全軍將士們也紛紛傳說起張先生的才能來。藉著這個勢頭，劉邦向張良說道：「入關的戰事想必更加複雜，我軍中不可沒有先生，如果不嫌棄，就請先生能暫且和我一同入關吧。」

張良也發現，自己和劉邦的相處，如同魚水一般配合默契，全無之前和韓王成那樣，總是相互難以理解。於是，他將自己的部隊留給韓王，告別了自己新婚不久的妻子，打算輔佐劉邦先入關再說。

既然主意已定，張良建議說，不要從西直接進入函谷關，而是向南迂迴，通過轘轅關、武關，攻擊咸陽。劉邦對此欣然同意，因為他也看出，在西進的道路上，秦軍準備了頑強的抵抗力量，不是一時半刻就能擊破的。

於是，劉邦首先回軍陽城，在那裡，奪取了將近四千匹軍馬和大量的兵器。

接著，劉邦又擊敗了南陽郡守呂齮（齮），拿下了轘轅關。呂齮看見形勢不對，乾脆倉皇逃竄到宛城（今河南南陽），憑藉多年來不同時期修建的堅固城防，固守待援。

宛城壁壘森嚴，城牆高大，一時難以攻破。劉邦在城下也不免急躁起來，如果說，一開始只是抱有一點點希望，那麼當勝利開始越來越近的時候，即使是天不怕地不怕的劉老三，此時也不能不動搖了。於是，在某天夜晚，劉邦根本沒有和張良商量，就宣佈全軍撤離宛城，西行向武關進攻。

張良知道這個決定後，並沒有馬上加以阻止，他知道，在興頭上的劉邦，不會那麼簡單輕易地掉頭。

跟著部隊走了一個時辰左右，張良感覺時機差不多了，於是便縱馬追上了劉邦。

「沛公，你真的打算就這樣入關，是不是忘記了什麼？」

在馬背上，劉邦側過臉來：「你說的，是我忘記了的宛城？」

「的確如此啊，」張良在馬背上欠了欠身說道：「沛公，關中秦軍的實力是否雄厚，還尚未可知。但是關中的艱險是天下聞名的。一旦放掉了宛城貿然西進，萬一在關內遇到阻礙，撤退又碰上宛城這樣的釘子，前後夾擊，我們該如何自處呢？」

劉邦突然勒住轠繩，戰馬陡然停了下來，讓他的身子晃了兩晃。但劉邦卻忘我地一拍大腿，說：「先生，你又救了我一次！」

## 入關，推翻暴秦的時刻終於來臨

同一時間的宛城，正陷入從天而降的喜悅中。

從夜裡子時不到，探子前來報告，說劉邦忽然全軍撤退開始，郡守衙中就呈現出一股喜氣洋洋的局面。呂齮帶頭脫下了甲胄，癱軟坐席上，讓僕人給他按摩放鬆，還留在宛城的幾個偏將，則接連前來祝賀，說是呂大人英武善戰，獨守孤城，居然嚇跑了反賊，皇上不日必然有厚重賞賜云云。說得呂齮甚為受用，揮揮手示意他們退下，然後在婢女的服侍下寬衣解帶，倒上臥榻，眼睛一閉，很快就進入了夢鄉。

還沒等從呂齮夢見的高官厚祿中清醒過來，就被榻前驚慌失措的僕人搖醒了：「老爺，老爺，不好了，反賊劉邦又殺了回來！」

半晌，呂齮才清醒過來，他一骨碌坐了起來，摘下榻前的寶劍，對僕人大聲叫喊說：「什麼？哪裡的謠言？」

「真不是謠言，大人，城外又被劉邦的反賊圍得水洩不通了……」僕人絕望地哀嚎道。

「這……」呂齮頹然地坐下，佩劍也無力地從手中滑落，在地磚上發出清脆的鳴聲。他知道，宛城雖然堅固，但守軍的戰力已經快要告罄，很多戰士已經兩天兩夜沒有合眼。如果劉邦的軍隊再來上幾波輪番攻擊，這座城市必然要更換主人了。

正當呂齮無計可施時，窗外傳來了聲音：「郡守且寬心。」走進來的人，是郡衙中叫做陳恢的小吏，呂齮平時對他不薄，因此，直到此時，他也依然留在宛城中，沒有像一些小吏那樣趁機溜走。

陳恢對呂齮像往常那樣施禮完畢，然後用勸說的口氣說：「將軍，您已經完成了臣子應該做的事情，如果現在繼續抵抗下去，無非是個死。死雖然對將軍來說輕而易舉，但也未免過於輕率了。秦二世暴虐無道，我們何必要為他賣命呢？我聽說，沛公劉邦速來寬厚仁義，連韓國世代貴冑出身的張良都歸順了他。您不如帶領我們歸順了他，這樣，就算保全百姓，也可以保全自身。如果萬一不准降，我追隨您共同赴死也不為晚啊。」

呂齮聽完這番話，長歎一聲，說：「你去安排吧。」

就這樣，抓住劉邦部隊發動猛攻之前的時間，陳恢急急忙忙地讓人用大籮筐將他放下城牆，要求面見劉邦和張良。

張良聽說城中有人出來，撫掌微笑說：「沛公，投降的使者來了啊！」然後附耳對劉邦說了幾句，劉邦點頭會意。兩人便一同轉到帳前。

一見劉邦和張良出來，陳恢立刻不卑不亢地說了起來：「沛公，我聽說，楚懷王和您事先有個約定，說是誰先打進了咸陽，誰就可以做關中之王。將軍何必非要佔領宛城呢？我為您的打算，不如接受宛城的投降，然後讓宛城的官吏們官任原職，讓商戶百姓各自安守本分，然後，再把宛城的兵士全部編到您的隊伍中，一同西征。這樣，其他的不同縣城看到宛城這樣受到保全，官吏們的性命職位都安然無恙，自然也會開城迎接了。到時候，將軍就可以兵不血刃，拿下咸陽。」

「嗯……」劉邦沉吟著，似乎還有點不甘心。

「沛公，這樣倒不失為一件好事，」張良提醒道，「剛才，您不也在思慮是否能夠給宛城上下一條生路嗎？」

這句話讓劉邦馬上想到剛才兩人的密談，張良勸他一定要接受投降，於是便威嚴地說道：「既然郡守呂齮有這樣的想法，為什麼不自己來？只要他能真心投降，我便可以同意。」

陳恢諾諾而去。

呂齮聽到這樣的承諾，大喜過望，所謂忠誠這張窗戶紙一旦被戳破，剩下的也就是對生命的渴望、甚至對新的前途的憧憬了。更何況，秦二世這樣的皇帝，實在讓人無法忠誠。

時間不長，宛城四門大開，呂齮親自帶著所有人魚貫而出，跪倒迎接劉邦。劉邦也並不傲慢，親自下馬將他攙扶起來，宣佈封他為殷侯，封陳恢為千戶，讓他們繼續在宛城進行管理。

幾天後，劉邦見宛城的局勢已經獲得了基本穩定，於是宣佈出兵，繼續西征。

果然不出張良所料，在呂齮獻出宛城不僅沒有危險、反而加官進爵之後，不少秦軍將領開始動搖。很快，高武侯戚鰓、襄陽侯王陵在西陵地區歸順，番君將梅鋗也在胡陽地區率部隊加入，漢中、武關相繼攻陷……這樣，劉邦不僅獲得了更大的實力，也掃清了自己進攻關中的一切後顧之憂。

當劉邦的部隊來到武關（今陝西藍田縣東南）關下的時候，已經是秦二世三年了，此時，離劉邦受命於楚懷王出兵，已經有了十個月左右的時間。

可以想像，項羽那邊一定也會在加快進展，他很快就會一路向西，打下函谷關，然後進入咸陽了。按照現在的兩軍對比來看，這對於項羽僅僅是時間的問題。

時間，時間，一切都必須要圍繞時間說話。

劉邦看著營帳中滴答作響的漏壺，感到腦子都要想空了，究竟怎樣才能拿下面前這易守難攻的嶢關呢？

很自然地，劉邦想到了十幾天前，正是在張良的謀劃下，自己才率領周勃、灌嬰等將領，一舉偷襲武關（今陝西丹鳳縣東）得手。武關，和潼關、蕭關和大散關共同被稱為舊秦國的四大門戶。正是武關的攻破，讓劉邦看到了率先進入咸陽的希望。沒想到，關中居然還有嶢關這樣的要塞，看來，秦國的強大，真是有其強大的道理啊。

劉邦不耐煩地看看漏壺，叫了一聲：「來人！」

帳外的衛兵立刻大踏步走進來，拱手施禮說：「主公有何吩咐？」

「請張先生過來。」劉邦不耐煩地命令道。自從入關以後，他覺得更需要隨時和張良商量對策。

很快，在侍衛的陪伴下，張良衣履飄然，走進劉邦的營帳中。隨著戰事轉守為攻，張良也恢復了自己長期保持的導引辟穀的氣功練習。今晚，他終於擬定了計畫，打算抽空吐納運作一番，以便養精蓄銳，沒想到劉邦難以入眠，急於獲得指點，也正好將計畫和盤托出、

實際上，張良前幾天也有著和劉邦目前所相同的煩惱。他知道，越是在這種勝利即將到手的情況下，危險就會變得越大。嶢關這座關隘，佔據著嶢嶺和貴山兩道山脈，是整個荊州到南

陽盆地連接黃河流域關中的交通要道，可以說是咸陽不折不扣的最後屏障。此時，咸陽城內雖然人心浮動，但嶢關裡佈置的重兵防範之嚴密，也可想而知。

而咸陽城中發生的事情，多少對嶢關守軍也有影響。

此時，丞相趙高聽說各路義軍不斷推進，已經驚恐萬分，為了緩和緊張的局勢，他早在數月前就殺掉了秦二世，並擁立二世的侄兒子嬰成為秦王。甚至還派出使節，想要和劉邦談判，以平分關中土地的利益，換取劉邦停止進軍。當然，這一套，劉邦是不可能理睬的。

正當趙高一籌莫展時，他親手扶植上臺的子嬰反而將其殺掉，然後增兵加強嶢關的防守，企圖真刀實槍地阻止劉邦前進。

一面是秦王朝的垂死掙扎，一面又是項羽的步步逼近，在這樣的情況下，劉邦的壓力之大，張良不用問也能知道，否則，他也不會星夜相邀了。

侍衛自覺地退出去後，劉邦馬上懇切地問道：「張先生，您是否已經成竹在胸了？」

張良說：「沛公，嶢關的確屬於天險，不可強攻。我聽說，嶢關的守將是屠夫的兒子，可想而知，這樣的人必然容易貪財。沛公不妨用重金加以引誘，然後再陳列疑兵加以威脅，這樣，嶢關就能唾手可得。」

劉邦聽聞之後，頓時轉憂為喜，在燭影有節奏的搖動中，兩人密謀的身影映襯在營帳布幔上，直到深夜。

第二天，劉邦傳令，讓夏侯嬰帶兵，在山頭上插滿旌旗，以此展現雄壯的兵力。同時，又派出巧舌如簧的酈食其，帶著營中一路征戰所俘獲的財寶，去關中勸降。

正如張良所預料的那樣，秦軍守關將領並沒有多少堅守的決心，看到這輩子都沒見過的財寶，果然動心。再聽說關外到處都已經是敵軍，便知道抵抗下去最終也沒什麼好的結果。於是，在款待酈食其以後，讓已經醉醺醺的他回去稟報，說立刻獻出關隘，和劉邦聯軍，向咸陽進攻。

劉邦聽完酈食其酒氣沖天的報告，感到非常高興，提起筆來，就準備寫信答應其要求。

張良搖手說道：「沛公不可。」

「怎麼……」劉邦一臉疑惑地看著張良，言下之意是，勸降是你，不可也是你，究竟還有什麼高招？

張良看了看同樣困惑的樊噲、周勃他們，解釋說：「各位，不要把事情想得太簡單了。這個秦將，貪財好利，所以才會暫時同意和我們聯合。但是，守關的下屬兵士們，恐怕不會這麼輕易順從。依我的看法，不如趁他們現在的鬆懈和內亂，發起進攻，就能將守軍完全殲滅，將嶢關牢牢抓在我們手中。」

這個意見猶如一枚石子，丟進了原本安靜的池塘中，很快，劉邦面前的文武手下，就開始激烈地爭論起來。

## 奪咸陽，用進諫作為賀禮

劉邦無論如何也沒有想到張良會提出這樣的意見，他馬上就表示了自己的反對：「不不，張先生，你怎麼能教導我這樣去做呢？守將既然已經宣佈投降了，那些普通的士兵怎麼會不愛惜生命，而貿然反抗？再說，攻打已投降的軍隊，這個實在說不過去啊。」

同樣，蕭何、曹參他們，也支持劉邦的意見。

不過，武將們倒是站在張良這一邊，樊噲高喊著：「什麼投降不投降？爺爺我就看不慣這樣的孬種！」

周勃也站起來說：「主公，守關的士兵，大都是關中人氏，的確，他們雖然不一定願意和暴秦一起覆滅，但是，對我們這些遠道而來的外籍部隊，他們就一定會歡迎嗎？如果我們和他們一塊進入咸陽，情形發生變化，他們的手中有鋒利的戈矛，部隊中有嚴密的建制，那麼對我們可是天大的危險啊。」

這位周勃，也是劉邦的同鄉。最初，他只是個在沛縣編織養蠶器具的手工師傅，後來，在劉邦手下表現得智勇雙全，先後在攻打豐邑、碭縣、下邑時，立下了汗馬功勞，被劉邦封為帳前的五大夫。在西征之前，周勃被任命為虎賁令，主管警衛任務，也常常對攻城掠地發表自己的看法。

最終，由於武將們一致贊成張良的意見，劉邦便改變了和降將聯合進攻咸陽的打算。

當天夜裡，周勃按照張良的建議，率領一支精兵，偷偷從貴山上翻越過去，找到了一條小路，從背後摸上了嶢關。猝不及防中，秦軍被擊潰，那位投降的將領也被殺，財寶一件不少地又還給了劉邦。

這樣，最後一道門戶終於被撬開了，劉邦率軍順利地佔領了藍田縣，在這座縣城以北，就是這次西征的最後目標——咸陽。

「藍田日暖玉生煙」，這是許多年以後，描寫藍田最著名的詩句。

而現在，劉邦眼中的藍田，儼然是他通向制霸天下的跳板。

藍田，位於灞河的上游。灞河，則是渭河重要的支流。

在這座城市以南，是難以翻越的蜿蜒秦嶺，而在其北面，則是一馬平川的渭河平原。更重要的是，在其西，則是進入關中的必由之路。

正因如此，劉邦此時內心的激動，也就完全能夠理解了。

這位曾經的小小亭長，像白手起家的行商那樣，本小利微，卻能卓絕堅持，最終站到了大秦的國門之外，絕對是時代導演下的勵志奇蹟。

更何況，這樣的大秦國門，曾是上百年無人攻破的。

因此，在略微休整了兩天之後，劉邦傳下命令：「全軍移駐灞上！」

張良聽出來，之所以叫「移駐」，而不叫「攻打」，是因為劉邦相信，咸陽城裡的秦國上下已經沒有什麼抵抗意志了。

事實也的確如此，雖然咸陽附近還有著不少秦軍力量，但由於之前張良的妙策，沿路的秦軍早已被劉軍的神速驚呆了。

更不用說咸陽城中那位年輕的子嬰了。剛剛接手皇位四十來天，猶如一團亂麻的時局問題就放在自己面前，子嬰原本就夠頭大的了。而在聽說劉邦進軍灞上之後，子嬰突然發現，這個皇帝遊戲要是再玩下去，就不是大秦有沒有天下了，而是自己有沒有腦袋了。

時局問題成了性命問題。

子嬰同時發現，絕不是他一個人這樣想。這幾天來，入宮面見他的文武群臣越來越少，有人稱病，有人告假，有人上書要告老還鄉。即使那些能勉強站到自己面前的大臣，也一言不發、默然不語。

子嬰覺得，內心的最後一點自信，被周圍冷酷的現實迅速吞噬無遺。他無助地站起身，在空曠的大殿內毫無意義地來回踱步。

「皇上、皇上——」宦官的聲音由遠及近。

子嬰皺起眉頭，自己不是早就宣佈除去帝號了嗎？怎麼……他發火的意向，被跪倒宦官手中擎起的那卷竹簡轉移了。

「這是什麼？」子嬰定了定神，儘量從容不迫地問道。

「是，」宦官囁嚅著說道：「是劉邦的招降書。」

溺水之人抓住一根稻草，都會當成救命的神物。

迷路之人獲得一點光明，都會當成生路的指標。

恰恰在子嬰要完全絕望的時候，劉邦送來了最後的希望，他捨得放棄嗎？

細細的汗珠從子嬰的腦門上密集地滲出來，他的臉色一會白，一會紅，過了許久，他有氣無力地說道：「那麼，就投降吧。」

這個微弱的聲音，傳到整個咸陽城，傳到灞上的劉邦耳中，無疑聲若驚雷。

此時，是西元前206年十月。

張良在軍士們的簇擁下，來到了咸陽城下，他抬頭仰望，看見城頭上依然一片寧靜，似乎和往昔始皇帝在位時沒有什麼區別。只是秋風拂動下，一面大大的「劉」字旗幟隨風招展，提醒著人們咸陽已經易手。

當年，自己曾經兩次隻身潛入這裡，帶著青春的熱血，想要刺殺天下共敵嬴政。當時，也是這樣的城頭，也是這樣的秋色，而迎接自己的，卻只是失敗的痛苦。

想到這裡，張良不僅心情起伏，人生際遇和國家命脈一樣，如此難以逆料。一時之間，張良真不知道該是喜還是憂了。

秦朝終於滅亡了。國恥家仇，終於得以昭雪。但自己以書生意氣輔佐劉邦，運籌帷幄，立下這樣的奇功，自然能得到主公的賞識信任。但今後的路，又該何去何從？韓王還在故國的彈丸之地中困守，家眷們則滯留在韓軍中，都是早就斷絕了消息的。更何況，項羽的四十萬大軍，此時大概也知道了咸陽的事情，又豈能善罷甘休？

每次想到這裡，張良都不禁會感到壓力重大，比起周圍那些不知深淺的魯莽漢子來說，張良也就顯得格外不同了。

其實，人們難以理解張良的，還有另一層壓力，那就是和劉邦的關係。

張良知道，現在的劉邦，對自己當然格外看重，那是因為自己猶如智囊，總是能提供化解危難的妙策。但劉邦畢竟個性粗劣，對儒生的輕慢不是一天兩天，未來會如何看待自己？加上劉邦從沛縣起兵，生死與共的是那幫兄弟，像樊噲、周勃、王陵他們，而自己雖然刻意接近這群人，卻似乎總是不遠不近地隔著一層距離——畢竟，自己名義上還是韓國的人。

有著這樣的憂思，張良當然坐不住。這天，他乾脆走出軍營，在舊時的帝都裡四處走動，徜徉而遊，看看正在恢復活力的市井民眾，心情似乎變得開闊了許多。

咸陽畢竟是百年經營的帝都，城廓之雄偉堅固，街衢之縱橫通達，都是讓遊歷中原多年的張良印象深刻的。他還記得，在秦滅亡六國之後，還將天下十幾萬富豪全部遷移到這裡，將人口擴充到五十萬以上，秦始皇的這種野心和手筆，真是天生的王者……

如此想著，張良忽然發現，自己已經走到了咸陽城西。那裡，士兵正排列著對進出城門的百姓進行盤查。忽然，遠處一團煙塵由遠及近而來，直到城門前才些許放慢了速度。百姓們四下散避，士兵們也不敢阻擋。張良再看時，原來樊噲將軍身騎戰馬，想要入城。

「樊將軍，何事如此著急？」

樊噲勒住戰馬，連忙翻身下來，一把拉住張良：「先生，沛公現在危險了！」

張良內心暗想，劉邦雖然不是最優秀的，但的確是最合適的。如果真出了什麼事，自己後面又要倚靠誰來實現志向？

樊噲看出自己用詞不當，連忙解釋說：「沛公非要進阿房宮觀賞，結果看中了那裡的美人，腦子已經昏了，非要留宿在宮中。我等苦勸，讓他回來，他不但不聽，還破口大罵。我看勸不動，就趕快出來找你，沒想到在這裡碰上了。」

張良明白，沛公是英雄難過美人關了。

想到這裡，一絲理解的苦笑浮上了張良的嘴角。他深知，在自己、項羽乃至嬴政這些人看來，錢財珠寶、美女嬌兒，都算不上什麼人生的奢侈品——這些貴族子弟從懂事開始就明白，這些東西想要多少就有多少，只不過是生活裡的添加劑罷了。

但劉邦就不同了，從小到大，見過的女人，最多也就是沛縣裡那些粗布衣服的賣酒西施。而近年一路征戰，腦袋都放在刀口上，也自然沒有什麼想法，就算有想法，恐怕也不能拿性命去換機會。

但今天就不一樣了。

阿房宮，那是什麼地方？是嬴政儲藏天下美人的寶地啊！劉邦這樣一飛而起的鳳凰男，怎麼可能不為之心動？

樊噲看見張良意味深長的笑容，不知道他究竟什麼態度，急得一把拉起張良說：「先生，不要耽誤，速速跟我一塊去阿房宮。」

## 項羽「活埋門」：一將功成真要萬骨枯？

阿房宮中的劉邦，此時卻根本沒有這麼多想法，他想做的就是把自己的腦袋放空，好好體會下天下第一人的感受。他橫臥榻上，面前放著美酒佳餚，身旁左擁右攬著美女，她們或故作媚態，或娥眉輕蹙，在燭光的映襯下，讓劉邦怦然心動，繼而狂笑不止。

原來，做皇帝是如此的好玩！

正在美不勝收之際，聽得外面一陣喧譁，繼而是兵器撞擊和罵罵咧咧的聲音，還沒反應過來，就看見黑塔一樣的身影壓了進來。

又是樊噲！劉邦的眉毛皺了起來：這個不解風情的死娘舅！

「主公，你到底是要取天下，還是在這裡當富翁？」樊噲直接讓劉邦二選一。

劉邦本來懶得回答，但定睛一看，身體不由微微動了一下，推開了身旁的美人。

原來，樊噲身旁站著的是張良。

「這下麻煩了，他居然會找到張先生。」

劉邦這樣想到，但馬上定定神，擺出威風罵道：「好你個樊噲，將張先生請來做什麼？」

樊噲張口要說話，被張良攔住了。

「主公，是我自己要來的。」張良深施一禮答道：「我聽說，秦宮美不勝收、春色無邊，所以也特地想來玩賞一番，不知道主公願不願意分享啊？」

劉邦臉上的肌肉鬆弛了，是啊，大家都是男人嘛，怎麼就忘記了張先生？

嬉皮笑臉的劉邦連連點頭：「當然可以，當然可以，大家一塊來。」然後解嘲般地端起酒杯，打算和緩一下氣氛。

張良話鋒一轉，「只是不知道，當年在這裡享受的人，現在都到哪裡去了呢？」

一股辛辣的滋味從氣管邊泛起，劉邦差點沒被剛喝下去的一口酒給嗆死。

「秦皇無道。只顧自己的享受，動用天下物力建造阿房宮。所以才會激起民憤，天下聲討。我們才能夠興兵，一路斬將奪關獲取咸陽。如果今天主公剛來到這裡，就像住在不祥的阿房宮中，效仿秦皇縱情享樂，是不是打算走他們的道路呢？」

說到這裡，張良看了看劉邦，發現他早就放下了酒杯，低首無語。於是接著說道：「古人說，良藥雖苦但是對病人有利，忠言不好聽但是對行動有幫助。樊將軍雖然強行進諫，說的話難聽點，但實在有一片為主公著想的忠心啊。希望主公能夠速速離開這裡，帶領全軍返回灞上，以等待項王那邊的動靜！」

在「項王」這個詞上，張良特別加重了語氣。

這一招果然有用，略微幾秒的沉寂之後，劉邦突然蹦了起來，一腳踢翻了面前的桌案，嚇得美人們尖叫著退散開。

「樊噲啊樊噲，你的苦心我當然知道，何必請張先生過來？」雖然內心有所觸動，表面上劉邦依舊一副無所謂的樣子，「我來這裡也只是散散心，不過，子房，你說得對，項羽遲早要來，我們還是現在就去灞上，早做準備！」

一彎新月掛在了阿房宮的簷角上。當馬蹄聲伴隨著一行人離開宮殿時，樊噲偷偷伸出手，使勁拍了拍張良的肩膀。

不知怎地，張良發覺，之前總能感到的那層距離感，正在悄然消失中。

與此同時，對劉邦來說不利的另一種距離也在消失中，那就是項羽和咸陽之間的地理距離。

時間撥回到數月前，鉅鹿之戰，結束於那個神一般的場景——項羽高坐馬上、諸侯跪伏在營帳前。

這個場景很快就傳遍了漳河兩岸，即使是敵對的義軍和秦軍雙方，都在加油添醋的傳言中，更加栩栩如生地在腦海中複製著這樣的場景。很快，秦軍的士氣因此而更為迅速的下降，諸侯軍隊卻變得更加統一團結——幾乎所有的諸侯將領都宣佈，他們從此開始聽從項羽的調配，協同作戰。

這一切，都被心急如焚的秦軍大將章邯看在眼中。

在鉅鹿一戰中，秦軍主力受到嚴重打擊，負責包圍鉅鹿的原本都是秦軍精銳，沒想到，王離那愚蠢的臨場用兵，將這些關中子弟全都變成了他鄉的一堆白骨！

章邯一想到這裡，就難以自抑地伸手去捉佩劍，好像這樣的動作能緩解內心的緊張和懊惱。但是，他轉念一想，雖然秦軍主力在鉅鹿受到重創，但他自己還有二十萬左右的軍隊，此時正駐紮在鉅鹿城南的棘原。雖然這些軍隊的主要組成部分是驪山刑徒，缺乏軍事訓練和作戰經驗，但畢竟有著不怕死的蠻勇，何況絕對優勢的人數，也能多少阻嚇士氣正旺的楚軍。

章邯這麼想，並不算離譜。果然，在鉅鹿之戰之後，項羽並沒有馬上發起貿然攻擊，他緩緩地將楚軍主力重新移動到漳南。和秦軍暫時形成了對峙狀態。

抓住這個寶貴的機會，章邯立刻寫好了求援信。雖然局面得到暫時的穩定，章邯很快發現自己正面臨著新的危機：整整二十萬人的部隊，最害怕的就是缺少糧食，而這種情況出現的可能性越來越大。因此，章邯必須要向咸陽請求運輸後續補給來穩定軍心。

章邯將求援信遞給手下的長史司馬欣，面色凝重的說道：「你這次去咸陽，一定要求到援兵，否則，我大秦江山不保！」

司馬欣眼眶紅了，沉重地跪倒在地，再拜而去。

沒想到，司馬欣好不容易回到咸陽，得到的卻是冷遇。在朝廷中掌握大權的丞相一聽章邯打了敗仗，居然還要回來求援，立即讓人在相府門前攔住司馬欣，說自己正有緊急公務，無法接見。

等了兩天兩夜後，司馬欣終於打聽明白——趙高根本就不願意施以援手，他甚至正在想辦法和秦二世奏報，將作戰不力的罪名推到章邯頭上。於是，司馬欣連夜偷偷出城，抄小路回到了棘原上。

憂心忡忡的章邯一看見司馬欣，立刻流露出欣喜的目光，司馬欣卻顧不了那麼多，直截了當地說：「將軍，趙高那個傢伙，居心叵測，蒙蔽皇帝。我聽說，他早就準備好了，如果你勝了，戰功就都會是他的；你若是敗了，他就會告訴皇上，把罪責推到你的頭上。現在鉅鹿新敗，他又不願意給出援兵和給養，我看，咱們是進退兩難，不免一死啊！」

說完，司馬欣將牙齒咬得格格作響。

章邯原本熱切地希望司馬欣能帶來一些好消息，沒想到聽到的卻是這樣令人沮喪的事實。他想到司馬欣走後，趙國的陳餘讓人送來的那份勸降書，在信中，陳餘明明白白地告誡他，說趙高此人嫉賢妒能、心狠手辣，什麼事情都做得出來。將軍如果勝利了，恐怕日子都不好過，何況這次已經被項羽將軍重挫？與其回朝面對處罰和死亡，不如和諸侯軍共同舉起反秦的大旗，打下咸陽，裂土稱王，總比束手就擒好。

當時，章邯不屑一顧地將這封書信丟進了火堆中，看著不斷高竄起的火苗，章邯高傲地想到，自己世代都是秦人，怎麼可能做這種反對秦國的事情。

但如今，章邯不免後悔了，他發現，自己無路可走，還會讓二十萬部下也無路可走。

第二天，章邯就向項羽軍中派出使節，請求講和。

聽說使節前來，項羽頭也不抬，平靜地說道：「推出去，殺了！」好在項伯馬上制止了應聲行動的士卒們，然後制止說：「將軍，我曾聽說，斬殺使節，不是王者應有的風度。您現在已經是所有義軍的統帥了，不可只想著家仇啊。」

項伯畢竟是自家叔叔，雖然心性高傲，但項羽不得不考慮其話中的分量，加上范增也在旁勸說：「將軍，我們雖然在鉅鹿城下取得了勝利，但是，我軍將士有所折損，軍糧的供應也日漸緊張。章邯手下現在有二十萬的大軍，一旦斷絕了他們的活念，恐怕對我軍壓力也不小啊。現在章邯既然想投降，不如我們加以接受，然後儘快向關中咸陽進軍，才是最重要的！」

聽到「關中咸陽」，項羽原本沉浸在為項梁復仇欲望中的內心不由得動了一下。他仔細思考了一下，覺得自己的確有些莽撞了，於是便轉怒為喜，熱情地招待起使者來，宣佈接受章邯的投降。

聽說可以不戰而勝，楚軍大營很快沸騰起來，然而，在這樣的沸騰中，哪怕是最靠近項羽的人，也沒有看到此時他臉上掠過的一絲陰影。

第二天，章邯來到楚軍大營，失敗的恥辱和懊惱，讓他趴在地上痛哭流涕，口中還念念有詞，感謝項羽的再造恩情，表明自己投降的誠意。項羽輕輕拉起章邯，帶著安慰的口氣說：「章將軍，以前的事情也就不說了，但願今後我們大家齊心同力，能夠消滅暴秦，才是最重要的。」

章邯的手下們忙不迭地攙扶起他，也有人跪在地上奉上秦軍將士的花名冊、軍用物資冊等等。項羽隨意地翻看了兩卷，並沒有說什麼，只是順手交給了負責接收降軍的部將龍且。

當天晚上，章邯和跟隨他前來的部將司馬欣、董翳留在了楚軍大營中。項羽特地準備了盛大的宴會，表示對他們棄暗投明的歡迎。酒酣耳熱之際，項羽下令，不日就要請楚懷王給他們封賞，聽到這個消息，再對比趙高的態度，章邯當然又是未免唏噓一番，然後是對項羽更多的感謝。

就這樣，章邯一行人便留在楚營，成為了項羽的部下。

幾天後，項羽的大軍帶著新投降的二十萬秦軍，浩浩蕩蕩地啟程了。可想而知的是，那些昨天還在戰場上你死我活敵手的部隊，現在彼此之間卻成為戰友，一時之間，不知道如何相處。沿途居民聽說到的，是此番景象：楚軍們謾罵著秦軍士兵，而秦軍雖然不敢明顯反抗，背地裡卻充滿了牢騷。

接下來的歷史，因此而充滿了神秘的面紗，讓人無法真正一窺真容。

有人說，當軍隊走到新安（河南澠池城東）的時候，項羽下令，在暗夜中以挖掘古代寶藏來補充軍用物資的名義，讓二十萬秦軍給他們自己挖出了巨大的墳墓，當二十萬人進入地下後，楚軍迅疾出動，將入口用黃土填充結實……

也有人說，項羽沒有必要做出這麼殘暴的事情，之所以有這樣的荒謬傳說，根本是因為後來歷史抹黑成功者對手的需要……

但無論那些秦軍的命運如何，當大軍沿著黃河向西走到函谷關下時，整個大軍中只有三個秦人了：章邯、司馬欣和董翳。他們茫然不知秦軍士兵的去向，似乎這些士兵從來就沒有跟隨他們走出函谷關。

不過，即使是這三個秦國人，注意力也很快被更要命的事實改變：

在高聳的函谷關關頭上，懸掛著一面日光下迎風飄揚的大旗，旗幟上繡著鬥大的金字「劉」。

范增脫口而出：「劉邦，劉邦先到了！」

項羽的視線就此被那個字牢牢吸引在旗幟上，一秒鐘也不曾轉移開。

## 佈局很重要，高峰會面前的策劃

在項羽到達函谷關之前，劉邦就聽從了張良和樊噲的進諫，關閉了阿房宮的宮門，將咸陽大小府庫的封閉起來，遠離財寶美色，率領軍隊離開咸陽，重新駐紮到咸陽城南的灞上。這一舉動，大大出乎關中百姓的料想。原本，由於城池陷落後必定會出現燒殺搶掠，城中不少人已經舉家出逃，但聽說沛公如此仁德，秋毫無犯，他們又重新回到了咸陽。

在張良的建議下，劉邦乾脆將咸陽和附近德高望重的老人和賢者們召集到灞上，說道：「各位關中父老受到的暴秦統治也太苦太久了。那時候，誰要是敢議論朝政，就會被定罪而斬首，甚至會被誅殺三族。這種日子，再也不能繼續了。」

父老們被說到痛處，表情凝重起來，有的人想到在暴政下失去的家人，眼眶已經濕潤了。

劉邦看看大家，繼續說：「我奉懷王命令，進軍關中，只是為了替大家解除痛苦。當初，懷王有約，只要能先進入關中的，就可以在這裡做王。如今，我最先入關，理所應當是王了。所以我就和各位約定三章法律：殺人者，處死；傷人者和盜竊者，嚴懲不貸。其他的秦朝律法，一概廢除。從此後，不管任何官員百姓，都可以安安心心地過日子，不必擔心什麼了！」

劉邦濃厚的江淮口音讓父老們一時沒有明白，營帳裡寂靜了一會，很快，響起了低低的讚嘆聲，這片讚嘆很快轉變成為感激涕零的稱謝。父老們紛紛行禮，稱頌沛公的恩德。

很快，關中百姓們自發地組織起來，給劉邦軍隊趕來牛羊，送來酒食，準備犒賞義軍。樊噲看到這熱鬧的場面，高興地咧開大嘴，劉邦卻威嚴地說道：「列位父老，我軍中尚有糧草，各位不必破費，好意我軍將士心領了。另外，如果父老們發現我軍將士有騷擾百姓、敲詐勒索的事情，請千萬不必害怕，可以馬上來舉報，我一定嚴加約束、定斬不饒。」

原本就稱頌劉邦的百姓們，更是將義軍看作救命恩人，相互慶賀著關中來了這樣體恤下民的賢者。因此，投奔劉邦的關中人士也越來越多。為了引起劉邦的看重，有投奔者給他出主意說：「秦地沃野遍地，財富冠絕天下，四周都是險要的關隘可以防守，正所謂一夫當關萬夫莫敵的形勢。聽說，秦將章邯已經投降了項羽，項羽封他為雍王，佔據關中，項羽的大軍馬上就要來這裡了。如果他們真的入關，主公您可就當不上關中王了，現在，您應該儘快派軍隊把守號關隘，防止出現這種情況。」

劉邦早就對自己的關中王耿耿於懷了，聽到這樣的主意，也沒去請教張良，便連聲稱好。他立即下令加強關隘的防守，尤其是增加了函谷關的兵力守衛。

因此，當項羽來到函谷關的時候，面對的是嚴陣以待的劉邦軍隊。

項羽催馬向前，仔細看清楚了「劉」字大旗，愣了一會，便高聲向關口喝問：「爾等究竟是哪裡的軍隊，在此駐守關隘？可知道我們是楚國大軍？」

關隘上的士卒紛亂地回答說著：「我們是沛公的部下！」「沛公已經是關中王了！」

聽到「關中王」三個字，項羽就氣不打一處來，他既氣楚懷王的偏心，也後悔自己就不應該去救那個沒用的趙國，反而讓劉邦撿了個大便宜。

看到項羽如此懊惱，范增連忙勸諫說：「您無須懊悔，現在劉邦軍力弱小，以我軍的實力，拿下函谷關並不是問題。」

項羽轉念一想，覺得范增說的沒錯。於是命令前鋒章邯揮軍攻關。關上的士卒原本就不多，更沒有什麼堅守關中的意願。看到武裝精良的楚軍蜂擁而上，發一聲喊，便四下奔逃而走。

項羽順利地進入了關中，關口的「劉」字大旗也很快被拋擲下去，升起了「項」字大旗。

楚軍既然過了函谷關，便繼續沿著渭水向西，很快也如法炮製地攻下了潼關。潼關是關中東部的最後屏障，對於楚軍來說，勝利已經毫無疑問。

很快，楚軍就走到了戲地（今陝西臨潼東北）。項羽聽前哨騎兵回報，說咸陽城內部安定，一切如常，唾手可得，便放心地傳令全軍在戲地西邊的鴻門村安營紮寨，並設酒擺宴，犒賞士卒，共同商討下一步的行動計畫。

酒宴上，楚軍將領和各路諸侯議論紛紛，說著各自的想法。

有諸侯說：「暴秦既然滅亡，我們都受了懷王的命令，現在理應把懷王接來，然後擁立為皇帝。」

項羽聽了，不發一言，從鼻子裡哼道：「就是那個放羊娃？你願意聽他的？」說著，他的眼神橫向說話的人，對方嚇得一縮脖子，再不敢說什麼。

范增想了想說道：「劉邦先入關中，沒有接到懷王的命令，就擅自派兵封守了關隘，擺出不許諸侯進來的姿態，這分明是打算獨佔關中。我看，留著這個人，以後必然是後患，不如儘早將他剷除才是正理。」

范增說的語氣堅決果斷，臉上發出寒光，似乎劉邦要是下一秒出現，就會立刻被他拔劍砍殺。其他將領和諸侯看著范增，一時不知道是贊成好，還是反對好。半晌，有人說了一句：「劉邦畢竟也是一路諸侯，這樣貿然去進攻他，恐怕也不好吧……」

項羽摸摸自己剛硬的鬚髯，說：「亞父說得在理，劉邦的野心太大了，不過，此事還要容我考慮一下。就算處罰他，也要符合天下的道義名分……」

范增早已帶了幾分酒意，聽見項羽這樣說，便嘆氣說：「將軍，您英武過人，就是有時候性格太過仁慈，決斷太過猶豫啊。」

諸將聽見范增這樣批評項羽，未免替他覺得尷尬，立即相互議論起來打圓場。有人贊成范增的意見，也有人奉承項羽說他天性仁厚。恰在此時，有傳令兵進入營帳，對范增附耳言說幾句。

人們只看見范增臉上的皺紋紛紛舒展開，鬍鬚一抖一抖地，面露喜色。等傳令兵出去，范增立即示意項羽結束宴會。

等到眾人散去，杯盤撤下，范增讓傳令兵將人帶進來。

來的正是劉邦麾下左司馬曹無傷的親信，說是有要事相告。項羽不耐煩地搖搖頭，說：「曹無傷是誰，我怎麼沒聽說過？」

來人一臉尷尬，范增連忙打圓場，說：「你不妨詳細地向項王稟報來意。」

那親信這才明白過來，一五一十地稟報起來。原來，那曹無傷原本也是沛縣的小吏，在當地多年未有出頭之日，聽說沛公劉邦拉起了一支隊伍，曹無傷權衡再三，決定跟著劉邦賭一把。但是，曹無傷能力實在平庸，即使一直跟隨劉邦轉戰，始終也沒有立下大功，因此即使破秦之後，也只是擔任左司馬這個普通的官職。

曹無傷這種人冒險參加義軍，當然不是只為了做個司馬。於是，在灞上駐軍的每天，他都在等待好機會，投奔比劉邦更加看重他的勢力。現在，楚軍四十萬像潮水一樣湧入關中，項羽則是高高在前的弄潮兒，不能不讓曹無傷心動。他想，無論雙方開戰與否，劉邦在關中的地位都保不住了，與其跟著他品嘗失敗痛苦，不如暗中先和對家聯繫好，也算是立下大功，將來封賞的時候自己就能獲得高官厚祿了。

正是出於這樣的考慮，曹無傷才派出親信前來拜見項羽。

聽完稟報，項羽很快就明白了曹無傷這種人的想法，他鄙夷地撇撇嘴，說：「那好吧，曹司馬到底有什麼事情要彙報？」

那親信慌忙地說道：「左司馬想報告項將軍，自從沛公入關以後，聽信小人進言，派兵對關隘嚴加把守，想要阻止您的大軍進關。另外，沛公他還關閉了皇宮，封了府庫，說是要供他以後在關中稱王的時候享用。現在，他聽說大軍到來，就跑到了灞上，還邀集了關中父老，搞了個約法三章收買民心。接下來，沛公就要安排各地官職，並且任命子嬰為丞相，很快就要佈告天下他是關中王了！」

項羽起初還能保持鎮定，越往後聽，情緒越難控制，他的拳頭捏得越來越緊，最後砰地一聲，砸向面前的案几。面前的兵符、令箭和酒爵被震動得顫抖不停，發出細微的嗡嗡聲。

「主公息怒。」范增故意勸解著。其實，他內心裡比誰都高興——項羽終於對劉邦動怒了。

「我怎麼能不生氣！」項羽站起身子，激動地走了起來，步子急促而有力，曹無傷的親信已是驚得呆了。

「好個忘恩負義的沛公！當初，他損兵折將，無路可逃，全是靠了我叔父和我帶領的江東子弟，鼎力協助，才讓他能夠重新拉起隊伍。那時候的劉邦，發誓和我結為兄弟，要共同討伐暴秦。沒想到他偷空一步，進了關，就馬上翻臉，不仁不義，將我等恩人看作仇人了。這種不知道廉恥的傢伙，怎麼能留下來？」

項羽氣得別過臉，盯著范增，那目光讓愣在那兒的使者不寒而慄。

「亞父，您果然有先見之明，明天，就是明天，只要我點頭。劉邦的人頭就要落地……」項羽說完，惡狠狠地坐回到席上，兀自喘著憤怒的粗氣，像是一塊被紅布挑起了血性的公牛。

范增捋了捋花白的鬍鬚，向使者一擺手，那人如蒙大赦，急急地向項羽和范增施禮完畢，掉頭就溜出營門回去報信了。范增這才滿意地轉過頭，和項羽商議起明天的大事來。

然而，無論是范增還是項羽，都沒有想到，從酒宴散去後，項伯就屏退衛士，一個人在營帳外，始終沒有遠離。

項伯知道是劉邦手下的人夜晚前來，就留了個心眼，特地在帳外做出護衛的模樣。而剛才的對話，他已經聽得一清二楚。

## 鴻門宴，歷史差一點就此改變

這天晚上，項伯聽到的對話遠遠不止這一點。在接下來的時間中，他聽到范增和項羽的談話時而緊密，時而舒緩，正當他為營帳中降低的音量而發愁的時候，傳來了項羽粗獷的聲音。

「傳令兵！傳令兵！」

項伯立即走進去，說：「我在。剛才衛士太多，恐怕走漏什麼消息，我特地將他們屏退了。」

范增滿意地點點頭，項羽也很自然地請叔父坐下來。

「剛才，我和亞父商議了一番，打算今晚就寫信讓快馬送到劉邦那裡，請他明天到鴻門來赴宴。我打算在宴會上再觀察一下他，如果這傢伙真的忘恩負義，打算自己在關中稱王，我一定要殺了他！」項羽恨恨地說。

項伯自然連連稱是，范增卻還有些許不悅地說：「將軍，劉邦的意圖已經很明顯了……」

「哎，」項羽伸手阻止范增說：「亞父，我們項家乃是楚國名門之後，殺人當然可以，只是要殺得讓天下人心服口服啊。」

范增也就不好再說什麼。他叫來筆墨，開始草擬書信。

看著運筆如飛的范增，項伯並沒有太擔心劉邦，但他卻想到了當年的兄弟張良。張良現在名義上是韓王的下屬，但留在劉邦身邊，一旦真的爆發衝突，張良肯定會有危險。

於是，項伯找了個藉口，辭了項羽和范增，走出營帳。

他抬頭看看天色，已經不早了，便迅速去馬廄挑了一匹快馬，來到劉邦軍中，找到張良。

張良看見項伯，驚喜不已。他拋下手中的書卷，把住摯友的臂膊問道：「項兄，近來可好？」

項伯嚥了口唾沫，擦著汗說道：「好，好——只是，張兄你要不好了！項將軍明天打算殺掉你們沛公，你今晚先跟我走吧，或者，你跑回韓國也行！」

張良卻很從容不迫，他安撫著項伯坐下來，喝了口水，請他詳細說了事情的經過。然後，張良將事情轉告給劉邦。

劉邦後悔不已，他怎麼也沒想到，自己聽了無名小輩的建議，封鎖了關隘，結果卻要招來殺身大禍。

跑，是來不及了，打，面對項羽的四十萬大軍，劉邦又知道自己不是對手。

「那麼，這位項伯現在還在我軍嗎？」劉邦臉色蒼白，半天擠出這麼一句。

得到張良肯定的答覆，劉邦喜出望外，連忙讓張良將項伯邀請入內。

張良剛介紹完雙方，識趣的劉邦立刻稱呼項伯為兄長，並約定了彼此兩家的婚姻。項伯原本不想蹚這麼多渾水，硬是掛不住朋友的面子，無奈之下，只好將事情一一告訴劉邦。劉邦自然是千恩萬謝，拿出當年在沛縣混江湖的義氣，說是將來一定鼎力報恩。

臨走前，項伯再三吩咐，第二天一大早，就要來向項羽道歉，劉邦唯唯諾諾，將項伯送出軍營。

回到軍中，項伯左思右想，覺得還是不放心，於是他找到尚未就寢的項羽說：「我聽說，偏聽則暗，兼聽則明。曹無傷是個背叛主公的小人，他的話不可不信，但也不可全信。劉邦派軍隊守衛關隘，這是安境護民的職責所在，至於關閉宮室和封鎖庫府，也足以證明他並沒有膽量在關中稱王。如果我軍現在殺掉有大功的劉邦，必然會失掉天下民心，更何況，我聽好朋友張良說，劉邦原本就俯首貼耳等待將軍，半點在關中稱王的勇氣也沒有。」

此時的項羽，已經從怒氣中平復過來，他聽到項伯說的情況，又想了想，覺得並非沒有道理，便同意暫時不殺劉邦，決定第二天觀察後再做定論。

第二天，劉邦果然早早地帶著上百騎兵來到鴻門，一同前來的還有樊噲和張良。

劉邦迫不及待地來到項羽帳中，立刻跪倒，口稱迎接來遲、望將軍恕罪。然後又立刻解釋，說自己在咸陽做的一切，都是為了保護好地方治安，是為了等待項羽的到來，並沒有任何稱王的想法。

看著年紀比自己大而此刻又無比誠懇的劉邦，項羽心軟了，他想，是不是情況真的像項伯所說那樣？是不是自己太性急受到了曹無傷的挑動？

劉邦看都沒看項羽，也沒敢看范增，繼續絮絮叨叨，模仿著沛縣的那些老大媽，似乎眼淚隨時就能落下來。

他說：「臣和將軍，原本是共同攻打秦國，將軍在黃河以北作戰，臣在河南作戰，只是一不小心走運，就攻破了關隘，推翻了秦國，才有幸能和將軍在這裡相見。現在，都是一些小人，故意挑撥，想讓將軍和臣有矛盾，他們好從中取利啊！」

范增趕緊向項羽示意，沒想到項羽坐不住了，他不好意思地站起身，扶起劉邦說：「沛公，這個也不能怪我項藉啊。都是你手下那個左司馬曹無傷說的。」

張良看了看樊噲，發現樊噲眉頭皺了起來。

項羽扶起了劉邦，兩人落座，各自交談些戰場上的事情來，矛盾一時間緩和了不少，看看天色過午，項羽傳令，準備酒宴，要和沛公共飲。

很快，酒宴準備好了，士兵們魚貫而入，將豐盛的酒菜一一羅列上來。

項羽、項伯朝東而坐，范增年紀最大，面向南坐在帳內，劉邦謙遜地坐在面向北的下手位置，張良則面向西而侍奉。

酒宴開始後，氣氛似乎有些尷尬，模糊著一種怪怪的感覺，既不是上下級的歡飲，也不是主客之間的客套。只見劉邦不斷地賠笑敬酒，項羽對此還算過得去，頻頻還禮，而范增只是冷冷地用鼻子看著劉邦，懶得搭理。

過了一會兒，范增開始不斷地舉起身上佩戴的玉玨（玨ㄐㄩㄝˊ）玩弄。玨的發音同於「決」，無疑，他是想以此引起項羽的注意，立即處決劉邦。

但項羽好像是忘記了之前的決定，並沒有動手，而是和項伯談笑自若，聽著劉邦不斷說出的奉承話。

范增急了，他起身走了出去，叫來項羽的親兄弟項莊，向他面授機宜。

范增剛回到位置上坐好，項莊就大踏步走了進來，說：「我們君王和沛公飲酒，軍中沒有什麼助興的，就請舞劍。」

項羽點點頭，項莊立刻起身舞劍。

反應過來的項伯馬上舞劍，用身體遮擋劉邦，項莊圍繞著劉邦轉圈卻沒辦法刺出最要命的那一劍。看到這種情況，張良立即來到營帳門口，找到樊噲。

樊噲粗聲粗氣地問道：「情況怎麼樣了？」

張良裝作很驚慌的樣子說：「危急了！現在項莊舞劍，意在沛公啊！」

樊噲立即蹦起來說：「那這就是要命了啊！我要進去，跟主公同命！」

說完，樊噲也不管張良，帶著劍、豎著盾牌就衝入營帳，門口的衛士交叉起戟阻擋，被樊噲用盾牌兩下就撞倒了。於是樊噲衝了進去，瞪著項王，頭髮都要豎起來，眼眶就要瞪裂了。

項羽雖然殺人如麻，看到如同惡魔一般的樊噲，也不由得不吃驚，於是按住劍豎起身子說：「你要做什麼？」而項伯項莊，俱是驚呆了，手中的劍也早已停下。

喘著氣趕來的張良連忙說：「這是沛公的衛士，樊噲。」

項羽這才放下心來，便命令賞賜酒肉。樊噲一口氣喝了一斗酒，吃著剛煮好尚未再加工的豬腿，毫無懼色。項羽看他吃得高興而無畏，不由得也讚了聲：「真是壯士！」然後又問道：「怎麼樣，還能喝嗎？」

樊噲大大咧咧地重新豎立起盾牌說：「我死都不怕，還能怕喝點酒嗎？只是秦王如同虎狼，殺人無數，天下都反了。懷王曾經和大家約定說，誰先進入咸陽，誰當王。我們家沛公先入了咸陽，什麼財產也沒動，將宮室封閉起來，駐紮灞上，等著大王您來。所以派遣將領鎮守關口，只是為了防範強盜啊。現在這些功勞在這裡，大王您不封侯也就算了，還要聽從內奸的建議，殺了沛公這樣的有功之人，真是為大王覺得不應該啊！」

項羽低下頭，不知道如何回答，只好說：「坐吧。」於是樊噲坐在張良身邊。

過了一會，沛公出去上廁所，於是樊噲也跟隨了出去。兩人商量了一會，決定逃走。於是讓張良留下來向項羽道歉。

張良並沒有馬上答應，而是反問說：「沛公您帶了什麼禮物來？」

劉邦回答說：「我帶了一雙白璧，一雙玉斗，剛才他們正在發怒，我不敢獻。你幫我獻了吧。」說完，開始四下打量道路，然後招呼一同來的夏侯嬰、紀信他們，準備步行而走。

張良笑了笑，他當然理解劉邦的緊張，從四十萬大軍的虎狼之口逃出來，不緊張的人恐怕天下少有，平心而論，劉邦今天演技的發揮已經相當不錯了。於是，張良便接下了東西，看著劉邦一行遠遁而去，然後重新走入帳中。

項羽早就等得不耐煩，看到張良便問：「沛公去哪裡了？」

張良不願意說謊，便說：「聽說大王想處罰他的過錯，便脫身而走，現在已經到了軍中了。」說著獻上了東西。

項羽「哦」了一聲不置可否，只是將玉璧放在座位上，觀賞了一會。

一旁的范增卻站起身來，猛地把玉斗摔在地上，然後拔劍擊破，怒氣沖沖地說：「哎！這幫小子，不能夠跟他們一塊謀事！奪取項王天下的一定是沛公啊！」

然後是范增一連串痛心疾首的咳嗽聲音，加上項羽安撫他的勸解聲，似乎和劉邦有大仇的倒是范增，而項羽只是個和稀泥的……

張良沒有去多理睬這略顯諷刺的一幕，他早已深施一禮，走出了營帳。

帳外，皓月當空，繁星密佈。張良深深吸了一口夜色中清涼的空氣，告訴自己：劉項兩家的爭鬥才剛剛開始，鴻門宴只是序曲而已。

想到這裡，張良向在黑暗處張望的項伯注視良久，心中暗暗表達著謝意。過了會兒，他爬上馬背，調轉韁繩，向遠方疾馳而去。楚軍的衛兵們看見，張良那瘦削的身軀逐漸遠去，在黑暗中被軍營的火把光芒剪影成令人難忘的畫面……

# 第五章 江湖佔位，有為終會有位

## 項羽封王：一鍋粥裡多了殺氣

鴻門宴的情況，情況要遠遠比劉邦設想的好。

在鴻門宴上，劉邦用最實際的姿態，承認了項羽的領袖地位，這讓項羽內心感到無比順暢，他拒絕了范增殺掉劉邦的建議，並舒心地感到，天下很快就會像劉邦那樣，對自己低眉順眼、推崇無比了。

確認這一點之後，項羽才帶領著數十萬大軍，耀武揚威地開進了咸陽。

和劉邦截然不同，項羽從來不喜歡約束手下的士卒。他的邏輯很簡單：士卒拚死戰鬥，為的不就是佔領敵方城池之後的放縱和肆意？加上暴秦的壓迫實在讓關東士卒們感同身受，幾乎家家戶戶都有一本血淚帳單，於是，這些全副武裝的復仇者開始對咸陽城進行瘋狂的洗劫。

他們首先殺掉了投降的秦王子嬰，然後，紛亂的腳步響徹秦始皇留下的每一處宮殿，火把照亮了這些宮殿的每一處角落，財寶和美女被搶劫一空，然後用烈焰包圍這些無數工匠心血澆築起的建築。咸陽的百姓們看見，每天都有新的宮殿被焚燒和點燃，煙霧始終瀰漫在城市上空，終日不散，而到了夜間，整個咸陽也被大火照耀如同白晝。

這樣的瘋狂洗劫，在咸陽城足足延續三個月，洗劫結束後，咸陽城內幾乎已經沒有完整的建築物了。而在此期間，項羽做的則是飲酒作樂、會見諸侯。等他終於發現咸陽幾乎已被夷為平地之時，他想到的第一件事情就是東歸。

其實，項羽的部下們早就在這樣傳言了，他們大多是江東子弟，如今戰爭已然結束，對咸陽的洗劫又讓每個人都收入頗豐，沒有道理還留在異鄉。項羽的意思馬上就得到了大多數人的贊成。

此前，也有關中人士勸告項羽不應放棄，說咸陽雖然被毀棄，但關中的土地遼闊而肥沃，也有長期儲蓄的物產，加上四周關塞形成的天險，很容易成就霸業。但項羽卻傲慢地笑笑，說道：「富貴的人如果不回故鄉，就好像穿上了美麗的錦緞卻在夜裡行走，誰能知道呢？我已經決定回去了。」

這位關中人士看見項羽這樣說，便沒有再做解釋，悻然退出。路上，他對別人這樣抱怨：「我曾經聽人說過，楚國人天生目光短淺，我看他那樣子，的確如此。就跟猴子戴上了王冠一樣，終究做不成大事的啊。」

很快，這段話傳到項羽耳朵中，他乾脆派人把這個愛多管閒事的人給殺了。至於引起了秦人怎樣的騷動，就不是項羽所擔心的了。

項羽擔心的是自己怎樣做好安排，以便順利啟程。首先要解決的是懷王，在項羽看來，自己手中的實力已然如此，這個傀儡的價值也就不大了。更何況，如果按照懷王的命令，那麼現在應該做關中王的，應該是劉邦。思來想去，項羽決定派人去探探懷王的口風。他希望的是，懷王能夠知趣點，找個理由改變以前的說法，然後名正言順地讓問題解決掉。

然而，日夜兼程到達彭城之後，使者接到的答覆是：一切都按照原來的約定。

項羽聽後，怒不可遏，他召集重將，把事情說了一遍，眾人也紛紛謾罵不止。項羽擺擺手，當所有人安靜下來，他說道：「我看這個懷王心，實在太不明白。當初，天下大亂，四方出兵，如果不是我們項家軍隊，會盟群雄，起兵伐秦，他不要說做這個懷王，就算是小命也保不住。現在，我和你們大家披堅執銳、出生入死，才算推翻了暴秦，他這個小小放羊娃，有什麼資格來說三道四。既然這樣，我就送他一個帝號，然後自己在彭城待著吧。」

很快，項羽發佈檄文遍告諸侯，奉楚懷王為「義帝」，也就是個空頭皇帝，而所有的軍政大權，都抓在項羽的手中。

這樣，在項羽眼中，天下就如同他小時候吃過的吳地烙餅那樣，可以隨意分割了。但是，天下實在太大，而擁有軍隊的人又實在太多，究竟怎樣封賞，讓項羽犯難了。他整天面對帳中的地形圖，愁眉不展。顯然，比起戰場上的衝鋒陷陣，政治上的折衝樽俎，並非這個少年英雄的長處。

謀士范增也在緊張地思考著，他真心地希望看見這個青年將軍能夠從此走上平定天下的道路，能夠為這片大陸的普通百姓帶來和平生活。

終於，范增想到一個全盤平衡的分封計畫，他第一時間找到項羽陳述。

「以目前天下之大，最險要的地方，莫過於關中；以當今擁兵之眾，最危險的對手，莫過於劉邦。將軍，既然你鴻門宴上心慈手軟放了他，那麼，如果不按照義帝的承諾來加以封賞，必然會失去民心，但是，如果真的將他封在關中，也是天大的禍患啊……」

項羽在下屬面前一向高傲，唯獨對於年齡可以做他父親的范增尊敬有加，此時，他認真地聽著范增的分析，緊緊地扭結起自己的兩道劍眉。看來，范增說到了他的心坎上。

范增想了想，舉起桌上的蠟燭，來到地圖前，項羽也不由自主地跟了過來。

「將軍，你看，八百里秦川，屬於關中地區；但是，漢中在南山（今秦嶺）以南，一樣也屬於關中。只是，漢中地處偏遠，道路先要，自古到今，都是許多囚徒的流放所在。您不妨就給劉邦一個漢中王的名義，讓他在關中老老實實地做王，想他劉邦也和我們一樣，起兵於自己的家鄉，在那裡恐怕語言都不通，很難形成氣候。」

項羽點點頭，說道：「亞父好計謀。只是，恐怕劉邦此人不會那麼規規矩矩地待在漢中吧。」

「當然，」范增滿意地笑了，大約他很欣賞項羽能提出這樣的問題，「將軍，我早就想好了。想要把老虎關進籠子裡面，就要有關好牠的鎖，我看，將軍手中的幾把鎖，相當不錯。」

「鎖？哪裡有鎖啊？」項羽莫名其妙。

范增詭異地一笑，鬍子在燭光下閃閃發光，他移動著蠟燭，將兩人的影子在地圖上拖得老長：「劉邦待在漢中，想要出關，唯一的道路就是通過關中腹地的八百里秦川。這八百里秦川，就是關住老虎的籠子，我們給秦地封上幾個王，讓他們相互限制，但又共同監視劉邦，把他活活悶殺在漢中，這樣，將軍在江東，就能安然高臥了。」

接下來，范增詳細地闡述了他的計畫：

將沛公劉邦變成漢王，佔有巴蜀、漢中的土地，以南鄭（今陝西漢中）作為都城。

將關中的戰略要地一分為三：降將章邯為雍王，佔領咸陽以西的所有土地，建都在廢丘（今陝西興平）；司馬欣為塞王，佔領咸陽以東到黃河流域的土地，建都在櫟陽（今陝西富平東南）；都尉董翳，跟隨投降有功，被封為翟王，佔據上郡的土地，建都在高奴（金陝西延安）。

這樣，既讓秦國的舊土有了妥善的管理者，也讓劉邦有了所謂的王位，更重要的是，兩方的相互制衡，會讓他們在彼此的仇恨和防範中，減小項羽所面臨的壓力。

范增這一招，的確相當老辣！即使是極少真心佩服別人的項羽，此時也流露出了崇敬的神色。

不過，范增的眼中，還不僅僅有這些計畫。很快，他接連為項羽計畫出了其他更多的分封方案。

魏國方面：將魏王豹封為西魏王，管理河東地區，建都在平陽（今山西臨汾西）、趙國方面：讓跟隨項羽入關的張耳成為常山王，在原來的趙地稱王，建都在襄國（今河北邢臺）；將張耳的手下申陽封為河南王，建都在洛陽，以此作為他對楚軍在黃河邊迎接的功勞；將趙將司馬昂封為殷王，稱王於河內，建都於朝歌（今河南淇縣）；而原來的趙王歇改封為代王，建都在代（今河北蔚縣）。

燕國方面：燕王韓廣，改封為遼東王，在無終（今天津薊縣）建都；而燕國將領臧荼，在鉅鹿之戰的尾聲中表現突出，後來同樣也跟隨入關，因此被封為燕王，建都在薊（今北京）。

齊國方面：原來的齊王田市，被改封為膠東王，建都在即墨（今山東平度東）；齊國將領田都曾經跟隨項羽一起渡過漳河，營救趙國，也同樣進入咸陽，於是，被封為齊王，建都在臨淄（今山東淄博東）；舊齊國最末統治者齊王建的孫子田安，也曾攻下濟水北邊的一些城池，後來率領全軍投降項羽，因此，項羽也封他做了濟北王，都城設立在博陽（今山東泰安東南）。

另外，趙國的大將陳餘，並沒有參加這一次入關行動，原因多少和他在鉅鹿之戰以後和張耳無法相處有關。不過，對於這樣手握軍權、敢於殺伐的漢子，項羽通常都表現出很大的欣賞，他還是破例將南皮（今河北南部）附近的三個縣封給了他。

而項羽原來的部下，獲得的封賞自然更大：當陽君英布，在部隊中有很高的威望，因此被封為九江王，建都在六縣（今安徽六安）；鄱君吳芮，曾經率領百越民族的部隊協助義軍，後來又跟隨項羽入關，因此被封為衡山王，建都於邾縣（今湖北黃岡）；還有將領共敖，曾經和項羽一同攻打過南郡，有著不小的功勞，因此被封為臨江王，在江陵（今湖北江陵）建都。

范增的這些方案中，有一個明顯的規律——他將所有原來的諸侯王和諸侯將領實際地位調換，將領們幾乎全都躍升到原先主公之上，同時，他們的領地依舊犬牙交錯地相互間隔著。

在范增看來，這樣的安排，足夠讓這些諸王們，因為彼此之間的新舊關係和大小利益，而相互制約抗衡。對他們能夠有權力做出裁決的，只有最終的王者項羽。

當然，項羽雖然是實力最雄厚的，但是，名義上推翻暴秦的還是來自各國的諸侯軍。何況，在義帝尚存在的情況下，項羽也實在找不到理由登上帝位。

最終，項羽給自己設立了一個史無前例也後繼無人的名號：霸王！

## 白給的漢王，不當白不當

沒有人知道，項羽在擁有霸王名號之前，究竟是否想過成為皇帝。即使是張良，也從沒看懂這一點。項羽就是這樣一個無法按常理推論的人，他會因為手下某位士卒的重病哭得像個小女孩，也會毫不猶豫地斬下無辜者的腦袋，他會整斤整斤地將珠寶賞賜給戰功赫赫者，卻也會因為是否提升某個小軍官而猶豫不決……總之，他的原則就是，一切都聽自己的原則。

這一次，項羽給自己的原則就是，暫且也去做一個地方諸侯。

由於其他諸侯基本上都是分封到自己的原籍或者發跡的土地。項羽當然希望能回到故鄉，用楚王的封號來榮耀整個家族。但是，現在的那個義帝、原楚懷王的存在，卻讓這個想法無從實現。況且，現在新封的那些衡山王、臨江王、九江王，都是從楚地瓜分出去的封地，如果再做楚王，也顯得名不副實。

范增看出了項羽的困境，他再次提出了絕妙的建議。

原來，楚地幅員遼闊，分為三楚：北起淮漢、南接嶺南，以江陵為中心的地區，歷史上一直叫做南楚；江淮附近東到海濱的楚地，以吳地為中心，一直叫做東楚；而淮水以北，泗水、沂水以西的楚地，是以彭城為中心的，一直叫做西楚；

項羽的部隊雖然叫做楚軍，但其根據地在彭城一帶，自然屬於西楚。但是，叫做西楚王，又無法和其他諸侯有所區別，范增考慮再三，想到王道、霸道的區別和聯繫，便將兩個字聯繫起來，成為新的封號「西楚霸王」。

這個封號一提出來，就得到了項羽的首肯，也獲得了他帳下將士的衷心贊成。這樣，西楚霸王就此誕生，而其封地以彭城為中心，佔有今天的浙江、江蘇全境和山東西部、河南東部。

就這樣，起碼在表面上看來，全國已經獲得了基本的安定，項羽志得意滿地走上了東歸的道路。

然而，劉邦和他的手下，卻沒有任何志得意滿的感覺。

從鴻門宴結束回到自己軍營之後，劉邦的情緒就一直不高，想到鴻門宴上生死危機一線間的危險，他就覺得受制於人的尷尬。更何況，自己明明在沛縣起兵，率領部下和項梁在薛縣會盟，由此，諸侯都稱呼他為「沛公」。但他沒想到的是，項羽會把他塞進漢中這樣偏僻的地方，然後找來三個秦國降將堵住他出關的道路。

劉邦這樣想，部下更是這樣想。

一天，在軍中議事時，話題很快就延伸到了劉邦的心病上。劉邦不滿地說：「楚懷王心，是楚人的共主，項羽和我，都是懷王的部下將領。項羽究竟何德何能，能將並無過錯的懷王名號廢除，然後大肆分封？」

「是啊！他項羽是什麼東西！」樊噲大罵道，「不就是靠他老子和叔叔嗎！」

劉邦這一次沒有指責樊噲，繼續對眾將發牢騷說：「再說，當初懷王說，誰先入關，誰就是關中王。他項羽也是同意的，如今，卻公然背信棄義！他如果怕我在關中當王，就是讓我回自己家鄉過兩天風光日子，也是好的啊。」

「的確如沛公所言啊。」蕭何接話說，顯然，他還習慣按原來的稱號叫劉邦，「齊王田都、濟北王田安、膠東王田市，都是齊國人，他們現在都封到了齊地。還有燕王臧荼，遼東王韓廣，原來就是燕人，也封到了燕地。另外，韓王成，也封到了韓地，魏王豹也一樣到了魏，就連項羽的屬下英布他們，都回到各自家鄉。偏偏把我們給發配到如此偏遠的巴蜀、漢中，這不是要把沛公您放到囚徒的位置？實在太可氣了！」

一番話激得手下那幫將領個個無法安心，樊噲跳將起來說道：「項羽豎子，太欺負人！將我們要發配到那鳥都不生蛋的鬼地方，明明是要滅了我們兄弟！主公，乾脆，我們宣佈起兵，和楚軍拚個你死我活！」

看見樊噲如此表態，周勃、灌嬰他們也紛紛站出來，說是寧願浴血沙場，也不願意去漢中受辱。蕭何、曹參、酈食其他們，也沉默不語。

雖然如此，劉邦卻反而沉吟未決，他轉過頭，看看坐在旁邊一言不發的張良。

張良冷靜地觀察著大家的表情，視線從一張張臉上掃過，發現劉邦看向自己，便不慌不忙地說道：「漢王，項羽的確是在欺負您，想要戰場上一決雌雄也是我軍將士的英武。不過，我想問一問漢王，您覺得自己現在在個人武力、一騎衝鋒上，比得過項羽嗎？」

這句話迅速平息了所有人的爭論，大家一起看向劉邦，劉邦先是一愣，然後老老實實地回答說：「我不行。」

「您覺得士兵的眾多、土地的廣闊上，您比得過項羽嗎？」

「比不過。」

「您覺得糧食的儲備、戰馬的數量上，能夠超過項羽嗎？」

「無法超過。」

隨著劉邦不斷地回答，他內心的怒火逐漸平息，而周圍所有人的情緒也同樣因此而安定下來。張良看到氣氛逐漸冷靜，便開始思路清晰地分析起來。

張良告訴眾人，項羽一定是靠范增制定了這樣老辣的計謀，從效果上看的確能夠既不違背誓言，也能很好地制約漢軍發展，但是，這套計謀有著其明顯的敗筆。

敗筆？聽到這個詞，眾人不由得為之凜然，原來，當大家還在發洩不滿情緒時，張先生已經看到了其中的漏洞。

漏洞在於人心。

張良說，且不說項羽將原來不同國家的諸侯全都加以貶低，而讓武將們超越其上，打亂了人心應有的上下秩序。就看對付我們的這一招，也很有問題。沛公率先進入咸陽，約法三章，秋毫無犯，就算項羽不請賞賜，也不能將沛公這樣發配到秦朝流放罪犯的地方，這樣等於是公開的懲罰貶謫，想想看，從老百姓到諸侯會怎麼想、怎麼看？

更何況，用秦朝的那三個降將來鎮守關中，更是愚不可及的方法。章邯他們三個，勞師遠征、鉅鹿敗仗，這還不算，最終居然手握二十萬重兵不戰而降，帶著項羽在咸陽燒殺搶掠一空。對於這樣的秦人，關中的百姓會不滿心憎惡？可想而知，他們根本在那裡待不下去。因此，這一招鎖住漢軍的計畫，縱然思慮完全，卻在一個環節上就鑄下了大錯。那三把鎖，根本就不牢固。

另外，齊國的田榮手中掌握重兵，也佔有不少地盤，但是他偏偏沒有從項羽手中得到任何一個王位，這樣的人怎麼會甘休？說不定哪天，他就會站出來挑戰項羽的權威，中原很快就會重新陷入戰火的混亂！

看張良分析得頭頭是道，劉邦徹底恢復了理性，他轉身看了看鴉雀無聲的眾將，然後說道：「那按照張先生的看法，我軍該如何是好呢？」

張良撫掌笑道：「漢王，我聽說，吳越兩國相爭，越王勾踐十年報仇、終於成功。現在，您千萬不要貿然行事。這是因為漢軍士卒們背井離鄉、風餐露宿，已經連續數年作戰沒有休息。而現在暴秦已經被推翻，他們不會還想作戰，只是想著迫切地回家鄉，過日子。因此，目前形勢下，我軍最重要的是穩定住軍心，手中留下軍隊，將來就好和項羽對抗。」

「可是，將來拿什麼和項羽對幹呢？」營帳中迴盪起樊噲甕聲甕氣的嗓音。

「是啊，」曹參也不無擔心地皺眉說道，「我擔心，將來漢王想要回去就不容易了。張先生，巴蜀之地不同江淮，而是有著高山阻擋的。部隊一到那裡，就是與世隔絕了，項羽卻佔據了經濟繁華、人口眾多、物產豐富的西楚，將來只怕實力對比越來越明顯。」

張良說：「兩位擔心的，正是我所考慮到的。各位，暴秦當初尚且擁有整個天下，還是一樣被推翻了，項羽現在擁有的是西楚九郡，推翻他又有何難處。只是目前時機還沒有到罷了。」

說到這裡，張良頓了頓，像看穿所有人心事那樣說道：「那麼，什麼時候才是最好的時機呢？各位，其實時機很快就會到來。不妨看看現在這些諸侯，他們暫且有了自己的一些地盤，誰也不會願意丟失，所以，都急急忙忙去各自封地做王了。但是，他們中間有的人是驟然得勢，有的人卻被縮小了地盤，這樣的差距很快就會暴露出來，並逐漸產生彼此間的衝突。像田榮這樣被無視而沒有封王的人，就更不用說了。這樣，最終的衝突，會集中到項羽的頭上來。」

「是啊，說得沒錯。」蕭何感慨地說道，「這就好像我負責的錢糧帳目，最終總會算到一個來源上的。」

這個比喻讓劉邦更加豁然開朗：「也就是說，現在大家都沒想到和項羽算算帳？」

張良微笑點頭。

樊噲摸摸腦袋說：「娘哎，看來還是你們文化人懂得多，這麼一說，我也明白了。原來就是像我殺狗，還沒到敲倒狗頭的時候啊！」

這麼一說，眾人頓時哈哈大笑，劉邦也憋不住笑罵道：「你都是帶兵的將軍了，怎麼還是張嘴閉嘴殺狗！」

一陣笑聲後，張良總結道：「大家應該聽說過，自古成就大事業的人，不會害怕小的恥辱；成立大功績的人，不應該計算小的怨恨。因此，孔子才會說，小不忍則亂大謀。我想，不僅是漢王，就是各位將領，都不要表現出對項羽的怨氣，而是要高高興興地去當這個白來的漢王。在那裡治國安民，靜觀時局變化，等待機會的出現。依我的看法，不出三年，天下就會產生變化，到時候只要漢王您上應天時，下得地利，中有人和，超過項羽並不是什麼困難！」

一席話，說得大家如夢初醒，劉邦恭敬地說道：「幸虧有張先生指教，否則，我真會一時亂了分寸。」

想到張良之間屢屢給出建議，指點迷津，再加上鴻門宴上的果斷出手，讓自己大難不死，劉邦贈送給張良黃金一百鎰、明珠二斗。然後，劉邦派出酈食其去轉告楚霸王項羽，感謝其封賞的恩情，並宣佈，即日就會離開灞上，率軍一路朝西南進軍，遠赴漢中就封。

## 再辭劉邦，忠義張良再走復國路

在見到酈食其之前，項羽並不完全放心劉邦的動向。對於項羽來說，劉邦和其他那些庸庸碌碌的諸侯不同，但具體不同點在哪裡，項羽又說不上來。正因為存在這樣的不安，從命令頒發以後，項羽就始終在考慮劉邦是否會接受漢王的封號，他是否會順從地離開灞上改去南鄭，是否會拒絕封號然後起兵對抗……

項羽做好了許多種方案，但他終究並不相信實力平平的劉邦會站出來反對。而酈食其帶來的謝賞回信，則充分證明了這一點。

酈食其用難得的謙卑態度說道，漢王聽說獲封巴蜀、漢中地區，感到榮幸和不安，榮幸是因為能被西楚霸王封賞，不安的是自己何德何能敢於諸侯並列。一番話說得項羽眉開眼笑，頓時忘掉內心的一點不安。加上酈食其說，劉邦今天之所以沒有自己來謝恩，完全是急於去南鄭就封的緣故，這讓項羽心中一塊石頭落下了地。

雖然項羽完全放心，但范增卻依然認為劉邦的表現有問題。在他的再三勸說下，項羽答應，給劉邦三萬人馬，「幫助」他治理漢中地區。當然，實際上是為了監視劉邦部隊。

當酈食其回到漢軍大營的時候，劉邦和手下諸位將領已經開始調兵遣將，準備向漢中進發了。蕭何剛剛被任命為丞相，也在組織士卒搬運自己在咸陽城中及時保護下來的圖書、典籍，曹參則統計著軍中的物資、糧草、馬匹和兵器。

然而，酈食其卻沒有看到張良的身影。來到張良帳外和侍衛悄悄打聽一番，老酒徒才理解地點點頭，悄無聲息地走了。

原來，張良接到了來自韓王成的書信。

將近大半年的相處，已經讓張良融入了整個漢軍的氛圍中，不管是和劉邦之間的君臣理解、默契相知，還是和文官武將之間的交談討論、日夜相處，都讓張良感到自己沒有跟錯隊伍。然而，天下沒有不散的宴席，韓王成寫信告訴他，說自己被項羽分封到韓國，邀請他前往故國輔佐，這讓張良驟然醒來：原來，自己還不算是劉邦的部下。

這時候的張良，心情是複雜而矛盾的。他既不想離開漢軍隊伍，但轉念一想，自己不正是為了復興韓國、推翻暴秦才如此顛沛流離了十幾年？如果沒有這個願望，或許自己早就選擇一處山林隱居、安度天年了。如今韓王相召，作為臣子的本分，還是應該盡的。

就這樣，張良幾次欲言又止，矛盾重重，最終還是向劉邦說明了歸意。

這一次，劉邦已經相當不願意讓張良離開漢軍了，經過這大半年的行軍作戰、攻城拔寨，劉邦發現，軍中不僅需要有文官武將，更要有張良這樣一位負責統籌戰略的大人物，需要他來為自己指點全域，幫助自己打通思路。現在，是自己要去漢中就封的關鍵時期，一旦張良離開，之後的路如何走，自己也一點頭緒都沒有。

然而，劉邦也知道，張良和韓王成有君臣的名分，自己向來以寬厚號召，不能做出違背大義名分的事情來。最終，他也只能無比惋惜地同意張良離開。即使如此，劉邦還給出了一個條件，那就是請張良先跟隨部隊入漢中，這樣，或多或少還能得到一些指點迷津的機會。

張良毫不猶疑地答應了。

處理好劉邦這邊的事情，張良決定去見一次項伯。他倆早在下邳的時候就認識了，後來一同進入義軍，曾經朝夕相處。從彭城分兵之後，始終未通音訊，直到關中相見，可惜已經是在鴻門宴這樣危險的情境了。縱然如此，張良也感激項伯能夠感念舊情，毅然搭救劉邦，這不僅僅是恩情的回報，更有彼此共通的政治眼光和人生哲學。

想起來，張良很快就要跟隨韓王去陽翟就封，此後一別，天下大勢還不知道如何變化，今後還不知道和項伯成為怎樣的關係，抓住這出發前的時間去探訪故友，方能不負兄弟的情誼。

就這樣，張良讓人將劉邦相贈的禮物裝上車，帶了幾個衛兵，行色匆匆地來到了鴻門。老友相見，自然有難以言表的激動和開懷。張良告訴項伯說：「上次鴻門宴上，幸虧兄弟能夠鼎力相助，為沛公謀得一條生路，感激之情，自不多言。沛公特意讓我將這些小小薄禮相贈，略表寸心。」

項伯不斷擺手說：「張兄，古人說，君子之交淡如水。上次在宴會上出手相救，實在是不想讓項羽蒙上宴會中暗殺盟友的天下罵名，如果接受你這樣的禮物，那麼，真是要將兄弟我放在不仁不義的位置上了。」

兩人推讓一番，項伯才同意收下禮物。

走入項伯的營帳中，兩人的話題逐漸轉移到當前的天下局勢上，這本來也是張良特地前來的另一個意圖。

張良說：「實不相瞞，我雖然才疏學淺，卻總是蒙韓王錯愛。今日來此，是想請項兄可以去韓國住上幾年，幫助我能夠將政事理清，也有利於當地百姓。」

其實，張良知道項伯必然不會去，他這麼說，是為了探清項伯對天下形勢的看法。

果然，項伯面露難色說：「不行啊，楚軍軍中，我是必然無法脫身的。」

「哦？」張良不解地問道，「項羽將軍如此英勇，天下拜服，難道還有什麼問題？」

「兄長啊，你有所不知。我這個侄子，心性太高，又多少有點剛愎自用、獨斷專行。加上范增這個謀士出主意，他更是覺得自己天下無敵。你看，這次分封諸王，我們都沒有插話的權利，一切都是他們兩人決定的。你看，諸侯們真的會從此平息戰亂、俯首聽命？我看不見得吧。不說別人，就是齊國的田榮，居然連王位都沒有，他能善罷甘休？更何況漢王，恐怕也不會就那麼喜歡留在漢中吧？」項伯說道。

張良沒想到，分別這麼幾年後，項伯的政治眼光有了如此的長進，他看出項伯還有所顧忌，就果斷地說道：「兄弟有什麼話儘管說，我是韓國臣子，為劉邦效力既是韓王的命令，也是我想要推翻暴秦而借助其力量。」

項伯嘆了口氣說：「其實，你我既是兄弟，說說也沒什麼關係。以我來看，將來與我們項家爭奪天下的，必然是劉邦啊！」

張良心中一驚，問道：「何以見得？」

「你看，劉邦是什麼出身，能夠進入咸陽卻秋毫無犯，甚至連宮女都不碰一個。這是什麼樣的志向？再說了，現在各處都流傳著他身世的故事，什麼他起兵時斬殺的白蛇，也是白帝子的化身，還有個老婆婆來哭訴，說劉邦是赤帝子之類。這樣的傳言，不正是劉邦想要征服人心的證據？只可惜，項羽從來沒有想到這些，也不願聽我的這些話，只願意相信范增啊！」項伯說著說著，逐漸有點氣憤起來。

張良心想，其實，項羽也並不是只相信范增，否則，鴻門宴上他早就動手了。說來說去，項羽實在太有武力了、太有能力了，他只願意相信自己的判斷。

看見項伯情緒不高，張良便換了一個口氣，殷殷叮囑說：「兄弟，其實我也曾經擔心過，楚軍如此強大，項王又如此不凡。我擔心遲早會成為諸侯們眼中的……」

「別說了。」項伯擺擺手，「張兄，你的意思我都明白，我何嘗沒有這樣的擔心。但是，誰讓我和他都是項家人呢？誰讓我是楚國人呢？沒辦法，只能走一步看一步了。你放心，我會自己多留意，將來天下太平、百姓安居樂業，我還要找張兄學道呢。」

說到這裡，項伯故作輕鬆的笑笑，意思是自己一定會堅守在項羽身邊到最後。

張良雖早知道有這樣的結果，但是，作為當年的好友，他必須要抓住最後的機會，說完自己需要說的話。現在，他內心終於輕鬆下來，便與項伯握手而別，返回漢營。

第二天，張良便跟隨劉邦的隊伍向漢中出發了。此時，由於敬佩劉邦的寬厚仁義、秋毫無犯，加上對項羽軍隊破壞咸陽的切齒痛恨，不少關中子弟自願加入了劉邦的軍隊，加上原先入秦帶的部隊和項羽那三萬人，使得整支部隊迅速擴張到了十幾萬人。張良站在部隊之前，放眼看去，只見浩浩蕩蕩的士兵們看不到頭，更感到為劉邦高興。

這支部隊離開灞上，沿著渭水向西，一路上但見河水翻騰、原野平坦，又見遠處的南山

（秦嶺）高聳入雲、猶如天險，讓來自江淮的士兵們不由得感到新奇，一時忘記了思鄉之苦。連劉邦他們，也在精熟地理的張良指引下，一一瞭解著各處的地理地形、人文典故，忘記了項羽曾經帶來的壓迫感。

就這樣，張良在劉邦軍中走過了西周發源地的岐山，走過了曾是姜子牙垂釣所在的斜水，走過了鬼斧神工的斜谷關，走過了「烽火戲諸侯」中寵妃褒姒的故國褒國。終於，南鄭很快就要到了。

劉邦愧疚地說：「張先生，自從灞上出發，不知不覺，就讓您送了幾百里遠道，現在，邦已經感謝不盡了。前面道路艱險，先生返回不便，還是不要再送了。我們就此別過了。」

張良想到，此時項羽也已經掉頭東去，其他諸侯也大都去往他們的封地，自己應該趕赴韓國，去見韓王成了。於是，儘管依依不捨，也只好答應了劉邦的請求。

臨別時，張良想了想，用馬鞭指了指前方重重的山川，不放心地告訴劉邦說：「漢王，前面山川險峻，只有靠山間修築的棧道，方可通行。不過，就我和項伯的談心可見，雖然您已經前往漢中，但項王依然沒有完全放心。他似乎總在擔心您重返漢中，出關進攻。現在，大軍過後，不妨將棧道全部燒毀，這樣，一來能夠讓項羽消除顧慮，二來也能夠保護漢中免得受到侵犯。大王完全可以在漢中養精蓄銳，待時而動。」

劉邦點頭稱善，決定予以採納。於是，這兩人再一次因為時代的變遷而各道珍重，留待他日再書寫君臣緣分。

## 活兵法韓信：楚軍不愛，漢軍大愛

看著張良遠去的背影，劉邦感到悵然若失，良久，他才撥轉馬頭，跟上浩浩蕩蕩的部下，向南鄭前進。

幾天後，劉邦的部隊終於翻越了重重山川，進駐南鄭。然而，將士們的心思並沒有因為抵達目的地而安定下來。他們不僅沒有適應這裡的新生活，反而開始偷偷地成群結隊伺機跑回故鄉。雖然蕭何、曹參他們盡力維持，為將士們打氣，但逃兵的現象依然絡繹不絕。

這天，劉邦正獨自坐在王宮中，想著怎樣在南鄭這裡鞏固好自己的基業。忽然有人急匆匆地走進來，報告說，丞相蕭何也逃亡了。這個消息讓劉邦吃驚不小，啞然失笑——在沛縣最艱難的那段日子裡，蕭何都始終堅持，現在怎麼可能逃跑？

劉邦告訴傳令兵，不得洩露這樣的消息，繼而依舊安穩地高坐等待。

幾天之後，蕭何行色匆匆地趕了回來。劉邦故意裝作怒氣沖沖的樣子喝罵道：「你這傢伙，別人逃跑也就算了，我們兄弟是一同起兵的，我也沒做過什麼對不起你的事情。為何你要逃跑？」

蕭何笑著賠不是：「漢王您誤會了，我哪裡是逃跑啊，是去追趕一個偏將啊！」

劉邦聽完以後，倒真的有些生氣，罵人的聲音也提高了八度：「什麼？逃走的士兵都有上萬了，逃走的將領也有十幾個。我都沒聽說你去追過，怎麼現在你想起來去追哪個將領了？分明是你故意隱瞞本王！」

蕭何說：「漢王，你且聽我仔細道來。以往逃走的那些士兵將領，都是不肯吃苦、不願做大事的庸碌之輩，逃走倒可以減少點軍糧的消耗，倒沒有什麼危險。而且這樣的人，將來隨時隨地都能招募而來。但我追回的這位將領，就與眾不同了。」

「哦？」聽蕭何說此人與眾不同，劉邦感到好奇起來，他感興趣地問道，「怎樣與眾不同？」

蕭何回答道：「漢王，這位將領叫做韓信，他可是天下奇才，國士無雙，實在難得。我只是跟他探討過幾次兵法的運用，觀察過他管理手下，就感覺在軍事上自嘆弗如。如果漢王您覺得在南鄭這個地方待下去也能滿足，不願意向東爭奪天下，那麼，韓信就這樣跑了，我也不會去追回；但您分明是想獲得天下啊，那這樣的人才假如到了其他諸侯那裡，豈不是對您有天大的危險？」

劉邦這才轉怒為喜，笑著說道：「難得丞相這樣愛才，看在你甘願背著逃亡名義去追他回來的辛苦上，我就讓他當個將軍如何？」

「漢王，一個普通的將軍頭銜，恐怕留不住這樣的人才啊。」蕭何坦率地說道。

劉邦從沒有見到過蕭何如此堅決地推薦一個人，他陷入了沉思，半晌才回答說：「難道，你的意思是讓我封韓信做大將？」

蕭何堅決支持：「正是請漢王封他做個大將軍，這樣，韓信才不會背棄我軍。」

說完，蕭何面色嚴肅地在席上再拜。

漢王眉頭糾結到一起，說：「如果韓信真的有這樣的才能，大將軍的頭銜當然不算什麼。只是，他好像是剛剛投奔我軍不久的吧，又沒有立下什麼戰功，就這樣封他做大將，那樊噲、周勃、夏侯嬰他們，心裡會怎麼想？」

蕭何坐直身子，雙目炯炯有神地回答說：「漢王，自古讓有才之士擔任他們應有的位置，自然是天經地義的事情。至於眾將士心中究竟怎麼想，那要看大王的意思了。只要您態度堅決，再對他們詳細解釋，曉之以理、動之以情，眾將士又怎麼會不服呢？」

劉邦又想了想，下決定地點頭說道：「好，蕭何，我就聽你的，讓韓信做漢軍的大將。不過，你先把他召來，本王想親自看看他配不配得上這個大將的名號。」

蕭何誠懇地勸解說：「大王，這樣萬萬不可。古人說，如果對人才不敬重，對賢者不講信用，那麼，有能力的人都不會投奔了。恕我直言，大王平時經常不拘小節，對下屬傲慢不已，韓信心高氣傲，自然看不到自己上升的希望，才會選擇逃走。既然您現在相信我，願意讓他做大將軍，就千萬不能還像我們在沛縣那樣，召別人就像呼喚小孩子那樣。我認為，大王應該鄭重其事地搭建一座高大的拜將臺，然後，挑選良辰吉日，大王您再事先更衣齋戒，並通告全軍參加。在眾人面前，由大王您親自拜將授印。這樣，不僅可以讓韓信瞭解您的誠意，還能安定軍心，讓所有將士都願意服從他的指揮。」

劉邦雖然半信半疑，但他想到蕭何跟隨自己起兵這麼久，很少做出如此堅決直接的建議，也就同意了。

不久後，一座高大的拜將臺出現在南鄭城的兵營大門外，文武官員們也早早接到通知，說是要集合觀禮，認識新拜的大將軍韓信。然而，絕大多數人在聽到這個名字時，都面面相覷，毫無頭緒，根本不知道韓信是誰。

說起來，韓信的出身也實在普通。他原來是東海郡淮陰（今江蘇淮陰）人。因為父親早逝，與母親相依為命，因此家庭貧寒。剛剛到十五、六歲快要成人時，母親又不幸撒手人寰。結果，韓信只好獨立謀生，他不喜歡農活，也不願意去學做生意，更沒有當工匠的手藝，而是整天舞刀弄槍、交結朋友，曾經因為被仇家追上，而被迫從對方的胯下鑽過去。

有錢的時候，韓信便遊走四方，賺不到錢了，就餓著肚子到淮水邊釣魚果腹。

正是在那些釣魚的日子裡，一個人終於改變了韓信的人生追求。

那是一位在淮水邊漂洗棉絮的老婆婆，她看見面色枯黃的韓信，感到於心不忍，便常常分一些食物給韓信。韓信感激涕零，一邊吞嚥食物，一邊對老人家說道：「您的救命之恩，韓信我永世不忘，將來一定報答。」但這位老婆婆聽了以後並不高興，反而說道：「我是看你可憐才送東西給你吃一點，誰又會指望你將來的報答呢？更何況，堂堂男子漢大丈夫，還要靠別人施捨，有什麼出息呢？」韓信用尷尬的沉默來回答。

老婆婆的這句話，讓羞愧難當的韓信決定不再過任俠遊蕩的日子，他決定外出闖蕩，找一份正經事情。

當個人的命運和時代的巨變奇妙地走到同一個軌跡時，機會就會毫無預示地出現在人們的面前。在二十歲那一年，韓信加入了項梁的隊伍，參加了幾次戰鬥，後來，項梁陣亡之後，韓信又跟隨了項羽，並參加了讓項羽一戰成名的鉅鹿之戰，接下來，還和楚軍一起入關。

雖然韓信在項家楚軍中屢次立下戰功，也有人多次舉薦過，然而，看重門第出身的項羽並沒有把他放在眼中，只讓他做了個職權卑微的侍衛武官。不久後，韓信意識到，在項羽手下，沒有自己人生中的下一個空間，於是，當部隊來到咸陽附近時，他毅然偷偷離開軍營，投奔了劉邦部隊。

或許是命運改變的交叉路口總是沒有來到，在劉邦這裡，韓信也沒有什麼太好的機會。他首先只是做了個下級軍官，後來，因為夏侯嬰的賞識，又成為了「治粟都尉」，負責軍隊中的糧草供應。但是，韓信還是覺得自己沒有充分的用武之地，難以在錢糧計算和分配上體現出自己的能力。

好在，主管軍中物資供應的丞相蕭何，幾次和韓信打交道，發現他的確有常人不及的奇才，因此才打算向劉邦提議。沒想到，由於時局變化太快，還沒來得及提議，就要向南鄭進發，蕭何沒有找到建議的機會。而韓信則因為絕望而加入了逃亡者的隊伍，幸虧蕭何連夜騎快馬追趕，才將其帶回。

如今，接到了漢王要正式拜他做大將軍的消息，韓信如何不激動萬分呢？從淮陰一個任俠，到漢中一大將軍，人生的起伏變化中，實現了多年夙願，更是可以展現自己隱藏許久的才能。想到這裡，韓信的內心更是震顫不已、難以置信。

然而，更加感到不可思議的還是漢軍將士們。當漢王真的用隆重的儀式，將特地鑄造的大印捧到韓信面前時，所有人都驚呆了，那些自認為是從劉邦最弱小時就忠心跟隨的將領們，一個個竊竊私語，滿臉狐疑，耐不住性子的樊噲則漲紅了臉，抓著每個人就問：「韓信這傢伙，到底是怎麼騙了我們漢王的？」

其實，劉邦在蕭何的提醒下，早就想到了這一點。因此，當拜將的儀式結束後，劉邦便給韓信賜座，請他當著將士的面，談談對天下大勢的看法。

韓信知道，這是劉邦希望他能夠向漢軍展現才能，以便提高士氣。於是，他從容地說道：「大王，您在南鄭做王，其實並不想久居於此。」說完，韓信又將視線掃向臺下的將士，大聲說道：「大家所有人，既然跟從漢王從沛縣起兵，想來也是不願意待在這異鄉客土的！」

不管韓信究竟是怎樣的人，但這句話起碼說中了在場所有人的心思，剛才鬧得最歡的樊噲也停止住折騰，愣愣地看著韓信。

劉邦點頭說道：「韓將軍，你說得對，我們都不願意在此困守。只是，請問您有什麼好的計策呢？」

韓信反問說：「大王，您不妨想一想，在個人的英勇善戰、對手下的封賞獎勵以及兵力的強弱多少上，大王和楚霸王項羽，究竟孰優孰劣呢？」如此直接地被在眾人面前提問，劉邦還是第一次。在場的所有將士也都凝神靜氣，等著漢王的回答。

劉邦沉默了一會，然後如實地回答說：「我的確不如霸王。」

韓信看到劉邦態度確實誠懇，而且坦率真實，一點也不像項羽那樣剛愎自用、文過飾非。於是便離開自己的座位，向劉邦跪拜，劉邦立即親自將他扶起來，請他繼續說下去。

韓信說道：「項羽的確英勇善戰、剛猛無敵，就是他一聲怒吼，也能將千百人嚇得腿軟。但是，我曾經在項羽的帳下待過，他不能任用那些有才的人，所以其勇猛也只不過是個人的匹夫之勇罷了。何況，項羽平時看起來對人相當慈愛，言語也比漢王您溫和，連普通的士兵生病，他都能同情地流淚，還把自己的食物分配給他們吃。然而，這只不過是婦人之仁罷了！」

韓信停頓了一下，提高聲調說道：「項羽雖然有這種感情上的仁義，可是他壓制諸侯，又不據守關中，還把義帝趕走，這樣，就是如同暴秦一樣的倒行逆施啊！」

眾人紛紛點頭。

韓信的聲音繼續敲擊著所有人的心門：「如果大王您能夠反其道而行之，任用那些果敢英勇的人，如何不會戰勝項羽這樣的強敵？如果大王您能夠把天下城池封賞給那些有功的部下，還有誰不會努力向前？大王率領義軍東歸，是順應全軍上下的意願，加上關中那所謂三個王，是秦朝的將領，他們帶領關中子弟出戰，陣亡者不計其數，他們卻自己飛黃騰達。關中父老對他們早就恨之入骨。而對比他們，大王您當初入關，秋毫無犯還約法三章，因此深得民心。所以，大王只需要發一道檄文，就能重新佔領關中了，然後再聯合其他諸侯，何愁不能擊敗項羽，何愁不能佔有天下？」

隨著韓信冷靜的講述，劉邦的眉頭漸漸舒展開，嘴角也放鬆開，最後向上彎起，釋放出多日不見的笑容。隨著這樣的笑容，將士們高聲呼和起來：「天下！天下！……」

在越來越大的聲音中，韓信感到，腳下的土地正在慢慢發燙、燙到就要像他的雄心那樣燃燒起來。蕭何看著振奮起來的士氣，向表情釋然的劉邦說道：「大王，如果張先生在這裡，就好了。」

「是啊，張先生，張先生……」劉邦的視線投向遠方的群山，似乎要看到群山背後的中原，看到在那裡不知如何的張良。

## 韓家鋪子倒閉，從此留侯向漢家

張良現在的境遇，的確讓人有點揪心。

在他離開劉邦隊伍之後，便急急忙忙趕往咸陽附近，去拜見韓王。原來，當初項羽率軍入關，並沒有帶上韓王的隊伍，而是讓他就地駐防。後來，在分封天下的時候，項羽才特意將他喚入咸陽，並讓他和部隊在咸陽附近駐紮。

張良滿心以為，韓王成還會在駐紮地，等待他前來會合，然後一同去韓地就封，沒想到，當他來到營地的時候，卻大吃一驚，原來，這裡早就變成了一片曠野，只有依稀的雜亂痕跡，凌亂地表現出這裡曾經有軍隊居住過的特徵，給廣袤的曠野帶來幾分淒涼。

張良不知道情況發生了怎樣的變化，他一邊向東趕去，一邊到處打聽部隊的下落。而打聽到結果時，項羽已經率領楚軍向彭城而去了。

「既然如此，韓王成大約也去了屬地吧。」張良這樣想著，因為函谷關向東不遠，就是韓國的封地，項羽回彭城，也要經過韓國，韓王成勢必是帶領部隊追隨項羽一路向東了。

在這樣的希望下，張良顧不得休息，就繼續沿著渭水向東而去。幾天之後，他來到洛陽，聽說楚軍已經向河東而去。張良想，大約和自己估計的沒有錯，洛陽再向東，就是彭城了，但韓王成應該是向自己的國度陽翟而去？那是在東南方啊。就這樣，張良匆匆地離開名城洛陽，沿小路從嵩山翻閱，然後向陽翟（今河南禹縣）而去。

雖然外界有了翻天覆地的變化，但陽翟如同這片大陸上眾多的小城市一樣，對外界變化應有的敏感性。這個未曾被戰火延伸到的城市中，依然如幾年前一樣，沒有任何變化，按照既有的節奏緩慢生活著。

張良很快回到自己的家中，說這裡是「家」，其實對張良並不完全適當，因為他在過去數年內在這裡待過的時間太短。只不過因為妻子和岳父住在這裡，是張良心中朝思暮想的那個港灣，這裡才能叫得上「家」。

張良走進院門，看見妻子和往常一樣，正施施然在岳父照料的花圃之間散步，只是，她懷中抱著的嬰兒讓張良頓時一愣。

大概是看到了張良錯愕的表情，妻子連忙解釋說：「夫君，您跟沛公走了之後，我才知道，自己有喜了……」

張良坦然地說道：「是啊，其實都怪我走得太急了。連孩子出生時，都沒有陪在夫人的身邊。」一邊說著，張良一邊將孩子接了過去，仔細端詳說：「此子天庭飽滿，看上去也是個聰明孩子啊。起名字了沒？」

「當然沒有，」妻子嬌嗔地回答說，「先生不回來，我怎敢隨便起名。」

原來，妻子有時候也喜歡用「先生」來稱呼張良，兩個人早已經習慣了。張良便想了想說：「天不疑，方可澤被人間；地不疑，方可承載萬物；人不疑，方可立身行事。這個孩子，就叫不疑吧。」

孩子聽見這個詞，似乎心有靈犀，在襁褓中手舞足蹈地衝著張良微笑起來。

然而，張良隨之產生的笑容，很快就被岳父帶來的噩耗而終結了。

張良的岳父，原本也是韓國世家貴族的後裔，正因如此，兩家才會締結婚約，而夫人也會甘願在這個小城市裡隱居十年，等待張良。等張良走入廳堂，對岳父行禮完畢後，看到的是岳父憔悴的面容。

「父親大人，您……？」張良失口說道。

「不要問我了。」岳父無力地說道，「我已經兩三天沒有安眠了。之所以如此，是因為舊友讓人帶來了一條壞消息。」

張良內心油然生起一股不詳的預感。難道，韓王成在途中遇到什麼變故，還是他被項羽帶到了彭城？然而，岳父告訴張良的事實是，韓王成不僅被項羽帶往彭城，而且，就在幾天前，已經被項羽處死了！

原來，當初韓王成出於保護自己實力的考慮，沒有跟隨楚軍一起入關，項羽本來就對此耿耿於懷。只是勉強將其放在韓王的位置上。但是，不久後有人跟項羽進言，說正是韓王成的背後支持，張良才會去投奔劉邦，並給他出謀劃策。

項羽雖然沒有在鴻門宴上殺掉劉邦，但並不代表他不敢殺掉韓王成。在項羽眼中，所有人是否該殺，很大程度上取決於自己有沒有實力去殺掉他。尤其是聽說張良的事情以後，讓他更為不安，當這種不安刺激到項羽時，他就變得無法自制起來。

韓王成的末日很快來到了。項羽下令，將其帶往彭城，接受訊問。韓王成沒有任何實力能和項羽對抗，只好任人擺佈，來到彭城，馬上就被剝奪了王號，改封為侯。然而，項羽對這個缺乏實力的韓侯依然感到放心不下，為了擔心留下後患，他乾脆將其殺害了。

張良聽說這個消息後，淚珠頓時泛出了眼眶。的確，這個韓王成沒有多少才能，但同樣，他也沒有什麼過失，因為同樣是韓國的宗室，因此，他和張良一樣有著復國的夢想並為之奔波。早在項梁會盟的時候，就彼此認識，韓王成也對張良的能力欽佩不已、引為左膀右臂。回想起兩人在潁川附近一帶的游擊戰中，也曾留下過共同戰鬥的友情，暴秦被推翻後，韓王成寫來的書信中，也頻頻流露出邀請張良回去輔佐的熱忱。雖然軍事作戰並非擅長，但張良期待的是他治國安民的能力，沒想到，居然就這樣不明不白地死在項羽手中。

張良思來想去，覺得韓王成的死，和自己有著密切的關係。他在家中安放了韓王成的靈位，哭祭了一番，並暗暗立下誓願，一定要為韓王成復仇，為韓國人向項羽復仇。

然而，張良唯一可以倚靠的劉邦，已經遠在南鄭成為漢王而養精蓄銳，而韓國故地則群龍無首，官吏們一個個都依附著彭城。對於張良來說，情況似乎又回到了十幾年前，韓國剛剛被秦國所攻佔的情況。

究竟要怎樣才能向項羽復仇？張良朝思暮想，不得其法。正在此時，從彭城來的徵召使者來到了家中。

項羽殺死韓王成以後，多少有些後悔。因為畢竟他是一國之王，現在貿然殺害，未免過於草率。更現實的問題是，應該如何安頓韓國內部。在范增的建議下，項羽任命韓國大夫鄭昌做韓王，又聽說張良已經離開劉邦回到陽翟，不由得為之心動——如果能招得張良來相助，豈不是如虎添翼？

就這樣，張良被項羽「請」到了彭城。

兩人一見面，張良根本就沒表現出對於韓王成之死的過多關心，而是直接向項羽說明了劉邦的情況。他告訴項羽，劉邦現在的日子相當難過，士兵們的逃亡情況一天比一天嚴重，為此，劉邦不得不派大將在軍隊背後壓陣，不僅如此，為了斷絕士兵的歸路，還燒毀了全部的棧道。

項羽起初對張良是否支持自己還無法確定，但聽到這裡，他臉上露出了滿意的微笑，並連連稱讚范增的智謀。張良則更進一步說，劉邦雖然僥倖先進了咸陽，的確沒有能力和勇氣與項王爭奪天下，只是希望能夠據守漢中，保境安民。這種說法和項羽的心思完全一致，於是，他便真正相信了張良，將他留在彭城，加以熱情款待。直到數月之後，張良才留下告辭信，說自己思念韓國，連夜悄悄離去。項羽聽說後，也只是嘲笑讀書人戀家而已，不以為意。

然而，張良這一次的離去，目標並非是他在陽翟的家，而是遠在南鄭的漢軍大營。

# 第六章 玩明的，就要玩得高明

## 明燒棧道，暗渡陳倉

張良的離去，並沒有引起項羽多少注意力，這並非是他不想關注，而是他已經沒有多少注意力了。

項羽的注意力，被天下迅速變化的形勢吸引了：

此時，原來的燕將臧荼首先發難，率軍攻擊原先燕王韓廣，憑藉著項羽這樣的後盾，臧荼很快斬殺韓廣，吞併了其領地；

接下來鬧事的是齊國原先的大將田榮。之前，齊將田都成了齊王，以臨淄作為都城，而原來的齊王田市則改封為膠東王，以即墨作為都城。這些分封讓田榮內心的平衡完全失去，他很快派遣部隊，攔截前去就封的這兩個人，很快，田都被趕到了項羽那裡。接下來，田榮又殺死了田市，並自立為齊王，豎起了和楚霸王項羽對抗的旗幟。

當然，田榮也知道，自己手中的實力還是無法戰勝項羽的，因此，他想到了老朋友彭越。

彭越，原本是早在項梁會盟諸侯時就活躍在齊國一帶的反秦義軍首領，雖然其手中有著數萬人的兵馬，在和秦國的交戰中也立下不少功勞，卻和田榮一樣，最終因為出身平凡而沒有被項羽封王。此時的彭越正有著一肚子火無處可訴，聽說田榮自立為王，還送來了偌大的將軍印，不覺喜出望外，決定為新的事業大幹一場。

就這樣，兩個不得意的人走到了一起，點燃了新的戰火。

彭越很快按照齊王田榮的命令，出兵向北進攻，打敗了濟北王田安。就這樣，整個山東半島都屬於了田榮。然後，彭越又帶領其身經百戰的士兵們向西擊潰楚將蕭公角的部隊，在魏國的土地上也豎起了反楚的旗幟。

就這樣，新的一輪骨牌效應迅速發生了。

趙國大將陳餘發現，自己因為在鉅鹿大戰之後，和張耳決裂，沒有跟隨項羽入關，結果，僅僅成為了只有三個縣的侯，而原來和他平起平坐的張耳，卻飛黃騰達成為常山王。陳餘心中自然不滿，加上田榮的出兵，更加挑動他的野心迅速膨脹起來。

很快，陳餘的書信送到了田榮的案頭。他說，只要田榮能夠出兵和他一起驅逐張耳，重新擁戴趙王歇，那麼，兩國就可以一起聯手對付項羽。

田榮正愁自己沒有幫手，於是立即發兵和陳餘夾攻張耳，在猛烈的攻擊下，張耳放棄了王位，向關中逃去，投奔劉邦。而得勢的陳餘搖身一變，成為代王，趙王歇則回到了他原來的寶座，三國聯合起來加上彭越，正式對項羽宣戰。

可想而知，面對這樣的情況，項羽哪裡來得及管張良的去向？他明白，如果不迅速弭平挑戰者田榮，各地都會效仿行動而天下大亂，於是，他開始調集軍隊，前往齊國平叛。

然而，雖然關外重新點燃熄滅不久的戰火，關內卻顯得相對平靜許多。雍王章邯、塞王司馬欣和翟王董翳，原本都是秦朝投降的將領，本來只想保住性命，沒想到，居然成為了關中三王，這種意外的發達令他們感到昏眩的同時，也感到充分的壓力。正是因此，他們決定好好報答項羽的封賞，堵住劉邦東進的可能。不久之後，他們聽說漢軍在進軍南鄭的時候為了防止逃兵，居然燒毀了棧道，不覺哈哈大笑，為劉邦的無能懦弱感到釋然開懷。

然而，當田榮在關外開始挑戰項羽權威的時候，章邯得到了一個絕密的消息：漢軍開始修復棧道了。

漢軍的確在修復棧道，按照韓信的命令，將軍樊噲率領一萬死士，背著開鑿山道的工具，攀援上絕壁，試圖修復那些棧道。

司馬欣和董翳證實了這個消息，感到坐臥不安，只有章邯寬心地說道：「我還以為劉邦有什麼本事，原來也就是個草包。大家想，從漢中進入關東的谷道，少說也有幾百里，全都是懸崖峭壁上的棧道。當年這棧道修建了數年才算完工，又經過了歷朝歷代的改造，死了多少民夫，劉邦他一把火燒毀了，現在想重新修好可就難了。等他修好，起碼還要兩三年吧。」

雖然三王因此而放下心來，但他們還是在谷道的關口部署了軍隊，整頓工事，做好迎戰劉邦的準備。

然而，正當章邯感到一切盡在掌握的時候，一條新的消息傳到耳中，讓他大吃一驚：漢軍已經越過南山（秦嶺）、佔領陳倉了！

原來，在褒斜谷道的西面，原本就有一條山間小路，這條小路連接著關中和漢中，稱為故道，又叫做陳倉道。它從陳倉（今陝西寶雞市東）開始，向西南，出散關，然後沿著故道水峽谷，經過鳳縣，然後向東南方推進，進入褒水峽谷，和褒斜谷道會合。

這條道路的歷史要比褒斜谷道更長遠，而且道路坡度也比較平緩，只是，如果從這條路行走，從咸陽到南鄭之間的距離還要遠數百里。因此，無論行軍還是行旅，人們都不願意選擇這條道路，導致日久荒廢，無人開闢。章邯世代為秦人，自然對此瞭若指掌，也恰恰在這樣的思維中栽了跟頭。

這條計策的制定，正是韓信給劉邦獻上的見面禮——明修棧道、暗渡陳倉。

按照韓信的計畫，劉邦應該首先派兵修復燒毀的棧道，並故意給執行者下死令，讓他三個月內完工，在這表面的虛張聲勢下，軍隊應該故意到處散播消息，說馬上就要順原路返回，幫助項羽平定齊國叛亂。而與此同時，韓信自己卻率領大軍，秘密地從故道上插到陳倉背後，突然襲擊，讓章邯措手不及。

聽完這個策略，劉邦高興地合不攏嘴，也驚訝韓信在軍事上的謀略藝術和張良也能一較短長。別的不說，正是這樣的計謀，無疑能加快自己東進的速度，穩定軍心，並且迅速擊潰關中三王。

就這樣，劉邦做出了統籌的安排，讓蕭何留守漢中地區，安撫百姓、發展經濟、收取賦稅進行補給；修復棧道的工作交給了大大咧咧而善於統禦士兵的樊噲；將軍曹參則在韓信的指揮下開闢故道，準備偷襲陳倉；劉邦自己則帶領周勃、夏侯嬰、灌嬰他們，率領十萬大軍後續跟進。

就這樣，韓信的部隊和樊噲的部隊分頭出發了。

當章邯的眼光還停留在那些被燒毀的棧道上時，韓信的部隊已經走過了羊腸小徑，靠著雙腳雙手，到達了秦嶺北麓的陳倉附近。這支突然出現的部隊讓陳倉不多的守軍嚇得手足無措，很快就宣佈投降。

更加受到驚嚇的還是章邯，這是因為陳倉就在渭水的岸邊，如果從那裡沿渭水東行，就是一片平坦的秦川了。漢軍不過幾天之後，就會陳兵在章邯都城廢丘城下了。

在這樣的形勢下，章邯一面動員自己的軍力，一面向塞王司馬欣和翟王董翳寫信求援，很快，三王組成了聯軍，面對著氣勢正旺的漢軍。

然而，現在的漢軍已今非昔比，韓信成為大將後，不僅提升了漢軍士氣，更利用在南鄭休養生息的時間，對漢軍加以嚴格訓練，強調陣法和命令的重要性。加上由於士兵的逃亡，無形中淘汰了那些懦弱膽小或者家有負擔的士兵，剩下的士兵無不以一當十、作戰勇猛。結果，第一仗，韓信率領的漢軍就將三王聯軍擊敗，同時，還派遣曹參和樊噲率領偏師南下，試圖切斷章邯主力的退路。

章邯久經戰陣，自然知道這次失敗打擊的力度，於是捨棄了已經潰敗的軍隊，逃回廢丘。

韓信建議說：「常言道，困獸猶鬥，如果現在攻打廢丘，一定會付出很大代價，不妨現在派出軍隊去分頭佔領關中各地，廢丘自然是囊中之物了。」

果然，塞王司馬欣和翟王董翳很快投降，只剩下了章邯和弟弟章平困守廢丘，已經無法對強大的漢軍形成威脅了。

不過，劉邦如此高調的表演，將在東部如同猛虎蹲踞的項羽激怒了。比起田榮，項羽當然更在意劉邦的行為。

更令人沒有想到的是，劉邦不僅沒有去關注項羽的變化，反而卻做出了一個可以理解但卻相當愚蠢的行動——派兵去沛縣。

劉邦覺得，自己掃清關中，已經不在話下，就是將來奪取天下也有了起步的希望。然而，想到自己的老父和妻子還在遙遠的沛縣，這又讓他在興奮之餘有著無比的惆悵。更何況，沛縣離項羽的地盤太近，誰也不知道自己什麼時候就會和項羽翻臉，既然如此，不如儘早將家小們接來團聚才是。

就這樣，劉邦和誰也沒有商量，就派出將軍薛歐、王吸率兵，從武關出發，然後和南陽的地方武裝首領王陵一起去沛縣，接太公、妻子和子女們前來團聚。

王陵這個人，原來是沛縣的任俠，和劉邦早就相識。他雖然沒有什麼學問，卻性格直爽，自幼行走江湖，一把劍使得鬼神莫測，而為人處世卻又最看重仁義道德。因此，劉邦在沛縣時，總是稱其為兄長。當劉邦起兵之後，王陵也率領手下起兵，不過，他也和田榮、彭越一樣，沒有率領部隊入關，而是駐紮在南陽一帶。

由於王陵的勢力弱小，項羽分封天下時，根本都沒考慮他。這讓王陵憤怒非常，後來，他想到過去和劉邦的交情，便毅然和漢軍聯繫，成為了劉邦的屬下。這次，劉邦正是考慮到他在中原活動時間較長，能打開通道，才選擇了他作為迎接家小的先鋒。

但是，這個消息很快傳到了項羽耳中，殺意再次從這個男人的心中升騰起來。

## 你剝人衣，人就會穿上戰衣

項羽原本考慮的是如何出兵去打擊田榮、陳餘、彭越這幫眼中的跳樑小丑，卻沒想到，漢王劉邦迅速佔領了關中，還沒等到他反應過來，又聽說漢王劉邦居然派出王陵來迎接家人。火冒三丈的項羽派出起兵，將前去沛縣的漢軍在陽夏（今河南太康）攔住。作為威脅，他還派人將王陵的母親抓了起來，想要因此而逼迫王陵投降。

王陵是個大孝子，他聽說母親被項羽抓走，便專門派遣使者前去探視。項羽並不想再為自己樹立更多的敵人，他特別傳下命令，要求手下對使者熱情招待，還專門讓王母出來和使者相見，希望能夠如此來軟化對方。不料，王母卻是胸懷天下而富有骨氣的剛烈婦人，她坦然地告訴使者說：「請你們為我這個老婦人帶個消息，告訴我的兒子王陵，讓他忠心跟隨漢王。我一直聽說，漢王才是個值得敬重的長者，他最終會取得天下，而項羽只懂得暴力，遲早會被推翻。」

使者含淚記下，剛要說話，王母又說道：「古人說，忠孝難以兩全，我今天被項羽抓來扣押，王陵當然會擔心我的安危而發生動搖。所以，我決定用死來堅定他的決心，就讓我以死相送你吧！」說完，王母趁眾人不備，抽出使者的佩劍自刎身亡。

在場所有人都驚呆了，有人立刻報告給了項羽。項羽原本並沒有想殺王母，只是希望利用這樣的人質來招降，結果，她居然寧可自斷生路，都不願讓兒子跟隨項羽。氣急敗壞的霸王立刻傳令，趕走使者，然後堆積好乾柴、架起了大鍋，烹煮了王母的屍體。

王陵從使者口中聽到這樣的消息，悲痛欲絕，等他清醒之後，便馬上率所有部下跟隨了劉邦——然而，劉邦這次試圖迎接家人的軍事行動也宣告失敗了。

此時的項羽，在范增的建議下，開始著手向關中進攻。他首先看到地圖上的韓國，那裡是從關中向東進攻的必經之地，於是，他打算撥出軍隊給韓王鄭昌，讓他阻擋漢軍鋒芒，而自己則打算厲兵秣馬，帶大部隊向關中進攻，將劉邦徹底翦除。

正當戰爭的態勢越來越明顯時，楚霸王接到了張良的一封書信。

原來，自從離開彭城以後，張良就隨時隨地打算加入反楚的隊伍，但是，在混亂的局勢下，張良無法確定下一步的準確行動，便隱居在陽翟，等待變化。不久後，他聽說，漢王劉邦採用了「明修棧道、暗渡陳倉」的計策，迅速拿下漢中，不由得擊節讚嘆——實際上，當初他要求劉邦燒掉棧道，正是想要今後找機會運用這樣的計策，沒想到，居然被不知名的韓信提前使用了。

一種惺惺相惜的感覺，很快走進了張良的內心，隨著劉邦進攻節奏的不斷加快，這種感覺不斷強烈，同時讓他重新回味起那時候在漢軍中的日子。就這樣，他下定了最終歸漢的決心。

但是，張良並不打算馬上就展現出這樣的態度，他決定，利用好自己現在中立的身分，給項羽佈置一些陷阱。

第一份陷阱很快就打開在項羽的面前，只不過，它看起來只是一封薄薄的帛書。

項羽聽說是張良寫信過來，終於想到了張良已經好久沒有蹤影了，於是，便打開來信觀看。

張良寫道：「近日大王於彭城養精蓄銳，分封諸侯，安定黎民，眾人仰慕。最近，漢王奪取了關中，秦川燃燒起戰火，實在是膽大包天、肆意妄為。不過。張良以為，劉邦採用計謀、打進關中，只是為了實現之前的諾言，而滿足自己的面子。實際上，劉邦兵微將寡、軍糧也不多，必然不敢東進的。」

項羽看完書信，舉起帛書，向范增遞了過去。范增看完以後，默然無語，過了一會兒，他滿懷擔憂地對項羽說：「霸王，這個張良說的話，不可全信，也不可不信啊。」

「嗯，亞父，我也在內心有所懷疑。」

「是啊，」范增繼續說道，「他早就和劉邦有所交往，又幫助漢軍先於我軍進入咸陽，如果說他不願意幫助漢軍，恐怕也難以令人相信啊。」

項羽說：「亞父，我也考慮過這件事。不過，我覺得，無論張良的原意如何，他說的都有些道理。想當初，我們將劉邦放到偏僻的漢中，的確是違背了約定，失信於天下……」

范增不自覺地在席上調整了下坐姿，這件事情當時是他力主，沒想到，所謂的鎖，根本就經不起劉邦的一番敲打。

好在項羽並沒有任何責怪范增的意思，他繼續說道：「既然事已至此，我想，只要能讓局勢安定下來，不去管劉邦的話，是不是也可以考慮呢？」

范增聽聞，猶豫不決地說道：「霸王，當時我的計謀就是想要將劉邦壓制在漢中的。沒想到，他這麼快就翻身了。現在，以劉邦手上的軍力，想要馬上向東進攻，也的確不容易。所以，張良的這封信，很可能是劉邦的意思，想要向我們示弱，從而保住自己的關東地區……」

「是啊，亞父，就算劉邦想要東進，我們在中原還有韓王鄭昌的阻擋。不過，他真的擋得住？」項羽又提出了另一個問題。

「這……」范增一時也拿不定主意了。

結果，這幾天內，項羽和范增忽而覺得應該繼續向東征討劉邦，不相信他透過張良釋放的緩兵之計；忽而又覺得，劉邦本來和田榮那些人就不同，他已經是實質上的關中王了，還急於反對項羽做什麼呢？……

在兩人的不斷討論中，張良的第二封信又飛馬送到了彭城。

這封書信中，張良自己只簡單地寫了幾句，然後附上了他從秘密管道弄來的一份密函。這份密函是彭越寫給田榮的。

項羽打開密函，仔細地看了一遍，臉色頓時變了。

原來，這份密函的內容是彭越和田榮商量究竟如何再去發動其他十幾路諸侯反對項羽，兩個人甚至在密函裡相互安排，將拉攏不同盟友的任務一一分配。

看著密函中縝密周全的計畫，范增的額頭也蒙上了一層密密的汗珠，他掏出自己的絲質汗巾擦了擦額頭，說道：「項王，這封信的確是真的，彭越的筆跡，我在項梁將軍手下是見過的。」

「的確，」項羽說，「何況張良在六國都有朋友，他說的事情，我覺得應該要仔細想想啊。」

「項王，下定決心吧。關中畢竟離我們這裡還遠，何況，章邯兄弟還在廢丘繼續支持著。就算劉邦拿下了關中全境，我們也不能不注意自己身邊的火啊。如果田榮和彭越的計畫真的實現了，那麼他南下可是指日可待的事情！」范增的口氣堅決地不可置疑。

看見亞父也做出了決斷，項羽沒有理由再懷疑下去，於是，他傳令，已經準備好的全軍將士，立即向北出發，目標直指齊國的田榮。

實際上，這份所謂的密函，是張良精心準備的，他在會盟時，特地留下了所有諸侯的筆跡，然後請來了最好的書法家加以模仿，打造出這個陷阱。正是這樣的陷阱，同時迷惑了楚國的最強武者和最高智者。

當張良聽說楚軍的調動已經開始後，終於舒了一口氣。這些天來，他像一個將籌碼放上桌子的賭徒一樣，始終等待著來自彭城的消息。從內心來說，張良也知道這是一次冒險，是他很多年來都沒有做過的冒險。一旦成功，楚霸王項羽的目光將會轉移到北方，忘記最可怕的敵人劉邦，而一旦失敗，張良的傾向就會徹底暴露，而成為項羽抓捕乃至殺害的對象。

現在，那個命運的骰子終於停止了轉動，出現了對張良來說最吉利的數字。

張良並沒有欣喜多久，他想到，這個計謀應該很快就會暴露，再這樣在韓國待下去，很可能遇到危險。張良想到重回漢軍，但他想到溫婉賢淑的妻子，又想到了剛剛學會走路的孩子，一時又沒有了主意。

「您是想走了嗎？」

這天晚飯後，妻子看出了張良的想法，終於脫口而出。

張良內心緊了一下，多麼善解人意的女子啊！他的表情也因此而變得更加溫柔，在暖暖的燭光下看向妻子：「是啊，夫人，現在的天下局勢已經越來越明顯，將來獲得天下的不是楚國，就是漢軍。當初，我曾經受到漢王的賞識，也答應過要幫助他獲得天下，造福萬民。而反觀項羽，剛愎自用、暴虐殘酷，如果讓他得到天下，大約就是第二個秦始皇……」

「夫君，不要說了，我明白。」妻子雙目低垂，埋首不語。過了一會，她抬起頭，淚眼矇矓地說道：「雖然我們相處時間不長，但我知道，您是將天下藏在心中的君子，不會僅僅守在家中陪伴妻子。您放心去吧，我會帶好不疑的，等您和漢軍一起打回來，我們就能真的一直相會廝守了。」

張良發現，自己再多的智謀和歷練，在妻子面前，全都蕩然無存。他忽然發現，自己的口才實在太笨，無法表達對妻子的情感，也難以傳遞此時內心的矛盾。

就這樣，兩個人度過了安靜的一夜。第二天一早，張良拜別岳父，踏上了向西的旅程。

## 冠正義之名，可以代表太陽月亮

幾乎是在張良向西而行的同時，項羽也離開了彭城——他的目標在北方的齊地。

正是因為張良先後兩封密信，讓項羽和范增都意識到劉邦並非心腹大患，近在咫尺的田榮才是。於是，楚軍主力迅速調整了戰備計畫，打算儘快平定齊國的紛亂。項羽臨行前，又派出了使者，星夜加急前往六安，要求九江王英布也同時率軍北上。

英布手下的部隊，原本是一支獨立的反秦武裝，後來，他率領這支部隊投奔了項梁。項梁戰死沙場後，他選擇了跟隨項羽，並屢立戰功。因此，項羽才在封賞天下時，讓他成為了離自己屬國最近的九江王。

然而，接到催促後，英布並沒有像項羽所預想的那麼配合，而是推說有病，無法出征，只派出了九千人馬作為應付。實際上，英布並非沒有政治頭腦，他想到的是，今天的項羽和昨日已然完全不同。僅僅是在一年前，項羽還是義軍的首領，還代表著大多數，不能說一呼百應，起碼也是正義化身。然而，現在局勢完全不同，暴秦已經被推翻了，項羽成為了所謂的霸王，但卻沒有得到霸王般的擁護，如果英布這時候再盲目跟從，當然不亞於閉上眼睛賭博了。

就這樣，項羽等來的是英布那老弱病殘的九千人馬。項羽雖然滿心不快，但卻終究明白自己不能繼續樹敵，只好悻然接收，踏上向北的征程。

雖然齊國在諸侯中實力不俗、土地廣闊，但項羽的楚軍畢竟是在鉅鹿之戰等一連串戰役中歷練出來的精兵。因此，一路作戰攻入齊國，幾乎勢如破竹，一直打到了齊國的重鎮城陽。田榮看到項羽推進速度如此之快，慌忙繼續向北逃到平原。在項羽的進逼之下，當地百姓本來就對田榮的不滿全部爆發，很快作亂將田榮殺死，把人頭獻給項羽。

就這樣，齊地短期內獲得了一段寶貴的平靜時間。項羽扶立田假作為齊王，讓他在城陽坐鎮，自己則繼續率領大軍北進，決心將田榮的勢力全部剷除。然而，素來混亂的楚軍紀律再次降到最低值，在項羽的縱容下，楚軍將齊國當成了那時的咸陽，他們依舊縱兵焚毀房屋、破壞城牆、屠殺降兵、侮辱婦女、搶劫財富，讓齊國百姓經歷了更加可怖的災難。

就這樣，齊國的人心很快又發生了變動。百姓們從一開始的痛恨田榮，變成了痛恨楚軍，然後變成了痛恨項羽和項羽找到的傀儡田假。在田榮弟弟田橫的率領下，地方武裝很快集合成大部隊，並將田榮的兒子田廣立為齊王，重新召集其散兵游勇，將田假趕出了城陽。

當田假急急忙忙如喪家之犬一般，將這些事情稟報給正在南歸路上的項羽時，項王感到一陣厭惡：這個沒用的田假，居然連我軍辛苦打下來的城池都守不住！

項羽受不了這種弱者帶來的厭惡感，他傳令殺掉田假，然後重新再進入齊國進行第二次平叛。

對此，范增也沒有做出什麼反對。畢竟，現在西部還算平靜，趙國和彭越雖然做出策應的姿態，但實際上卻還在觀望形式。田橫剛剛重新整理組織起隊伍，如果這時候不給以痛擊，那麼，等回到彭城以後，情況還是會和田榮在的時候沒什麼兩樣。

就這樣，楚軍第二次包圍了城陽。

但這一次，這座城市沒有起初那樣容易攻下了。不僅因為這一次守城的是更足智多謀而身先士卒的田橫，也因為守城的部隊心態發生了很大的變化。在楚軍第一次進攻時，齊國士卒不願意犧牲自己的性命去保衛田榮，但目睹楚軍的暴行後，齊人開始明白：守住城陽，就是守住自己的家人。

齊國之所以是最後一個被秦國攻滅的國家，並非沒有道理。當鄉土意識極重的齊國人為百姓和家族殺紅眼的時候，是天下最強的軍隊也會為之失去鋒芒的時刻！

果然，在重新加固的城牆面前，楚軍士卒不斷地攀登上雲梯，然後不斷地一串串墜落下來，城樓上將一簇簇火箭射下，瞬間點燃了楚軍士兵的盔甲衣袍，讓他們在火焰中慘叫翻滾。很少被堅城阻擋的楚軍，出乎意料地在城陽這座城池下停頓住他們的腳步。此時，項羽還沒有意識到，這將是一個不祥的開始。

當項羽的銳氣在城陽城下遭到阻止時，張良已經順利地來到了劉邦軍中。這一路相當順利，因為劉邦的名聲已經早就不能被函谷關所壓制，而是在中原傳播得如日中天，甚至不少地方官吏和士紳已經開始偷偷摸摸地和漢軍方面聯繫，打算到時候率先投奔。

當然，張良和這些人的接觸中也發現，劉邦對他們沒有少給出承諾。他以漢王的名義發佈命令說：凡是能夠佔據一個郡的土地，然後率領上萬人來投奔的，都是漢軍的萬戶侯。這樣，不少郡守紛紛選擇或明或暗地投降了漢王。同時，劉邦還將原來秦王朝的皇家園林獵場，全部開闢成為農田，分給那些因為項羽縱兵掠奪而傾家蕩產的百姓。另外，對於巴蜀、漢中支持過自己的百姓，劉邦下令，凡是有服兵役的，都免除租稅兩年，而關中百姓願意從軍的就再免除一年。這樣，許多百姓都因為感恩戴德或經濟考慮，而選擇加入漢軍——此時，章邯最後的據點廢丘已經被攻破，章邯在烈火中自殺，終於成就了自己忠誠於項羽的名譽。

關中既然已經平定，為了能夠更好地聯繫老百姓、體察民情，劉邦下令從每個鄉中選取五十歲以上、德行服眾而能夠做出好事的老年人，擔任鄉間三老，而每個縣則從所有的「三老」中選擇一人為縣「三老」，同縣令、縣尉共同掌管本縣的教化公事。

張良一路上聽到這些傳聞，不由得在心中讚嘆劉邦的進步神速，顯然，此時的劉邦，無論從其政治眼光還是行事手段上，早就不是當年的沛公了。

這樣想著，張良感到胸中有股熊熊的烈火被點燃起來，他更加快了向西行進的速度。十幾天後，他終於來到了咸陽，見到了劉邦。

劉邦看到張良，終於感到胸中一塊大石頭落地，他緊握住張良的手，把他拉到眾人面前，高聲宣佈：「子房，你果然如前所約、重回我軍，從今天開始，你就是我漢家的成信侯！」

成信侯，何其陌生的稱號，張良一邊回味這樣的稱號，一邊和曹參、樊噲、周勃、夏侯嬰他們一一見過。當然，人們也沒忘記將大將軍韓信介紹給他。張良早就聽說了韓信的大名，今日一見也甚為高興。但是，透過韓信謙恭的外表，張良卻看到更加深層的東西。他暗自在心中說道：「韓信這個人，將來似乎會是決定天下的鎖鑰之人啊。」

不過，劉邦並沒有看出張良的這種疑心，張良的到來，讓他感到更多的信心。幾天後，他宣佈，自己將要率軍隊出函谷關，進駐陝縣（今屬河南）。

這樣的計畫是大膽的，但同時也可以說是順理成章的，劉邦希望，自己的這個行動能夠更好地擴大漢軍在關外的影響，同時，試探楚軍的反應。結果，這樣的試探大獲成功，由於項羽此時正被齊國的田橫拖住而無暇西顧，河南正（地區官銜）申陽感到壓力太大，乾脆跟隨了劉邦。

這是劉邦勢力出關之後的第一收穫，也是他開啟征程的起點，伴隨著正義之名，劉邦會將其日月般的光芒不斷推進到更遠的東方。

## 洶湧的鐵流，目標是霸王的城市

劉邦的前鋒剛剛出關，張良很快就意識到，這是戰火要再一次燒到自己的鄉土上了。如果說，前幾次他還是無能為力的話，現在的他，已經是堂堂的成信侯了，他必須要為故土上的韓國人民做出一番努力。

於是，張良找到機會，向劉邦闡述了自己的計畫。

張良為劉邦分析說，項羽之所以要將鄭昌分封到韓國，是為了讓他抵擋漢軍出關時候的鋒芒。因此，漢軍如果能打敗鄭昌，就會像當年秦始皇吞併六國時一樣，從進攻韓國開始走向統一天下。更何況，現在項羽的根據地在彭城，只要漢軍盡有韓地，就能夠順河直下，長驅直入，佔據彭城。

劉邦點頭稱是，但他多少有些猶豫，因為漢軍出關之後始終沒有得到休整。張良似乎看到了這一點，他提醒說：「漢王，其實，有一個人可以輕而易舉地趕走鄭昌。」

「哦，誰有這個本事？」

張良提起桌上的算籌，在沙盤上寫了一個字：「信」。劉邦恍然大悟。

不過，這個「信」並不是韓信，而是跟隨劉邦的韓國宗室。他是已故的韓襄王的孫子，名字叫信，由於是韓國王室之後，加上在不久的將來他會被劉邦封為韓王，因此被稱為韓王信。當初，劉邦從關東向咸陽進軍時，曾經派遣張良在故土廣收義士和宗室，驅趕秦軍力量，正是在這樣的作戰中，張良發現了驍勇善戰的韓王信。於是，他將韓王信推薦給劉邦。

現在，看著沙盤上那個「信」字，劉邦的記憶一下子被煽動了起來。他想了想，試探著說道：「子房，那我就先許諾他做韓王，然後讓他以宗室的名義來奪取韓地、號召民眾如何？」

張良簡潔地說道：「可以。」

劉邦也不再多問，讓衛士請信過來。

劉邦發現，自己不知不覺中有了這樣的習慣，就是當他和張良兩個人產生默契時，很多事情的決策和行動已經不言自明。儘管這些事情在外人看來，或許是不明就裡的。更何況，韓王信並非僅僅得到張良的認可，在大將軍韓信拜將之前，韓王信已經建議劉邦能夠乘著將士想要東歸的士氣討平關中，從某種程度上來說，正是這兩個韓信，才堅定了劉邦的信念。

劉邦對韓王信說：「項羽毫無仁義，無故殺害韓王成，還讓毫無關係的大夫鄭昌去擔任韓王，真是人人得以誅殺。現在，我想封將軍您作為韓國太尉前往討伐。一旦收回了全部的韓地，就請您做韓王。」

韓王信當然大喜過望，於是，他立刻跪倒受命。

等劉邦又簡單交代了幾句，張良便扶起了韓王信，然後請他來到地圖面前，授予機宜，指點山河關隘，將進攻路線和防守重點都一一指出。

第二天，韓王信就帶上自己的部隊，加上劉邦另外撥出的部隊，向韓地進攻。

不久之後，雪片般的捷報就從韓地向漢軍的大本營飛來，漢軍也因此士氣高漲、上下齊心。於是，到了漢王二年（西元前205）冬天的十一月份，劉邦決定，正式將都城從漢中南鄭遷到關中的櫟陽。在這裡，既能夠控制關中廣袤土地，又能夠方便作為未來出關大軍的東進基地。

這樣，原來在南鄭負責後勤供應的蕭何他們，也就來到關中和劉邦、張良會合。自然，蕭何與張良又做了一番長談。

開春之後，劉邦正式宣佈，自己要帶領漢軍主力出關。跟隨他的將軍，有曹參、周勃和灌嬰等等。但是，劉邦這一次並沒有從函谷關出發，而是從臨晉關（今陝西朝邑東、黃河西岸）出發，橫渡黃河之後，直接進入魏國土地。

這也是張良的建議。

張良認為，既然韓王信在函谷關外發展順利，那麼，劉邦的主力不如直接進入魏國。因為那裡原本就有反對項羽的魏王豹、趙將陳餘和殷王司馬昂，完全可以考慮和他們聯合伐楚。

魏王豹，原本是六國時期的魏國宗室，後來因為伐秦有功，被楚懷王心封為了魏王，佔有整個魏地。但隨著項羽成為霸王，魏王豹卻成了所謂的西魏王，這當然令他懷恨在心。於是，劉邦率大軍親臨之後，魏王豹第一個欣然歸順。

而陳餘和司馬昂，早在田榮起兵時就開始反對項羽，現在看到劉邦加入，自然也願意歸順。然而，陳餘聽說他的仇敵張耳投奔在劉邦帳下，感到無所釋懷，他提出要求，除非將張耳殺了，趙軍才能和漢軍聯合。

沒想到，十幾天後，劉邦真的將張耳的頭顱送到了陳餘帳下。陳餘看了看血肉模糊的首級，大喜過望，當即決定和劉邦聯合。

但是，陳餘不知道的是，劉邦送來的人頭只是跟張耳相似的死囚頭顱。就這樣，趙國在一顆假首級的勸誘下，也加入了漢軍陣營。

隨之，被漢軍和趙軍聯合擊敗的司馬昂，也很快宣佈投降，加入聯軍陣營。

這樣，漢軍陣營的總兵力已經直逼幾十萬。這樣浩大的人馬漫向東方，逼近朝歌。另一方面，韓王信那邊也傳來了好消息，韓地民眾很快拿起武器，參加戰鬥，將「外來者」鄭昌逼到了陽城。當劉邦接到這個消息的時候，韓王信已經發動了決定性的猛攻，鄭昌無法抵擋，只好獻城投降。

於是，在劉邦渡河之後的幾個月內，他接連收降了魏王豹、殷王司馬昂，並和趙國成為了聯軍，同時還得到了韓王信的策應。一時之間，幾乎整個中原都成了劉邦手中的地盤。於是，喜不自勝的劉邦立即派人傳令，宣佈韓王信正式成為韓王，並率領韓軍立刻和漢軍主力會合，向彭城進攻。

在這段時間內，劉邦又從敵軍那裡獲得了一位重要的輔佐之才——陳平。

陳平，從小就喜歡讀書思考，並善於建構奇謀計策。如果說張良是宏大局面的策劃專家，那麼，陳平就是技術精湛細微的情報大師，而劉邦此時缺少的就是這樣的情報大師。

身為情報大師，經歷也相當複雜，他一開始跟隨的是魏王咎，後來又投奔了項羽，和韓信不同，陳平在項羽手下頗受重用，先是被封為信武君，後來又被封為都尉，甚至還負責在咸陽時監視劉邦軍隊的行動。

不過，這一切都伴隨殷王司馬昂的投降一筆勾銷。原來，當司馬昂戰敗後宣佈跟隨劉邦後，項羽滿腔怒火無從發洩，打算殺光那些曾經平定過殷地的將領。而陳平也赫然名列其中。於是，陳平就這樣順理成章地因為項羽而成為了劉邦的手下。

其實，劉邦自己也記不得是第幾次有人因為項羽的那些無厘頭命令而投奔過來了，他只知道，即使有范增這樣的謀士，項羽還是不明白人才的重要性。更關鍵的是，陳平這樣的情報大師，是再多的武將也換不來的。因此，劉邦馬上下令，陳平在漢軍也擔任都尉，和他原先的職務一樣。

好事情接踵而來。陳平在漢軍的位置還沒坐穩，張良又聽說，彭越將軍也帶領部下三萬多兵馬趕來了。

對於彭越來說，劉邦的到來太遲，遲得讓他煩躁不安。在齊國的楚軍盡遣主力，大大壓縮了他的活動範圍，但和漢軍聯合以後，情況就大為不同了。

在歡迎的宴會上，劉邦主動對彭越說：「將軍攻伐不義暴秦，功勞天下共聞，卻被項羽小看。現在，將軍已經攻佔了城池，一直想扶立魏王。不如請你擔任魏王豹的相國。」

看到彭越略有猶豫，張良也說道：「彭將軍，魏王豹是魏王咎的堂弟，的確是魏國宗室，何況現在也是聯軍中的重要力量，將軍不妨就任。」

「只是……」彭越猶豫了一下，說：「魏王豹此人，素來反覆無常，而且我們兩邊也一直很少有聯繫。」

張良的眼神集中向劉邦，劉邦很快讀懂了其中的意思。於是笑嘻嘻地舉起酒杯說：「將軍意思我全都知道，這樣，將軍可以領受魏相國的名義，但軍隊卻不需要受魏王豹的制約。而且，將軍可率部去攻打梁地，牽制楚軍如何？」

彭越欣然領命，立飲三盞烈酒，表示共討項羽的決心。

此時，聯軍部隊的總兵力已經上升到五十六萬，當如此聲勢浩大的部隊離開洛陽時，一個叫做董公的鄉間官吏帶來了中原地區正在傳播的噩耗：

項羽已經殺害了義帝！

## 當56萬輸給3萬，只有劉邦輸得起

其實，項羽想要殺掉礙手礙腳的義帝早已不是一兩天了，而他動手也比此時早得多，大約是在漢王二年（西元前205年）十月左右，九江王英布按照項羽的意思，派遣手下在郴（郴）縣刺殺了義帝，而郴縣人將他埋葬在城池西南邊的後山上，以為哀悼。

在項羽的邏輯上看來，這次殺人並沒有什麼奇怪：這個名義上的皇帝既沒什麼用，也不肯配合，那麼，留下來遲早還會被他人所用。

項羽喜歡亂殺人，在劉邦、張良看來，根本不算什麼新鮮事情。但是，他敢於隨隨便便殺掉天下共主的義帝，的確讓普通人們無法想像。因此，當董公傳播開這個消息後，劉邦和張良商量之後，決定舉行聲勢浩大的悼念儀式，並作為誓師，以便鼓舞士氣。

在蕭何的籌畫下，這個儀式果然舉行得充滿了悲憤的色彩。全軍上下數十萬人，全部穿上了雪白的素服，大張旗鼓地發出檄文，向四方宣佈義帝已經死在了項羽的手上。為了讓悼念儀式更加隆重，劉邦還讓人用白色布匹裝飾起一輛靈車，並專門挑選了幾匹白馬駕車，車上放著義帝的牌位。

儀式舉行那一天，楚洛陽城愁雲慘澹、哀聲遍地，劉邦慷慨陳詞，將項羽的殘暴一面徹底地暴露在人們的面前。而想到江淮之間那群楚人曾經給中原帶來的戰亂，許多人也心有戚戚，隨之嚎啕大哭，甚至有不少年輕人當場加入到漢軍的陣營中。

這樣，劉邦的軍隊，很快成為一支哀兵。而所謂的哀兵，是最容易取得勝利的軍隊，更何況，他們面對的，不可能是項羽的主力。

此時，項羽本人和他的主力，依舊被城陽的田橫緊緊釘牢在齊地。因此，留在後方的楚軍，戰鬥力乏善可陳，根本抵擋不住這樣一支強大聯軍的進攻，沒有幾天後，彭城就真的陷落了。

由於彭城得來的太簡單，劉邦高興得手舞足蹈。而且，這一次他特地留了個心眼，早早地讓樊噲和張良負責其他地區的攻略，然後自己一頭栽進了彭城的安樂窩。

從離開南鄭之後，劉邦過得就太順利，以至於到此為止，他認定自己得到了最終的勝利。因此，他得意洋洋地躺在項羽的臥榻上，把玩著宮殿中的奇珍異寶、美女嬌娃，每天縱情和諸侯們飲酒作樂，觥籌交錯。與此同時，進駐彭城的聯軍也缺乏統一的約束，士兵們趁機在楚地四處搶掠破壞、無惡不作。

項羽接到這樣的消息之後，氣得拔出寶劍，大吼道：「劉邦小兒，欺我太甚！」

范增還保持著起碼的冷靜，等項羽發作之後，他立即建議項羽帶精兵迅速回救彭城。顯然，范增已經聽說了劉邦在彭城的醜態。

項羽馬上同意了，他還自己下令，讓九江王英布立即派兵火速救援。

就這樣，當劉邦還在彭城高臥時，項羽的騎兵馬蹄聲已經越來越逼近了。

在起起落落的馬蹄聲中，項羽想像著彭城中的慘狀，恨不得整個人都立即飛回彭城。因此，他不斷地呵斥著從不忍鞭打的烏騅馬，而烏騅馬也似乎明白情況的危急，用最快的速度向南奔馳。

不久後，信使來報，說九江王英布身體不適，無法立即率軍前來。這樣，項羽更為著急，他來不及詛咒如此反覆無常的英布，而是沉默以對地用仇恨的眼光看看南方，繼續向彭城奔馳。

在項羽身後的三萬精兵，原本都是經過長久戰爭洗禮的精兵強將，他們中的絕大多數人也都是楚人子弟。因此，面對身陷災難的家鄉父老，他們同樣焦急萬分，因此，行軍的速度完全超越了五國聯軍的反應速度。

這支人數並不算多的鐵流，挾帶著死亡的氣息，經魯縣，過胡陵，在蕭縣（今安徽蕭縣西北）抓住了聯軍的左翼。這部分聯軍很不幸地成為了最先觸碰楚軍怒火的犧牲品，他們很快被消滅擊潰，與此同時，彭城的聯軍實質上也陷入了後無退路的困境中。

然而，彭城中的聯軍此時還處在暈頭轉向中，大多數人忙於縱情慶祝、分配財物，少數人接到了警報，卻當成亂兵流言根本沒有放在心上。因此，直到項羽的大旗出現在彭城城門前時，有效的防線都根本沒有組織起來。

僅僅半天的「戰鬥」（不如說是混亂）之後，整個彭城中的聯軍部隊就像一堆灰燼那樣被楚軍的鐵帚掃了出去。大多數人退到城外東北的谷水和泗水交接處，面對著前面滔滔東去的河水，後方大開殺戒的楚軍，聯軍撤退形勢一片混亂，人人都爭搶著向船上攀爬。結果，被殲滅和落水而亡的士兵共有十餘萬人之多。但楚軍在項羽的率領下根本不願放鬆半步，潰退的聯軍繼續被追殺到靈璧（今安徽宿縣西北）以東的睢水附近，然後再次上演河邊圍殲的拿手好戲，結果，聯軍又損失了十餘萬人。

可以說，這是劉邦從起兵以來所從未經歷過的大潰敗，在這樣的險境中，他卻毫髮無損地全身而退，不能不說是個奇蹟。

原來，當劉邦被周圍的喊殺聲驚醒後，發現楚軍已經將他搶佔的項王王宮包圍起來，刀劍碰撞之聲越來越迫近。於是，劉邦匆匆在隨從侍衛的保護下，找到一條偏僻小道衝出王宮。沒走幾步，一隊敵軍隨後追來，領頭的正是楚將季布。劉邦清楚，這季布是楚軍中的猛將，在戰場上總是馳騁無礙，如入無人，被他盯上，恐怕這次是逃不過去了。

就在劉邦驚恐地快要閉上眼睛聽憑命運主宰時，一陣狂風忽然自西北鋪天蓋地而來，將城外荒涼所在的無數飛沙走石悉數席捲而來，然後狠狠砸向楚軍面前。剎那間，季布胯下戰馬受驚高立，長嘶不已。季布面前的世界也變成一片昏暗。

當楚軍視線重新清晰後，劉邦一行人已經無蹤無影了。季布懊惱地拉起馬韁，掉頭去掃蕩其他奔逃的聯軍。

大難不死，必有後福。劉邦心裡念叨著這句話，安撫著隨從的情緒，向西奔逃。幾天後，一行人等來到了某個小鎮中。這裡一家姓戚的富戶款待了他們，當家的老翁還特地讓家人騰出一間屋子，給漢王劉邦居住。

接連幾天的惶恐奔逃，突然來到了這種原本無比熟悉的農家生活環境中，讓劉邦感到全身心都放鬆了下來。和戚家老翁相談之下，劉邦驚喜地得知對方有位小女兒，尚未許配，於是便腆著臉求相識。老翁當然有意攀附，就這樣，一次上層社會和基層社會的聯姻再次發生在劉邦身上。

當晚，劉邦就親自為老翁斟酒敬奉，改口稱為「丈人」，表示今後將戚氏以如夫人相待。相比較那些無辜死在戰場上的聯軍士兵，劉邦的命運似乎在這一刻得到了諷刺般地幸運眷顧——而翻遍歷史，好像也找不到任何一個帝王將相能在率領56萬軍隊輸給3萬人的對手後，還忙著納妾娶親，最後還登上了天下人的寶座。這樣看來，劉邦那種天才喜劇演員般的優秀心理素質，實在是人所不及的。

當然，劉邦畢竟知道，自己不是真的來楚地度蜜月的，他現在需要的是繼續逃命。於是，兩天後，他帶著不捨的心情，告別了戚家，向西趕路。

剛出村口不久，忽然看見一隊車馬經過，為首的那人一看見劉邦立即跳下車來，原來是部將夏侯嬰。夏侯嬰是漢王親封的滕公，兼太僕，掌王車，但現在有車無王，讓他也只好自顧自地從彭城逃出。沒想到現在偶遇到劉邦，於是，王車的寶座上又有了應得的主人。君臣在這樣的際遇下相見，不免省掉一番禮儀，唏噓幾句後，劉邦匆匆登上王車，在夏侯嬰的保護下向西奔逃。

似乎是坐回到王車帶來的好運，一路顛簸中快要昏昏欲睡的劉邦，突然被夏侯嬰的一聲驚呼叫醒：「大王，大王，你看，是公子他們！」

馬車同時停下，劉邦立即扶車向外張望，原來，路邊一群難民人群中，有著一對灰頭土臉、衣衫襤褸的兒女，雖然乍看起來和其他孩童無異，但定睛一看，卻生得眉清目秀、唇紅齒白，透著一股從小養尊處優的貴族神氣。這不是自己的孩子，卻又是誰？

劉邦立刻跳下車，一手拉起一個孩子，眼眶立即紅了：「怎麼就你們兩個？娘呢？爺爺呢？」

大一點的女孩子哇地一聲哭起來，說道：「我們和娘走散了，娘和爺爺好像被一群騎馬的人帶走了！」

劉邦心裡揪了一下，似乎看見呂雉和老父陷於楚軍的畫面，又看到自己和美人戚氏溫柔纏綿的時光，不由得心中泛起一絲酸楚的內疚。但情況緊急，他也不能再耽擱下去，於是在夏侯嬰的幫助下，把孩子抱上車，繼續逃命旅程。

沒想到，車子剛剛拉動，後面的難民像波浪一般散開，有人高叫：「楚軍來了，快跑啊！」

「什麼？」劉邦整個人半站起來，看到車後的道路果然灰塵高起，於是他一邊命令夏侯嬰加快速度，一邊抱起身邊的孩子說：『乖，先下去，過會兒再來接你。」說完，也不顧孩子的鬧騰掙扎，就要往車下推。

「大王，這可是你的親生骨肉！」夏侯嬰緊張地聲音都變了，「就是我不要命，也不能眼睜睜將他們丟掉啊！」

看著鬍鬚都豎起來的夏侯嬰，劉邦抱起孩子的手不知不覺地鬆下了，孩子滑坐回車中。這兩個差點被親生父親劉邦送到亂軍馬蹄下的孩子，就是後來的漢魯元公主和漢惠帝劉盈。

過了一會，後面的煙塵漸漸散了，大概是怕夏侯嬰有什麼不應該有的看法，劉邦訕訕地笑著說：「好險，好險，剛才想放掉孩子，是因為擔心速度太慢，大家都會死啊。」

夏侯嬰沉默地沒說什麼，但他內心覺得，有劉邦這樣的心理素質加捨棄兒女的賭徒精神，重回彭城的時刻，一定不會像今天這麼狼狽。

的確，對劉邦這種原本就一無所有的人來說，失敗，又能算什麼呢？

# 第七章 最強勝道，是能扭轉敗道

## 下邑之策：豺狼當道，可問狐狸

奔逃多日之後，劉邦終於來到了下邑（今河南夏邑縣），這裡是呂雉兄長呂澤屯兵駐守的地方，也是劉邦當年起兵曾經活動的地方，無論是民眾還是地理都對漢軍來說較為有利。於是，在彭城被打散的屬下們相繼以這裡為中心，重新集結聚攏起來。

張良是第一批趕來的。

實際上，在漢軍中，最富於陷處脫身經驗的正是張良。逃避十餘年暴秦追捕的經驗，加上毫無軍旅作風的語言行動態度，還有那看上去如同普通讀書人一樣的容貌神色，都不會太多引起楚軍的注意。因此，張良沒費多少力氣，就逃過楚軍的數條封鎖線最終來到下邑。

和張良一塊到來的是一大堆壞消息：

在楚軍對彭城的突襲作戰中，聯軍中的殷王司馬昂戰死，不過，這一支司馬家族的血脈將在十三世後重新崛起，以司馬懿和其子孫的名義震動天下；

原本就是因為形勢逼人而參加聯軍的塞王司馬欣和翟王董翳，看到形勢反過來逼人，於是帶上部隊就投奔了楚軍，動作跟當時投奔漢軍一樣快。

陳餘這時也發現，仇人張耳居然依舊健康安全地活著，感到自己被像傻子一樣愚弄了，於是宣佈決裂，同項羽和解。

而最讓張良替劉邦難堪的，是魏王豹的逃跑，他原本跟著漢軍跑到了下邑。但觀察幾天後，他打算也仿效其他諸侯一樣叛逃。思來想去，豹王找到個回家看望八十老母的藉口，離開了漢軍大營。結果，豹王一回到魏國，就封鎖了黃河渡口，意思是劉邦別想從這裡過去，然後又重新派人和項羽聯繫，商量怎樣對漢軍實行合圍……

這樣的一個爛攤子，就擺在剛來到下邑和劉邦會合的張良面前。

其實，一路走來，張良早已有了定策。面對騎馬出城前來迎接自己的劉邦，張良打算找個機會向他進諫，但問題是，這個定策，恐怕不是劉邦那麼容易接受的。到底怎樣才能張口呢？張良一時間兩難了。

正當猶豫之時，劉邦勒住韁繩，翻身爬下馬來，眾人不知道何故，也跟著下馬。劉邦靠在馬背上，看著遠方的落日，那裡山脈綿延，如凝固的波濤一樣向東延伸。張良看著劉邦，心中一動，預感到這個漢子在做出決定。

「子房，我有個想法。」劉邦自顧自地說道，他也能感到張良的沉默背後必然有著思考後的積蓄，於是乾脆自己來拋磚引玉：「我起兵以來，並非未嘗敗績。從雍齒反叛，到開封受挫，洛陽東之敗，都是吃的敗仗。但沒想到能有彭城這樣的全軍大敗，甚至孤身逃竄。」

張良沒有說話，靜靜等待劉邦的結論。

「這種事情都是怪我的大意驕縱！」劉邦狠狠地說道，瞪著自己在荒草叢中的影子，繼續說道：「他項羽有什麼了不起？狠，好，那我就找狠人來跟你玩！」

轉過臉，劉邦高高揚起馬鞭，在空中蕩起一道灰塵，從彭城方向，劃到截然向反的西方，那裡正是當時出關進軍的方向：「我以漢王之名，宣告天下，今天開始，我不要函谷關以東的地方了，誰能和我一同擊敗項羽，建功立業，地方就是他們的！」

此話一出，眾人皆驚，漢將們固然知道自己並非是能和劉邦一同對抗項羽的人，但誰也想不到劉邦能做出這樣的決定。

只有張良臉色安詳如初，只是透出淡淡的微笑，果然，劉邦必然會走出這一步，以張良對劉邦的瞭解，賭輸到此時地步，說出這樣的許諾也是應該的事情。而張良等的，也正是讓這位王自己說出如此重大決定的機會。

張良在荒寂的草叢中挪步向前，走到劉邦的馬邊，將視線投向和他一致的方向。

「子房，你看我究竟能找哪些人一同建功呢？」

「漢王，」張良不緊不慢地說道，「九江王英布，雖是楚國猛將，但和項王素來有相當隔閡，這次彭城之敗，如果英布也來，我等必然更為狼狽；梁地的彭越、齊國的田榮，一直在反對項羽，這兩個人也應該加以利用；而漢軍中的將領……」

說到這裡，劉邦和張良對視一眼，張良也不為人察覺地放低了聲音，然後靠近劉邦說道：「我軍將領，能夠獨當一面的，目前也只有韓信。」

劉邦點了點頭，然後掃了一眼身後那些不知所措的武將們。

張良重新恢復聲調說：「如果大王想要捨棄關東來建功立業，為萬民造福，就應該把這些土地許諾給這幾個人，這樣，項羽就能夠被打敗了。」

劉邦聽出張良還有後話，連忙做了個手勢，邀請他繼續說下去。

張良看劉邦如此看重自己的意見，不由得內心感動，便深入解釋說：「目前的形勢，的確相當嚴峻。原本漢王您率軍出關，將反楚的諸侯聯結成軍，聲威大振。然而，這些諸侯確實並不是什麼靠得住的盟友。您看，彭城一戰，我軍大挫，結果趙國、魏國這些諸侯立刻背叛，據我所知，我軍的主力已經退到了滎陽，這樣退下去，恐怕要返回關中了。如果再出來，恐怕比登天還難了。不過，漢王您也應該看到，英布、彭越和韓信這三個人，從始至終沒有改變立場，他們原本就和項羽有著種種矛盾衝突，始終都不願站在楚軍陣營中聽項羽的擺佈，這正是因為他們三個人有那種實力和信心啊。現在，大王如果能把關東之地封賞給他們，他們必然會將此當成良好機會，不遺餘力地為您效力。那麼，我們漢軍只需要從正面對抗楚軍，而韓信、彭越則從側翼包抄，英布在彭城楚地後方騷擾，就能讓項羽失去明確目標、疲於奔命，而徹底扭轉局勢了！」

「說得好啊！」劉邦長出一口氣，拉起張良的手說，「子房，你真是一語點醒夢中人。原本我只想到要找到靠譜的幫手，沒想到，這些幫手，你早就在為我選擇謀劃了。看來，你真是我的良師！」

其實，在劉邦如此感慨的背後，也透露出一股發自肺腑的悔意。現在他聽起張良對這三人的分析，覺得的確到位精闢，可當初出關之時，未能將此三人重用的也明明是他劉邦。尤其對於韓信，在漢中雖然進行了拜將儀式，並縱論天下決策，也採用了其「明修棧道暗渡陳倉」的計策，但最終在出關時卻將韓信留在關中，而自己擔任主帥。這樣的決定，不能說背後沒有劉邦作為一個領導者的私意。

其實，張良又何嘗不明白劉邦的擔心，像自己這樣的出謀劃策者，劉邦是深深信任的，因為自己除了策劃，並不掌握真正的實力。而像韓信那樣一旦握有軍權就能獨步天下的將領，劉邦再大度量，又如何能這樣輕信？

但問題是，如果再不選擇神一般的隊友，那劉邦和整個漢軍就可能在狼一般的對手面前被碾碎了，甚至連豬一般的盟友都不會伸手援助。

因此，張良必須要在這裡就把話說清楚，這也等於告訴劉邦——你下決定的時候到了。現在不是你去擔心韓信、英布、彭越這些狐狸的時候，他們就算有野心，總不會現在就吃掉你。你要做的，是用利益把狐狸們統御起來，去幹掉那個下一步就要咬穿你脖頸大動脈的豺狼。

這樣的話，張良覺得自己不需要說透，因為劉邦那種光棍脾氣，在短短幾分鐘內就能聽懂。

事情的確如此，劉邦懊悔的情緒過去以後，看出張良的決斷是自己唯一的選擇。於是，他立即揮了揮手，叫來身後的傳令兵。

傳令兵跪在夕陽下，甲冑閃閃地折射著金色的光芒，張良將頭偏了過去，看著遠處起伏蒼茫的群山剪影。耳中，傳來了劉邦安排的號令聲，聽起來，他已經恢復了當初出關時堅實催人的能量。

在接連發佈的號令中，劉邦佈置了下面的事情：

首先，派人疾馳入關中，請韓信到前線來；派出謁者隨何，去英布處策反，商量聯合事宜，當然，英布的要價，隨何可以加以充分滿足；派出大夫酈食其，去剛剛背叛的魏王豹那裡勸說他重新歸順；再派出使者，鼓動一直和漢軍站在一處的彭越加緊從北方騷擾楚軍……

所有人都能感受到，在下邑城外，張良一番話後，整個漢軍的戰爭機器，重新回到了應有的節奏上。

這時候，是漢二年（西元前205年）四月，中原大地上的爭霸，進入了新的一輪格局中。

## 多面布棋，爭霸前先要清掃後院

策劃者最大的貢獻，在於制定出戰略，而一旦戰略開始在細節層面實施，那麼，策劃者需要做的就是靜靜等待被選中的那個人去操作，而後觀察變化、把握結果。

張良就是這樣的策劃天才，漢二年四月，他已經透過劉邦的手臂，撥動天下棋局上的棋子，並觀看操作者的實施。

首先要操作的步驟，應該是阻擋住楚軍的猛烈追擊，由此讓局勢平衡。

這個平衡點隨著操作者韓信從關中的到來而很快到來了。

風塵僕僕的韓信走進漢軍營帳後，只是給漢王劉邦行了拜見之禮，然後馬上走到沙盤前仔細觀看其形勢。張良沉著地在劉邦身邊，看著眉頭緊鎖的韓信，安靜到能讓人窒息的五分鐘之後，韓信抬起頭，用手指指向了沙盤上的滎陽：「諸位，我們就在這裡攔住楚軍的追擊。」

說幹就幹，漢軍的不同部隊很快以滎陽為中心集結起來。在滎陽東南三十里的京城、二十里的索城，恢復了理智的漢軍將士終於停止了奔逃，然後構築起堅實的防線。與此同時，蕭何也從關中地區及時地將年滿二十三到五十六歲之間的男子徵發起來，送到前線，令人驚異的是，聽說是要去和在關中縱兵肆虐的楚軍作戰，三秦父老們表現得格外積極。

就這樣，阻擊楚軍的戰鬥在京、索一帶打響了。

為了保證阻擊戰的成功，劉邦還下令組建漢軍騎兵來針對項羽的騎兵戰術。漢軍騎兵以原秦軍將領李必、駱甲作為左右校尉，以灌嬰作為中大夫，統領整支騎兵部隊，並交給韓信指揮。

由於韓信的到來，漢軍重新獲得了明確的號令，在京、索附近設下埋伏，步兵騎兵聯合作戰，擊敗了楚軍追擊的前鋒。後續的楚軍則就此被阻擋在滎陽以東。

漢軍大本營就此移動進入滎陽城中，準備長期的對峙作戰。

選擇滎陽，並不僅僅是韓信一個人的主意，早在韓信到來之前，張良就多次提醒劉邦注意這裡。滎陽城西南有成皋關，關勢險峻、易守難攻，滎陽城西北的敖山上是秦朝就留下的糧食儲藏倉庫，歷來被稱為敖倉。

因此，當漢軍阻擋住楚軍的追擊後，張良立刻建議劉邦：組織人力、構築運輸通道，北到黃河，並利用運輸通道來搬運出敖倉的糧食，作為前線將士的儲備。同時，在韓信的佈置下，滎陽、敖倉、成皋、黃河等等防守據點很快聯接成為堅固的防線。

與此同時，項羽的動作卻慢了。

當項羽進入彭城後，忙著的是檢點損失、安撫民眾、確認自家的財物人口，雖然派出追擊部隊，卻沒有想到要組織追擊的後援部隊。這樣輕輕遞出的一段時間差，被劉邦穩穩握在手中，成為逃命的寶貴機會。等項羽反應過來時，他忽然發現，劉邦儼然已經在滎陽城附近打造好了頑強的防線，等著自己前去進擊。

這時，正是漢二年（西元前205年）六月，楚漢爭霸的節奏開始放慢，時間好像凝固住了，如同雙方停留在滎陽以東的那條戰線。

不過，劉邦並沒有讓西北的戰線有一分一毫的停滯，等到確認防線安然之後，他很快決定先對躲藏在自己身後伺機而動的魏王下手。

在韓信構築阻擊防線的同時，魏王豹面前，漢軍辯士酈食其也展開了一輪又一輪的攻心戰術。然而，魏王豹不是那麼好拉攏的對手。任憑酈食其仗著酒精的興奮勁頭在他跟前描述得天花亂墜，魏王豹還是懶洋洋地回答說：「人生太短暫了，短得就跟日影掠過縫隙一樣。漢王太過傲慢，根本不把我等放在眼中，重新投奔漢王，不是浪費我一輩子光陰麼？」

興奮而來悻悻而去的酈食其，垂頭喪氣地回去告訴劉邦，魏王豹實在是沒有可能重新反叛。劉邦聽完報告大怒，立即宣佈，剛剛趕來會合的韓信為左丞相，並擔任進攻魏國的大將。

這一次，劉邦記取了教訓，讓韓信擔任主攻的將領，自己並不插手具體的進攻計畫。另外，他還讓曹參擔任步軍主將，灌嬰擔任騎兵主將。

大軍臨行前，劉邦還不是很放心，於是特意當著張良的面，請酈食其和韓信前來議論戰況。劉邦問酈食其道：「你是否知道魏國讓何人做大將？」

酈食其臉蛋紅撲撲的，也不知道是酒精在燃燒，還是高興自己的情報產生了作用：「是柏直。」

「哦哈，不過是個毛孩子。怎麼是韓信將軍的對手？」劉邦大聲地看著韓信回答說，接下來又問道：「那麼，誰是魏軍的騎兵將領？」

「據說是馮敬。」

「他啊，我知道，雖然比較靈敏，不過不是我灌嬰將軍的對手。魏軍的步兵是誰統帥？」

「名字叫做項它。」

「嗯，這個人應該是項羽派去的，也沒什麼本事。看來，沒什麼好擔心的了，期待我軍的勝利吧。」劉邦看看張良，發現他也在頻頻點頭，於是自信地說道。

果然，不久之後，劉邦就喜不自勝地讓將領和謀士們集中，宣佈了韓信戰勝的好消息。

原來，魏王豹自從宣佈跟隨項羽以後，也知道漢軍很快就會進攻，於是做了自認為充足的準備。他最清楚魏國的南部有著天塹黃河，加上中條山的地形阻擋，能夠作為有效的戰略緩衝地帶，而西部卻和劉邦的大本營關中地區，只有一河之隔。因此，他將自己手頭的主力部隊集中在蒲阪（今山西永濟蒲州鎮），從而切斷和對岸的水路交通。但這一切完全被韓信所掌握，他將計就計，徵集了大量船隻放在對岸，吸引了魏軍幾乎所有主力，然後自己和曹參急行軍一百多里，來到北部的夏陽（今陝西韓城南），然後讓步兵們立刻砍伐樹木，一夜之間做成許多木筏子。在這樣最簡易最原始的交通工具幫助下，大軍迅疾無聲而平安無虞地成功渡河，然後很快攻佔安邑（今山西夏縣）。

因此而慌了手腳的魏王豹打算立刻回軍向北，奪回安邑，從而打出魏軍主力的撤退路徑。這當然也在韓信的戰略計畫中。在韓信的佈置下，漢軍從黃河南北夾擊魏軍，最終將之全殲，而魏王豹也乖乖做了俘虜。

這個消息當然讓漢軍上下歡騰一片，畢竟，在彭城受到的打擊太大了，如果沒有這樣漂亮的勝利，真不知道士氣要低迷到何時。

當然，劉邦沒告訴大家的，還是和魏王豹一同送往滎陽大本營的那封書信。

在信中，韓信志在必得地說道，願意帶領精兵三萬，向北繼續進攻代、趙、燕國等地，然後向東進攻齊國，向南斷絕楚軍的糧道，最後揮兵向西，和劉邦前後夾擊正在西進的項羽主力。

這封信，劉邦看了又看，還特地拿給張良過目。張良微笑說道：「大王，您召韓信出關，不就是為此麼？」

就這樣，劉邦慨然應允韓信的獨立作戰計畫，還特地派出熟悉北部情況的張耳前去相助。而對於囚籠中畏畏縮縮的魏豹，劉邦也是網開一面，他大罵了這傢伙一通，然後讓他跟隨部將周苛一起守衛滎陽。

滎陽的局勢逐漸穩定，而北方的戰火還在繼續燃燒。韓信的建議得到劉邦採納，又得到張耳援兵，全軍的戰意都上升到高點。很快，他的兵鋒又指向了計畫中的代國。

代王陳餘，先是聽說了魏王豹的結局，兔死狐悲而心有戚戚，接著又聽說自己的死敵張耳也加入了韓信的軍隊一路開來，連忙找到了趙王歇商量如何對敵。

商量的結果是，代相夏說率領部隊駐守在鄔縣（今山西介休東北）城東，而代將戚公，則率另一部軍馬，駐守鄔縣城中。這樣的犄角之勢，看起來是阻擋漢軍北上或者東進最好的模樣；其次，趙軍主力被集中到井陘口，作為預備部隊隨時準備接應代軍。

然而，這些部署在韓信看來，並沒有什麼高明的地方。他指揮部隊沿著汾水邊的河谷秘密前進，閃電般地突襲鄔縣東，並抓住機會，在代軍靠近趙軍之前突入，全殲代軍主力，抓獲了夏說。然後，將鄔縣守軍交給曹參牽制。韓信和張耳則繼續東進，在井陘口附近安營紮寨，準備和趙軍的主力決戰。

此時，雖然代國基本平定，但代王陳餘仗著自己的主力部隊和趙軍人數眾多，並不慌亂，他拒絕了謀士李左車的建議，不願意死守關隘，倒誇下海口，說韓信只有數萬人馬，而且遠道而來屬於疲憊之師，只要韓信敢過關，就會被自己全殲。唯有如此，才能體現出他的正大光明、威武正義。

這樣無知的話語很快透過探子的密報，成為韓信做出謀略的資訊來源。他很快決定，派出兩千精兵，每個人帶著漢軍的紅色旗幟，穿過山路，埋伏到趙軍營地附近山上。當趙軍主力出動後，立刻趁機佔領營地，把旗幟全部換掉；同時，韓信還派出一萬人作為前鋒，於天明前穿過井陘關隘口，佈陣在綿蔓水東岸，緊緊靠在河水旁。而自己和張耳則在一切佈置完畢後，帶領漢軍主力過河，迎擊趙軍。

對於韓信的佈置，不少人感到難以理解，有人說，背書擺下軍陣，是兵書上記載的死地，屬於作戰大忌，這不是讓漢軍前鋒送死麼？

韓信不願意太多解釋，他只是告訴將領們，陳餘想的是全殲漢軍，不會急於動手吃下這河岸邊的一部分前鋒。

眾人帶著些許的疑惑先後執行去了，畢竟，韓信不斷勝利的戰績讓他們不願意也不敢去懷疑。

一切果然按照韓信的計畫在運轉：當漢軍的前鋒過河擺陣之時，趙軍巋然不動，直到韓信率領的主力過河向趙軍發起進攻，趙軍才傾巢出動加以猛攻。很快，韓信帶領漢軍主力退入了前鋒部隊駐守的背水陣容中。此時的漢軍將士們發現，後路已經退無可退，只能拚死作戰，而趙軍雖然人數眾多，但能在這狹小的河流平原前使用的兵力卻有限，一時之間，兩軍的攻守進入平衡狀態。

正在此時，趙軍的後院起火了。

有人急急忙忙地報告陳餘，說漢軍奪取了趙軍大營，陳餘登高一看，果然趙軍大營中已是通紅的旗幟，遠遠望去刺刺地戳著眼睛。還沒等他反應過來，身後的趙軍如同翻騰起來的沸水一樣自行奔逃起來，原來，韓信早就安排好的奸細已經在部隊中傳播起流言，說大營已經被劫，主將全部逃跑了。

就這樣，趙軍一時之間潰散了，如同決堤的洪水，將陳餘勉強的抵抗意志衝擊得蕩然無存。漢軍如同驅趕羊群一樣追殺著毫無還手之力的趙軍，陳餘和趙王歇先後被斬殺。而趙國、代國也就如此成為了漢軍的地盤。

此時，距韓信出兵，也僅僅過去一年左右，剛剛是漢三年（西元前204年）十月。

紛至沓來的好消息讓劉邦的笑容更加燦爛，不過，他沒想到的是，因為一個人的提醒，韓信大軍就此停下了向北進攻的腳步。韓信原本在信中的承諾，也就此掉頭不顧，去往另一個方向。

## 一打一拉，楚漢最長戰線的鏖戰開始

提醒韓信的，正是原本提醒過陳餘的李左車。

在當時，李左車是聲名不小的兵法家，直到班固寫成的《漢書》中，也將李左車的兵法放在韓信兵法之前。

因此，韓信對李左車非常尊敬，特意下令不許傷害，還懸賞千金加以索求。不久後，真的有人將李左車抓獲送到漢軍軍營中。韓信立刻兌現獎賞，然後奉為上賓，虛心地向李請教自己下一步的攻略方法。

韓信是這樣開口的：「我現在想要向北進攻燕國，向東討伐齊國，究竟應該如何做才能立下功業？」

李左車撫摸著鬍鬚，搖搖頭說：「我是敗軍的俘虜，怎麼能跟您討論這樣的大事情？」

「哪裡，哪裡。」韓信真誠地略微彎下身子，就像在請教老師的學生：「我聽說，春秋時期，虞國大夫百里奚，曾經在自己國家做官，但虞國還是滅亡了。後來，他去了秦國，秦穆公卻因為他的策略而稱霸。這就是用人的不同啊！如果陳餘聽了您的策略，恐怕我今天都是俘虜了。所以，我是真心請教，請您不要再推辭了。」

李左車感動了，他倒不是相信韓信是什麼真正的正義之師，而是因為，第一次有人如此看重自己的能力。於是，李左車給韓信提出了這樣的建議：漢軍雖然三個月內攻破魏、代、趙三國，但另一方面，也已經是強弩之末，無論是士氣還是戰力，都無法再處於如此高的頂點上維持下去。如果燕國記取了陳餘的教訓，憑藉關隘堅城，固守不出，拖延決戰，那麼，這支漢軍的糧食供應遲早會發生困難。這樣，也會對正面戰場即滎陽的漢軍產生信心上的動搖。

韓信最怕的就是這種情況，沒想到李左車開門見山就全盤托出，讓韓信不由得繃緊了脊椎，他問道：「如果按先生的辦法應該如何呢？」

李左車不慌不忙地據實以告……

一個月不到，在滎陽的劉邦和張良再次接到從北方傳來的消息，韓信派遣使者，兵不血刃就說服了燕王臧荼投降，全燕已經都是韓信的地盤了。同時送來的，還有韓信請封張耳為趙王的表章。

這一次，劉邦笑得不是那麼明媚了，他默不作聲地把書信遞給張良，示意對方好好看看。

張良只掃了一兩眼，就知道韓信的權力欲望開始膨脹了，就像傳說中接觸到水的息壤那樣，膨脹得悄無聲息、毫無預兆，卻又令張良感到自然而合理——他原本就知道韓信是這樣的人。

因此，張良還是勸說劉邦接受韓信的建議。

雖然劉邦此時已經露出了一絲不高興的神色，但他也知道，此時的韓信是自己無法放手的賭注，自己就算下再大的本錢，也要寄希望於他。於是，快馬很快帶著劉邦的許可回到趙地。

無論如何，北方的壓力基本消失了，對於劉邦和張良來說，他們的視線應該及時南移。

下一站，是和中原地區遠隔河水沼澤的淮南。

自願前往淮南遊說的，是謁者隨何，他到達淮南。首先在淮南太宰那兒盤桓三日，沒有行動。三天後，英布那裡沒傳出一絲風聲，既沒有要求覲見，也沒有下達逐客命令。

隨何感覺時機差不多了，便找到了太宰說：「九江王之所以不願意召見我，大概是因為楚漢現今的力量對比吧。不過，我真是為此而來的。請您通報九江王，只要他願意聽聽我的意見分析就行。如果我說對了，您會得到重用，而如果我說得不對，就請九江王殺了我，在法場上懸掛我的頭顱，這樣，也能讓九江王在楚王那裡得到認可。」

太宰把這些話原封不動地報告給英布，英布感到一個讀書人說出這樣的話出乎他的想像，便接見了隨何。

接下來的事情不出張良所料。隨何見到英布後，提出的第一個問題就戳到了英布的痛點上：「漢王派我前來敬重地給您獻書，但實際上我卻是很驚異的。同樣都是王者，不知道大王您為何要這麼親近楚王，難道您比他低一等嗎？」

英布既不能承認，也不能否認，更不能發火，因為這本來就是事實，於是他只好說：「雖然名義上都是王，但項王是盟主，我才以臣禮節來侍奉的。」

隨何冷笑了一聲說：「恐怕並非這樣吧。楚王去攻打齊國，已經邀請您派軍參加了，如果大王您真的是以大臣身分侍奉楚王，就應該率領九江十萬子弟兵跟從，或充當先鋒，或聽從調遣，可是大王既沒有去，也沒有派出將領，只是派出了四千老弱殘兵。這顯然是在應付差事啊。您就沒有想過，這樣做，楚王會如何看您嗎？」

英布當然想過，只是他根本沒有答案，所以此時他毫無答案，只能看看左右，好像想找個幫手。

隨何向前走了一步說：「漢王不久前攻下彭城，楚王失掉了根據地，又在齊國被牽絆而無法離開。您本來應該調動淮南所有人馬去彭城急救，但卻沒有一兵一卒渡過淮河，卻是靜待雙方的勝敗結果。這樣的話，您能在項羽手下真正做到以臣的身分侍奉嗎？我真是很替您擔心啊。」

這一番話，讓英布和項羽之間的矛盾完全表露出來，最後一層蒙在英布眼前的暗紗被揭開了——劉邦或者項羽，他必須要做出自己追隨目標的選擇。毫無疑問地，此時的英布，已經不是當初剛追隨霸王項羽起兵時的英布了，他最終殺掉楚國使者，選擇聽從隨何建議。

但可惜的是，堅持到了漢三年（西元前204年）十二月，楚軍的鐵蹄還是踏破了公然「叛亂」的九江城。英布全家被殺，自己一個人脫逃，奔往滎陽。

英布的到來讓劉邦又驚又喜，驚的是項羽的實力著實驚人，居然在數月時間就消滅了一路諸侯，喜的是畢竟號稱天下名將的英布來歸，將來派回九江故地，依然能發揮出號召力。

然而，張良的一番話卻暫時澆熄了劉邦的興頭。

張良說：「漢王，英布的武勇之名，全天下也僅僅亞於項羽而已。無論如何，他也是一方諸侯，現在來投奔恐怕並非真心實意地想歸順，只是沒有去處罷了。您有沒有想過怎樣讓他全心全意地歸順呢？」

「這個……」劉邦皺起了眉頭，牙花直嚮。的確，英布不是什麼貴族，也不是什麼義士，更不是像韓信那樣追求個人才能表現和人生價值的指揮者，說得難聽一點，他不過是個受過黥刑的囚徒，正因如此，才又被人稱為黥布。讓這種人在短期內死心塌地追隨，劉邦之前還真沒有做到過。

「其實，也並不算難。」張良看出劉邦的疑慮，說道：「英布出身寒微，從囚徒做到王，已經實屬不易。但他之前的行動，首鼠兩端，不願協助項羽，也不願跟從我軍，一望就是志向並不遠大的人。對於這樣的人，漢王，您應該知道他們最喜歡什麼……」

劉邦一拍大腿：「子房，原來如此！」

有了這樣的計畫，灰頭土臉的英布來到滎陽的漢王行宮時，看到的就是如此的畫面——劉邦斜靠在舒服而華美的軟榻上，兩個貌美如花的女子正溫柔恭順地給他洗腳，劉邦舒服得微微閉上眼睛，用鼻孔對著血染戰袍的前九江王哼了一聲，然後無可無不可地問道：「英將軍，辛苦了，住處他們都安排好了，您先去歇息歇息吧。明天我們再商量大事。」

英布氣得連禮都不施，掉轉身大踏步走出去，剛走出行宮，他就嗆地一聲拔出佩劍，將引領他的隨何嚇了一跳。

「九江王，切莫如此！」瘦小的隨何抱住英布粗壯的胳膊，試圖防止他真的自刎，整個人都幾乎要被英布吊起來了。

「項羽殺了我全家，劉邦又欺人太甚，我受此羞辱，活著還有何用！」英布粗著聲音叫罵道。

隨何繼續用身體重量壓住他，然後搶著說：「九江王，不妨先去漢王準備的住處看看再說。凡事且三思啊……」

好說歹說，英布算是放下佩劍，來到自己住處。

一進門，英布的臉色就陰轉多雲接著轉晴天了，最終，笑意爬上了他那刺過字的黝黑的臉龐。原來，這裡的房屋建築、起臥用具、服飾擺設，無一處不精美，無一處不高貴，和劉邦的行宮幾乎完全相同，尤其是那兩名嬌滴滴的侍女，看上去好像比劉邦身旁的女子還要如意動人。

「好，好，哈哈哈，漢王果然認識我是英雄！」英布解下佩劍，大大咧咧地坐在几案旁，對著連忙進來侍奉的僕傭喝道，「去置辦酒席，我要和隨先生痛飲一番。」

張良的計策果然見效了，一打一拉，一個耳光加一個甜棗，這種禮儀上的無理手和物質上的高規格，形成了奇妙的反差，讓英布受用無比，並就此真心敬服劉邦。

收服了英布的喜悅並沒有持續多久，來自北方的消息讓劉邦心情依舊複雜，項羽在平定九江後，迅速分兵去趙國爭奪，趙國反抗勢力趁機不斷叛亂，韓信四處平定安撫，根本沒有時間按照事先的約定向東征討齊國……

張良發現，周邊的局勢已經得到改變，原來楚國的強大地位開始鬆動。看起來，將是楚漢兩軍在滎陽附近展開正面交鋒的時刻了。

這樣的想法，張良很快傳遞給劉邦，並得到他的認可和支持。

的確，在這段時間內，劉邦自己也沒有閒著，他曾經親自帶領樊噲和周勃回到關中，佈置大後方的支援事宜，在四個月前，劉邦下令立劉盈為太子，以丞相蕭何為太子師傅，用以安定人心；同時，引水淹掉了廢丘城，最終拔掉了章邯幾乎固守了一年的據點，掃清關中，章邯自殺；然後，分兵堅守關中的不同戰略要地，並讓正面臨著饑荒的關中百姓去蜀中就食。經過這一連串的部署，可以說，滎陽前線得到了充分的穩固和支援，張良看得非常及時，此時的劉邦，看來的確是能夠有實力同向西虎視的楚軍一戰了。

# 第八章　藉箸運籌，張良謀來主動權

## 八不通，張良藉箸駁酈生

然而，看起來的情況，永遠只是表面，不經過實踐檢驗，誰也不知道情況對不對。在滎陽城中的劉邦，很快就會認識到這一點。這是因為從漢三年十二月開始，擺脫了英布糾纏，又趁著韓信陷在趙國叛亂中的時機，項羽開始重新傾力向西進攻了。而這一次進攻，項羽並沒有把兵鋒指向劉邦所在地。

這並非說明項羽忘記了劉邦給彭城帶來的傷害，而是因為范增的建議。范增早就知道劉邦退回滎陽已經數月，將城防安排得甚是堅固，項羽那種魯莽衝擊的騎兵打法，對於城池攻堅戰並沒有多少直接意義。因此，他趕在項羽做好決定之前，就急急忙忙地獻計說道：「劉邦之所以還能夠堅守滎陽，並非因為他的軍中有什麼能人，無非是因為他的部隊能夠吃到敖倉的糧食。如今，我軍只要在滎陽到敖倉之間予以突破，切斷糧道，漢軍就會完蛋了。」

項羽也知道糧道的重要性，於是，這條戰略計畫被推至楚漢戰爭的前線。由於范增的建議，楚軍將主力集中在對敖倉的進攻上，希望一舉突破成功，佔領從敖倉到滎陽的糧食運輸通道，這樣，滎陽漢軍就會不戰自敗。

項羽也看得出這條計策的老辣在於具體執行人，於是，他命令重要的部將鍾離昧領軍數萬，攻佔漢軍運糧的甬道。而自己則帶領楚軍主力，圍攻滎陽，確保城中的部隊無法出來援助。

劉邦原本信心十足，以為憑藉自己目前的地盤，能和楚軍一戰，沒想到，項羽稍稍學會了計謀，就讓自己窘迫不堪。看著城外一天比一天強盛的鼓噪，再看著城頭動輒鋪滿的一層屍體，劉邦的眉頭又攪在了一起。

這天，劉邦枯坐宮中，正在思考漢軍下一步的行動計畫。謀士酈食其走了進來。難得的是，酈先生今天居然沒有帶一點酒味，神智清醒得讓人懷疑他是不是原來的那個酈食其。

「漢王，眼下楚軍的進攻，可是一天比一天急迫啊。這樣下去，我軍是否能抵擋得住？」

劉邦嘆了口氣，說：「先生說得倒是，只是韓信還在忙著他的趙國，英布又被趕了出來，彭越還是不大頂用，齊國的田榮巴不得早點看到勝負。我現在，是獨木難支啊。」

「漢王，如今我有一策，可保完全。」酈食其神秘兮兮地眨巴著小眼睛，透出一股狡猾的神色，好像真的獲得了酒仙的真傳。

劉邦原本就對這個沒什麼儒生規矩的儒生有好感，看到酈食其今天如此鄭重，便請他坐下談談想法。

酈食其獲得這樣的鼓勵，更來了精神，小眼睛閃閃發光地說：「漢王，如今之計，必須從後面加強牽制楚軍，讓其分兵回救，才能解決滎陽的危機。」

劉邦聽完此話，臉上馬上流露出「這還用你說」的神情，只是他翻了翻眼睛，強忍著沒把這句話說出來。

酈食其當然知道劉邦的意思，他繼續說道：「以前，商湯討伐夏桀成功，然後把夏朝的後裔分封出去，才讓商朝安定；後來周武王討伐商紂，也將商朝後裔封遠，這才保證周的穩固。反觀暴秦，滅亡六國後，將諸侯王的後代趕盡殺絕，這才導致天下大亂。如果漢王您能夠重新去扶助六國後裔登上王位，那麼，全天下的貴族、士人和百姓，都會對漢王您感恩戴德。那樣，楚王再大的本事，也只能成為孤家寡人，還有什麼力量和代表全天下的您相抗衡呢？」

這段話如果是在劉邦剛進入滎陽時說，他很難動心，因為那時候正是劉邦雄心勃勃想要重新崛起一雪彭城恥辱的勁頭上，現在眼看著韓信、英布和彭越三個人都靠不住，而項羽的兵鋒已經陳列在城外，劉邦想想當初從彭城脫逃差點沒被活捉的險境，不由得不動心。再加上酈食其的一番攛掇，劉邦還真讓人去開始刻製印璽，打算讓酈食其前去分封六國了。

這個消息，劉邦是刻意隱瞞著張良的，但張良的聰明，在於表面不動聲色背後的那無限城府。很快，張良就知道了酈食其的這番活動。

第二天清晨，劉邦正在用早飯，張良就立即抓住時間走進行宮，坐到了飯桌面前。

劉邦一看張良的神色，就知道事情瞞不住了，於是他一邊唏哩呼嚕地喝著自己最喜歡的小米稀飯，一邊儘量平靜地說道：

「子房，忘記請教你一件事情了，近來，有人向寡人獻計，讓我去分封六國的後人為王。我想，這樣一來就可以牽制楚軍了吧。您看這樣可行嗎？」

張良的神色立即變得慌張起來，一改平時的淡然自若，他騰地一聲站起來，急切地說道：「什麼？何人為大王出此計謀？如果用這樣的計策，一切都完了！」

即使是在彭城失敗時，劉邦也從沒看到張良如此驚慌，他不由愣住了，手中的筷子啪嗒一聲，落在飯桌上，為了掩飾，劉邦趕緊將酈食其的話說了遍，然後問道：「這就是酈生告訴我的，他的主意，真有這麼嚴重嗎？」

張良看到劉邦有了足夠的注意力，便連忙坐下，說：「漢王，並非我誇大其詞，只是事情的確很危險。請大王允許我借用您的筷子，比劃一下目前的形勢。」

說著，張良便拿起劉邦面前的筷子，在桌上畫了一道，說：「酈生說商湯、武王的舊事，的確是歷史上發生過的，但商湯之所以敢於封夏朝的子孫，是因為有充分的實力來控制局勢，掌握那些人的生死。如今，漢王您能夠掌握項王生死否？」

劉邦縮了縮腦袋，意思是，項羽都快要掌握我的生死了。

張良也沒再問，又在桌上畫了一道小米粥的湯水：「過去，周武王之所以能夠封賞商朝的子孫，是因為有把握拿到商紂王的頭顱，您現在能拿到項羽的頭顱嗎？」

劉邦晃晃頭，顯然，他目前更關心的還是自己的腦袋。

張良繼續問道：「第三，周武王進軍商都朝歌，不僅消滅了紂王黨羽，還宣揚商紂王統治時的賢人，包括商容、箕子和比干他們，將箕子從囚牢中釋放出來，修建了比干的墳墓。現在，您能做到這一點嗎？」

劉邦擺了擺手說，說：「現在寡人還忙著戰場上的事情，哪能做到這個呢？」其實，劉邦心裡面一直也沒太注意在他看來是表面功夫的宣傳。

「第四，武王伐紂以後，曾經打開巨橋的糧倉發放糧食，打開鹿台的府庫發放錢財，這樣賑濟那些窮苦的百姓。如今，漢王您能做到嗎？」

「這……」劉邦一時語塞，他下意識地想到昨天還收到蕭何寫來的彙報關中旱情的書信。

「這就是四個不可了。」張良苦笑著說，他看了看劉邦，發現對方已經有點坐不住了，於是決定索性一口氣說完：「其實，接下來，還有四大不可。」

劉邦此時如坐針氈，但又不得不發自內心承認張良說得都沒錯，於是他繼續聽了下去。

「武王伐紂成功後，回到自己國家，就宣佈戰車改為普通車輛，兵器懸掛起來，這一點您做不到；武王將戰馬放到華山南面蓄養。這一點，您做不到；還是武王，他在戰爭結束以後，將運送糧草的牛也放到桃林北面放養，這意味著他不再發動戰爭了。這一點，您現在做不到。更何況，現在天下的義士之所以能夠遠離家庭、朋友，而能夠追隨漢王您，不正是為了能夠建功立業來獲得一些土地麼？如果現在建立六國，重新出現韓、魏、趙、燕、齊、楚，那麼，這些遊士一定會重新跟隨他們不同國家的君主，跟隨其原來的親戚，重新回到其原有的家族領地中去。您還打算和誰一起取得天下呢？更何況，這六個國家一旦復興，他們並不一定會感謝您，反而會跟隨現在最強大的楚國啊！」

隨著張良話語的延伸，筷子底下的劃痕也越來越多，劉邦則滿臉是汗，這汗水一般是焦躁愧疚，一半又是後怕擔心，等張良終於放下筷子，劉邦呸地一聲，吐掉了口中一直停止了咀嚼的食物。

「酈食其這個混蛋儒生，差點壞了老子的大事情！」

劉邦粗陋的聲音迴盪在宮殿中，面前，則是靜靜躺放著的那雙筷子。

早飯過後，劉邦馬上下令，讓人將已經快要造好的六國印璽全數銷毀，而且消息一定要控制好，不得走漏。

而對於那位自以為奉獻了一條奇計的酈食其，劉邦認為，還是讓武將們找機會為他弄點好酒更實在，畢竟，有了酒精助興的酈食其，在外交上還是有相當作用的，至於清醒時候的酈食其，劉邦覺得，自己是有一陣子不想看見他了。

## 拔掉虎牙，點猛虎為乖貓

張良列舉「八不可」來勸諫漢王的事情，很快傳到了陳平的耳中，對後者帶來了很大的震撼。

事實上，陳平也幾乎同時聽說了漢王準備分封六國的消息，他也覺得這種自我陶醉式樣的政治行為很幼稚，但是，陳平卻沒有找到機會和方法去勸諫劉邦。更實在的情況是，陳平從彭城之戰以後，在漢軍陣營中就過得不怎麼樣。

雖然說彭城之戰失利最大的責任人是劉邦本人，但漢軍將領不會這麼想，也不會這麼說，他們更不會罵自己的指揮和約束能力。因此，從彭城逃出以後，陳平作為建議襲取彭城的謀士，就遭到了全軍上下將士一致的指責。有人翻出他之前在老家的一些事情，說他跟嫂子不清不楚，又說他一到漢軍陣營就忙著借錢，活脫脫將他描寫成了跳樑小丑，讓劉邦都一時懷疑自己是不是看錯了人。好在，對於漢軍，陳平並沒有什麼私心，加上張良的力保，因此好歹算是保住了在漢軍中的地位。

現在，陳平看見張良不費多少事情，就做到了自己原本想做的事情，心頭似乎有一根刺顫顫巍巍地晃動著。

自己可以為漢王做點什麼呢？陳平開始失眠。輾轉反側了幾個夜晚之後，腦海中終於浮現出一條奇計。這是一條能讓楚軍釜底抽薪的計策，是誰都不會注意到的計策。

第二天，劉邦按慣例召集部屬商議如何應對楚軍的圍困，剛問到陳平，陳平就神情自若地回答說：「漢王，山窮水盡的時候也並非沒有道路，兩軍交戰，自然會有進退，這點小小難關，不算什麼！」

劉邦以為自己沒聽明白，想了一想，說：「可是，陳平你還是沒有告訴我什麼方法啊。」

陳平說：「漢王，您現在的對手是項王。我聽說，他這個人很有禮貌，從不隨意輕慢別人，但是，他為人猜忌而多心，即使是那些多年追隨的部下，他也放心不下。因此，很多人並非真正忠心追隨他。反之，您雖然傲慢無禮，尤其經常輕慢讀書人，但是您為人並不猜忌，很少隨便懷疑人，因此，很多人願意為您做事……」

劉邦不耐煩地說：「陳平，我自己的毛病我當然清楚，不過，說這些有什麼用呢，我現在想要聽的是解圍的妙策。」

「大王，天下本來就沒有事情，只是有了人才有事情。」陳平不慌不忙地回答道，「人就是一個國家的根本，如果國家的根本繁榮昌盛，那麼，戰場上才能取得勝利，就好像大樹的根本強健，才能讓枝葉繁茂一樣。現在，我就是想要提醒大王發揚根本，改正短處，同時，想方設法去利用項王的缺點，動搖楚軍的根本。」

「好啊，那你便說說，到底如何動搖楚軍的根本？」劉邦看到陳平如此坦然，也受到影響，打算認真聽一下。

陳平看時機成熟，便加快語速說道：「辦法其實並不難。楚軍雖然人數眾多，但是，項王談得上信任的人，也不過是范增、鍾離眛他們。大王如果願意發揚自己的長處，就請拿出上萬斤金（古代指銅），放心地交給我。我利用這些財物，再加上項王原本的猜忌心，就能保證其內部分裂。這樣，滎陽之圍自然能夠解除，還能為滅楚增添力量。」

「咻——」劉邦發出一聲不在乎的感嘆，「我還以為有多大困難，不過是要錢。好，你先拿四萬斤，隨便用，我不查你的帳目。如果不夠，再來領取。但是有一點，一定要做到讓楚軍分裂！」

果然，金錢的力量在陳平手中發揮到了極致。很快，楚軍中開始流傳起不同版本的流言。有人說，鍾離眛等大將因為圍攻滎陽不能奏效，被項王懷疑，也有人說，項王沒有懷疑他們，是他們自己因為沒得到什麼賞賜，所以非常怨恨……

與此不同，另一個流言的版本出奇一致，所有參與流言的人都說，謀士范增因為自己的計謀不被項羽採納，因此正在找機會和漢王聯繫。

眾口不但能鑠金，金也同樣能夠改重口。楚軍向來橫行天下，從未在一個城池下耽誤過太久的時間，這一次卻被擋在滎陽城下，已經讓項羽覺得奇怪。這些流言的出現，更是讓他感到懷疑。鍾離眛這些人尚可，畢竟是在外帶兵的武將，但萬一每天和自己朝夕商量事情的范增也成了漢王的人，那豈不是養虎為患？

項羽想得太多，未免頭暈腦脹，他使勁晃晃腦袋，又想到范增可是當年直接投奔到叔父項梁手下的，一路跟從，始終忠心耿耿，也出謀劃策帶來許多勝果。如此懷疑他，豈不是太沒有仁義？於是，項羽便暫時在心中輕輕掩蓋了這絲裂痕。

雖然如此，陳平卻並沒有放過這絲裂痕。

很快，他又建議劉邦，派出使者，去楚營講和。講和的條件是，滎陽為界，東邊屬楚，西邊屬漢。

「這種條件，項羽會答應？」劉邦等陳平走了，才悄悄問侍立一旁的張良。

張良含笑不語，半晌才說：「漢王，你姑且看陳平的計策就行了。」

果然，項羽聽說了求和條件，感到劉邦的底氣實在匪夷所思。但項羽偏偏重視貴族式的禮節，於是，他派出了回訪的使臣。一方面，是表示自己為王的氣派規格，另一方面，也是希望藉此來探察漢軍部署、士氣、糧草情況。

劉邦聽說項王的使節到了，不知道是不是陳平的計策，便急忙叫來了陳平商量。陳平大喜過望，連忙安排好自己的計畫。

很快，楚國的使臣走進劉邦的行宮。

項羽知道劉邦手下人才濟濟，為了不被對方看扁，特地挑選了這位應對出眾、經驗豐富的部屬擔任使節。因此，此人雖在行宮中面對雄赳赳的漢軍將士，卻面無懼色，一路走入，連眼神都沒有游移。和劉邦對答時，也是口若懸河、神色自若，既有必要的禮節，也有充分的張力。直到面見結束，楚國使節始終滴水不漏，連一旁的張良都在內心暗暗稱讚。

等到劉邦示意談話結束，使節一躬到地，然後轉身不緊不慢地走出。剛走到大門口，陳平便迎了上來。

那一瞬間，張良看到陳平背後的影子，有了一股奇詭的風，似乎陳平已不是人，而變身成為操縱他人命運的巫師。

陳平沒有注意到張良看他的眼光，而是熱情地將楚國使臣領到館驛，安排了豐盛的酒宴，熱情周到地招待，還親自坐了下來，說著各地的風土人情。看起來，不像是交戰的兩國，倒像是久別重逢的好友。

「來來來，您遠來不易，勞苦功高。我敬您一杯！」陳平滿臉堆笑，高高捧起酒爵。楚使來不及回味什麼叫「勞苦功高」，便也連忙舉起酒杯，擠出三分笑容，一飲而盡。

陳平放下酒杯，笑容在湯鼎冒出的熱氣背後格外溫暖：「范老先生最近身體還好嗎？」

使節愣了一愣，說：「嗯嗯，還好。」

陳平看看左右，悄聲問道：「說好的書信，可曾帶來？」

話還沒有說完，外面跑進來一個僕傭，氣喘吁吁地說：「錯了，錯了。」然後一溜煙地來到陳平身旁，附耳低低說了幾句。陳平臉上的笑容立刻僵住了，然後化成冰封一般的灰暗。

「你怎麼不早說！」陳平瞪了一眼僕傭，然後勉強朝向使節方向一拱手：「多有得罪，漢王有令讓我去，您請自便。」

說話之間，一群僕役上來抬走了酒宴，有人提著一個食籃走了過來，放下兩三盤蔬菜，一碗飯，一瓶水在楚國使節面前。使節被這樣的落差弄得莫名其妙，再看時，無論是僕役還是陳平都消失了，只有從屋外傳來的對話聲音：「范先生的使節還在那邊要酒呢……」「是嗎，陳大人過去了……」

在難堪的靜寂中，使節獨自吃完，也不打招呼，找了自己來時騎的馬匹，一口氣跑回楚營。見到項羽，便添油加醋地說了一遍，還將陳平那偷偷摸摸的表情描繪得維妙維肖。

項羽本來就很信任這個使節，聽完他的報告，眉頭緊鎖，臉色大變：「怪不得一直有人傳言他私通劉邦，寡人還不相信。原來果然是真！」

使節說：「項王，此事千真萬確，我親眼所見。人是會變的，范增他也是人，您一樣要多多提防啊！」

項羽喘著粗氣，悶頭悶腦地坐下來，腦中一片混亂。

此時的范增，已經年過七十了，雖然昔年曾經以計謀聞名，但年紀畢竟不饒人，他只感覺到自己一天比一天的衰老下去。不管是記性，還是反應，甚至是聽力，都像一根越來越鬆動的弓弦那樣，無法迅速地繃直了。發生的這些事情，他幾乎絲毫不知。

直到衝突的全面爆發，范增才明白一切。

衝突爆發於范增對項羽的催促，他說：「古人說，當斷不斷必受其亂。那時在鴻門宴上，老臣曾經力勸大王殺掉劉邦，大王總是擔心時機，結果才造成今天的麻煩。現在您一定要急速進攻滎陽，不能再讓劉邦跑掉了。」

從前的項羽真心實意將范增當成長輩，因此即使不同意，也會對這樣的話耐心聽下去，但今天他迥然不同地起身，眼光直逼范增：「恐怕滎陽沒有攻破，我的頭顱就先要被你送給漢王了！」

范增立刻明白了事情的始末，他臉色慘白，抖抖索索地退了下去，一句話也沒說。

第二天，人們發現范增悄悄離開了，他在營帳中留下一封書信，乞求告老還鄉，旁邊還有項羽封賞給他的「曆陽侯」印綬。當書信被放到項羽面前的時候，他只是鼻子裡哼了一聲，扭頭不顧。

一個月不到，失去所有精神支持的范增，死在回彭城的路上。而項羽到底有沒有為這個人的死去而流淚，已經永遠不會有人知道了。

## 滎陽救主，玩險勝不如累死對手

漢三年五月，失去了謀士范增的項羽縱然沒有公開自己的悔意，但行動上已經改弦更張了。

在此之前，在張良的謀劃下，漢軍的防線固若金湯。滎陽和成皋為防守核心，北部以黃河為依託，構築了北方防線，南部以嵩山、伏牛山、南陽和武關作為南方防線。另外，在糧倉敖山的東側、滎陽的東北有座廣武山，漢軍在這裡建造了兩座堅城，曰東廣武，曰西廣武，兩者之間相去僅僅兩百多步，而其中是難以翻越的深壑。

此時，漢王和張良、灌嬰、周勃、周苛、紀信、夏侯嬰他們全力駐守中路的滎陽，而韓信在陳平、樊噲的輔助下駐守廣武，王陵堅守南方的南陽，歸降的英布則防守成皋。這樣，只要能夠堅守住每個據點，每個人盡好職責，將楚軍阻隔於堅城之下是可行的。

而打破這條防守鏈條的最好辦法，就是攻擊其中部由劉邦親自駐守的滎陽。這一點，也正是范增生前不斷提出和催促的。奇怪的是，在范增離開楚軍並去世之後，項羽似乎突然從他的死亡中讀出正確的信號，然後開始全力實施這一戰略：楚軍開始用最少的兵力牽制其他據點，然後阻斷了通往滎陽最後的糧道，並將主力全部集中在滎陽城下，準備徹底擊破滎陽，活捉劉邦。

滎陽城再堅守下去，已經沒有必要了。

沒等到張良提出這樣的建議，將軍紀信第一個在會議上提出了這樣的想法。劉邦雖然承認他說得有道理，但卻充滿懷疑地說道：「楚軍已經將滎陽全部圍困了，而城中漢軍只有數萬，我們怎樣能突出重圍呢？」

紀信翻身跪倒再拜，說：「我懇請大王全身而退，只要有大王在，漢軍一定會重新聚集起來，和項王再戰。因此，我願意大膽冒充您從東門而出，使您能安全地從西門出城……」

就這樣，紀信說完了自己的策略。

聽著這樣的計畫，張良的眼眶不由濕潤了，他不能不承認，劉邦是如此有個人魅力的君主，甚至能讓手下的將領毫不猶豫地為他去死。這一點，項羽做得到嗎？

「時間緊迫，」看到劉邦面露不忍，紀信趴在地上頻頻磕頭。

張良也被紀信的忠義感動了，但他知道，此時自己必須說話。於是，張良走過前去，扶起了紀信：「將軍，您的忠義日月可鑑，將來漢王一定會帶領我們戰勝楚軍，匡扶天下。」說完，張良意味深長地看了劉邦一眼。

劉邦明白，紀信如此冒險，不僅是為了自己，更是為了天下。他一咬牙，面色沉沉地從嗓子眼裡說道：「好，就按此計！」

既然定下了方針，張良和陳平他們迅速行動起來，張良很快寫出一封降書，然後親劉邦簽名。墨汁還在淋漓著，就讓快馬送出城外，一直送到項羽的大營中。書信的大意是，漢軍已經沒有糧食了，為了避免城中百姓受到傷害，也為了將士們早日回鄉，漢王劉邦願意投降。今晚將從東門而出，求項王能夠開恩不殺。

項羽早就在滎陽打得不耐煩了，看到這樣言辭懇切的降書，感到心中一塊石頭落了地。於是，整個楚軍中很快傳開了漢王要投降的消息，所有人都在等待夜晚的到來。

終於到了夜半時分，滎陽城的東門在楚軍的萬眾矚目下終於緩緩打開。為了防止有詐，楚軍的弓箭手齊刷刷地以跪射的姿勢拉緊了弓弦，瞄準那黑洞洞的門口。然而，當第一波人走出來的時候，幾乎所有的楚軍士兵都鬆了一口氣。

走出來的，是大群的婦孺老幼，他們一個個面黃肌瘦、衣衫襤褸。由於數量太多，他們很快將城門口的那塊空地圍堵起來，並緩緩地向前移動。

楚軍士兵很快圍攏過去，逐一對這些難民進行盤查詢問，生怕劉邦又一次混在百姓中逃跑。有的百姓看見楚軍，連忙跪倒說：「漢軍守城多日，強迫我們協助。現在，眼看勝利無望，漢王不願我們這些百姓跟著受死，就願意主動投降。他讓我們先走，自己馬上就到。」

聽了這樣的話，楚軍將士雖然半信半疑，倒也沒有放鬆盤查，更有些軍紀不嚴的部隊趁機搜刮財物、調戲民女。一時間，東門外的官道上哭爹叫娘、雞飛狗跳，為了加快盤查的速度，防止劉邦趁亂溜走，連其他三門外的楚軍主力也紛紛調動過來。

就這樣，出城的百姓走了一撥又一撥，楚軍士兵從開始的興奮，到後來的無奈，再到最後的疲憊。眼看東方已經露出了魚腹白色，劉邦的蹤跡還是悄無聲息。

項羽也坐不住了，騎著烏騅馬來到城門外的高地，沉默地看著籠罩在黎明前最黑暗中的這座城市。按照以往的習慣，對於這種久攻不克的城市，項羽是很可能放任士兵屠城搶劫的，這一次，完全是因為劉邦要投降的緣故……

「劉邦，劉邦的王車！」

楚軍士兵們騷動起來，並很快地自動分列成兩隊，隨後，在灰暗的夜色中，項羽看見一輛裝飾華美的車子被幾個老人推了出來，車內端坐著一位穿著高貴服飾的王者。

楚軍將士們一擁而上，將車子圍住，觀看議論著。

項羽示意部將前去將劉邦帶上來。但見部將疾步走下高地，來到車前。揭開車上的帷幕，動作便停住了。愣了一刻，他便跌跌滾滾地跑了上來：「項王，中了劉邦那小子的奸計了，車中的是大將紀信，劉邦早就趁亂從西門溜走了！」

「什麼！」項羽的臉色迅速猙獰起來，肌肉糾結盤纏在一起，周圍的人彷彿都能聽見他血管中奔湧的憤怒力量。

項羽推開部將，走了下去，來到王車前。

「爾是何人，敢冒充漢王？」

紀信放下遮擋臉部的衣袖，看都沒看項羽一眼：「我是大漢將軍，紀信。」

「漢王何在？」

紀信「嘻」地笑了一聲，道：「你看不出來？當然是早已離開了！」

項羽忽然狂笑起來，笑聲震動如雷：「劉邦這個不知羞恥的流氓，竟然用這種下三濫的計策，好，你叫紀信是吧，今天寡人就送你做個忠臣！」

項羽一聲令下，楚軍士兵們紛紛懷著被欺騙的恥辱感，將火把一個接一個地丟進那華美異常的王車中，但見紀信端坐其中，紋絲不動，沉默無語。大火吞沒了整個車廂，乾燥的木頭在火中發出劈哩啪啦的聲音。

從火焰升起的開始，到煙霧繚繞的最後，紀信始終都未發一言，當火滅去以後，人們只看見那裡有一截端坐著的炭狀物體。這觸目驚心的東西，讓楚軍將士自上而下為之膽寒，他們每個人都在考慮，和這樣的對手作戰，究竟還有沒有勝算。

劉邦也是個講義氣的主，日後，當他建立大漢王朝的第二年（西元前201年），就將紀信的家鄉單獨從閬中縣劃分出來，御賜地名「安漢」。不僅如此，劉邦還下令全國各個縣城都要修建城隍廟，而擔任城市守護神的，則是忠義昭昭的紀信。

當然，那已經是後話了，此時的劉邦來不及哀悼和紀念這位為自己死去的大將，他早就從西門尋了空子，在精銳騎兵的掩護下逃之夭夭。

項羽燒死紀信，並沒有感到胸中的悶氣吐了乾淨。他一面派出部隊去追蹤劉邦的去向，一面命令手下進駐滎陽。沒想到，前鋒很快報告，說滎陽城門已經重新關上了，城頭全都是武裝整齊的漢軍。

早在劉邦出城之前，張良就已經對現在的情況做出精準的預測。他告訴劉邦，項羽一旦知道自己中計，一定會氣急敗壞地對您進行追趕。這樣，就算您逃出了滎陽，還是難以脫險，眼下，只有留下一部分將士，繼續死守滎陽，拖死楚軍，漢王您才可以從容地穿過包圍到外線去集結力量，和楚軍再次交鋒。

「原來如此，」劉邦會意，他試探著問道，「子房，我們這樣，是否就是躲開項羽，不跟他決戰。最後……」

張良說：「是的，漢王，與其在一城一地上花費大量戰力獲得險勝，不如，累死項羽，累死楚軍！」

## 調虎離山才好謀虎皮，拿到手的成皋又丟了

為了累死項羽，必須要處處佈置下陷阱，劉邦便將心腹將領周苛、樅公留在滎陽，囑咐他們全力守城。

周苛和樅公都是和紀信一樣的忠義之士，他們也知道，接受這樣的任務就要有必死的決

心。然而，他們想到手下還有個劉邦不忍心處決的魏王豹，就感到骨鯁在喉。這個魏王豹的反覆無常是有名的，現在楚軍大兵壓境，如果他成為內應，豈不會壞了漢軍大事？就這樣，兩人稍微商量了一下，便找了個商量軍情的理由，將魏王豹召進大帳，然後斬首示眾。並宣佈說，魏豹忘恩負義，和楚軍暗地聯繫，現已正法。漢軍將士看見漢王雖然遠遁，但留下的將領卻有如此堅定的決心，也就更加眾志成城，迎接楚軍下一輪更大的衝擊。

和這些抱定必死的人不同，項羽覺得自己再也不想在滎陽城下浪費時間了。他聽說，劉邦逃亡的路線是成皋。於是，項羽便留下一部分楚軍死困滎陽，自己則率領楚軍的主力南下成皋，打算趁劉邦在那裡還沒站穩腳跟就一舉拿下。

項羽並不清楚，劉邦率部轉移到成皋，很快就站住了腳跟。這一次，劉邦的遁走並非像彭城失敗那樣狼狽，而是一切都在張良和陳平的安排之下，進行得計畫周全、井井有條。雖然如此，劉邦在成皋聽說了紀信殉國的事情，還是悲痛地難以自抑，打算就在成皋重新整合實力，與項羽再次對戰。

張良雖然也很悲痛，但卻保持著他一貫的冷靜頭腦，他等劉邦的情緒穩定一些，便勸解說：「大王，昔日越王勾踐為了報仇，能夠忍受十年。現在，您千萬不應該匆忙行事。尤其是楚軍很快就會來包圍成皋，我們怎麼能還在這裡久留？現在只有先返回關中，才能真正脫離險境，以待將來。」

劉邦並非不清楚此時的險境，更知道自己跑到成皋被圍起來，和在滎陽被圍起來根本沒有區別，只是光棍出身的他，實在留不下這個臉面。因此，儘管內心同意張良看法，嘴上還在倔強地說道：「周將軍和樅公都還在滎陽艱苦奮戰、拚死守城，紀信將軍已經殉國，難道我還能將這兩位將軍都犧牲掉嗎？」

「大王！」張良鄭重地說道，「現在敵強我弱，怎能用弱小的我軍去硬拚楚軍呢？現在只有請大王立刻回關中，召集兵馬，攜帶糧草，重新出關進攻楚軍，才能讓形勢發生變化，周將軍他們才能得到保全。」

張良的這個觀點，得到了其他許多人的支持。大家紛紛勸劉邦繼續放棄成皋，向西推入關中。看到眾人紛紛支持，劉邦也就默認了這一點。很快，整個漢軍主力就在楚軍到達之前向西進入關中。

負責留守關中的是丞相蕭何，在他的精心整治下，關中的形勢還算穩定，漢王很快就得到了補充的數萬軍隊和糧食。按照原計畫。，應該是立刻出關向楚軍發起反攻的時刻。大軍正要出發之前，一個姓袁的書生提出了這樣的建議：如果劉邦能夠向南從武關出兵，項羽就必然會帶領軍隊向南而走，劉邦可以在那裡構築防線而不戰，這樣，滎陽和成皋附近就會出現一定的空白狀態。抓住這樣的機會，讓韓信從趙地和燕國、齊國出兵，劉邦就能重新奪回滎陽一線。這樣，楚國面對的戰線就會被拉長，其戰力就會被延伸，而漢軍可以得到休息。

劉邦原本還想考慮這樣的建議，但從東面傳來了噩耗：楚軍持續的攻擊還沒有壓垮滎陽防禦，但成皋作為滎陽的最後一個防守據點，落入了項羽的手中。

分析了目前的綜合情況，張良建議說：「漢王，袁生的建議的確可以採納，這正是古代的圍魏救趙之計策啊！」

為了讓劉邦更加地明白什麼是圍魏救趙，張良解釋說，春秋時期，魏將龐涓率兵包圍了趙國國都邯鄲。趙國向齊國求救，齊國援軍大將為田忌、軍師為孫臏。孫臏提出，與其正面進攻，不如偷襲魏軍的後防，於是田忌率兵偷襲魏國都城大梁，而龐涓被迫回軍，結果陷入了漢軍的埋伏大敗，連龐涓自己也被俘虜。這就是後來軍事學上著名的「圍魏救趙」。

張良建議說：「袁生的計策很容易操作，可以讓大軍從武關而出，然後攻取宛城（今河南南陽），隨後做出繞道東征的姿態，這樣，項羽的注意力就會向這裡轉移。另外，還可以讓英布回到九江，去襲擾項羽南部，讓彭越繼續在楚國北部襲擾，造成馬上要夾擊彭城的姿態。這樣，東部面臨的壓力自然會消失。」

劉邦點頭稱讚，於是兵出武關，不幾天拿下了宛城、葉縣。接著，英布回到了九江附近，重新組織起隊伍騷擾楚軍南方，並放出風聲，說要進攻彭城。

項羽知道，自己的後防並不穩固，如果漢軍再次襲擊彭城，很可能會導致前線楚軍糧道斷絕。於是，他留下了將領終公防守成皋一線，自己率軍向劉邦所在的宛城進攻。

一切都按照張良所提出的那樣進行，劉邦自然再次於宛城堅壁不出，拒絕對戰。與此同時，彭越在北方攻破了下邳防線，擊敗楚軍將領項聲、薛公，彭城直接受到了壓力。

這下，項羽在前線坐不住了，再在宛城只能是浪費時間、自絕生路。於是，他只好放棄劉邦，向東回救。

這樣，漢軍的圍魏救趙計策全部達成。

楚軍主力剛剛向東調動，張良就建議劉邦，立刻從宛城出發北上，和英布的九江部隊會合，打擊成皋。留在那裡的終公雖然也算楚軍的重要將領，還是寡不敵眾，漢軍終於奪回了成皋，離滎陽更近一步。

但問題是，留給漢軍的時間不夠了。

彭越從起兵之後，一直習慣於游擊戰術，從未建立起什麼穩固的後方，卻也因此避免受到嚴重的失敗。因此，當項羽回軍東進時，彭越立刻按照以往的戰術退兵轉移。這樣，項羽就有了足夠的時間掉轉頭重新西向。

這一次，項羽不打算手軟了，他嚴厲督促楚軍，要求在最短時間內拿下滎陽。

反觀滎陽，周苛和樅公率領的漢軍將士已經堅持了多日，正在為漢王重新奪取成皋而感到慶幸，沒想到，楚軍重新回兵，如同從天而降，並用前所未有的猛攻壓向滎陽。黑壓壓的楚軍淹沒了滎陽的城頭，在滎陽堅守的周苛、樅公和韓王信全部被生擒。

雖然對這幾個長久抵抗的漢軍將領感到厭惡，但項羽已經認識到，和劉邦之間的戰爭並不簡單，自己必須要能從對方手中招降人才。於是，他讓部下一個一個將他們押解上來。

第一個面對項羽的是周苛。

項羽儘量壓制住內心的怒火，好言說道：「周苛，你堅守孤城這麼久，也算是對得起漢王。現在既然已經被活捉，如果能追隨我，我會拜將軍你為上將，另外封為三萬戶侯。」

周苛大罵說：「項羽，你不過是匹夫之輩，怎麼能跟漢王相提並論？」

項羽再也無法壓制怒火，讓人抬來沸騰的大鼎，將周苛活活烹殺。接著，又殺掉了樅公。只有韓王信，還沒等項羽開口，就主動表示願意歸降，保住了自己的性命。而不久之後，他將會再次找到機會，從楚軍中逃出，然後再次歸順漢王。在這個時代，韓王信這樣的做法並不鮮見。

項羽沒時間去搭理韓王信，他馬上整理部隊，然後朝成皋殺去。這一次，剛開始佈置防線的劉邦措手不及，趁著天色未明，又在滕公夏侯嬰的保護下從北門逃出，而英布則幾乎同時棄城向北而去。

剛到手的成皋，再一次落入了楚軍的手中。

從表面上看，在這一輪爭奪中，最後的優勢是屬於項羽的，但實際上，項羽在這迂迴千里的大作戰中顧此失彼，丟掉了向西進攻在時間上的最好機會。同時，花費了大量的戰力和銳氣，獲得的也不過是滎陽和成皋兩座空城。因此，劉邦雖然狼狽不堪，但卻算不上失敗，甚至還埋藏下未來勝利的種子。

如果劉邦能夠在逃跑前和張良仔細談一談，很容易發現這一切，問題是，他跑得太快，甚至都沒通知張良——反正他相信張良能逃出來。

結果，張良是從英布的部隊那裡聽說劉邦逃跑消息的，他馬上找了匹快馬，向劉邦逃跑的方向追去，一直追到了黃河岸邊才好容易趕上。那時候的劉邦正面對滔滔河水，張大嘴巴，手足無措，表情就像是被欺負了的孩子。

張良連忙安慰劉邦，先是說了一番勝負乃兵家常事的話，然後話題一轉說：「臣聽說，趙地現在基本已經平靜了，大將軍韓信和張耳，還在趙地駐守。不如我們先過了河，找到韓信將軍，再去準備後面的事情？」

劉邦還有餘地否定嗎？

## 順水推韓信：英雄與傻瓜只有一步之遙

劉邦也知道，現在自己只有依靠趙國的韓信了。於是，他按照張良的建議，找到渡船，過了黃河。走了一天之後，一行人來到修武（今河南獲嘉）。

在修武，劉邦聽說韓信已經組建起了一支人數眾多的軍隊，正準備用於對齊國的作戰。另外，修武也是防範項羽過河進攻趙地的戰略防禦要點。

知道這個消息的劉邦就像落入水中的人抓到了一根救命稻草，他咧開嘴笑得很燦爛，然後立刻就想動身去到韓信軍中發號施令。

張良心細如髮，自然知道這樣貿然前去的風險，他阻止說：「大王，韓信出征多日，身為一方大將，現在手握重兵，手下戰將數十。而大王則只有我們這幾個人，萬一有什麼不測，後果可不堪設想！」

劉邦腦子轉得很快，聽張良這麼說，也開始害怕起來，他抓住張良的袍袖說：「子房，你素來足智多謀，是否有個計策可保完全？」

「漢王，不必憂心。」張良輕輕地甩開袍袖說，「只需要漢王能聽我的建議，就可一舉奪下兵權……」

第二天清晨，韓信的兵營外來了兩個陌生人，衣著普通，看起來風塵僕僕。

「站住，什麼人！」樹叢邊突然躍起幾名全副武裝的漢軍遊動哨，攔住了這兩人的路。其中一個人收住腳步，威嚴地說道：「我等奉漢王之命，前來面見大將軍，你們擅自阻攔，能擔當得起嗎？」

「這個……」為首的漢軍伍長愣了一下，但馬上反應過來，示意左右上前搜一搜對方。兩名士兵上下摸索一番，搖頭示意沒有發現武器，於是伍長擺了擺手，示意兩個人可以跟他進入軍營。

到了大營外，又有一隊士兵攔住了兩人，照例檢查一番。隨後兩人走進了內帳，帳中的衛士立刻站起身來，眼睛瞪得像看見了天神下凡。他剛要說話，前面的那人伸手擺出「噓——」的姿勢，然後伸手將他按壓回座位上。隨後，這個人走到帷幕後韓信的床榻邊，伸頭看了看正在夢中發出均勻鼾聲的韓信，嘴角邊不由得抹上一撇得意的笑容。但見他伸手拿出榻邊案几上的兵符，然後緊緊握著，大踏步走出帳外。

「軍吏何在？」這人拿到兵符，膽氣十足。

一個軍官急急地跑到帳門口，看見手握兵符的並非韓信，瞬間也擺出了一副難以置信的表情。

「還不快去召集諸將？」另一個人走出帳幕，說道。

小軍官這才明白過來，連連點頭，然後又是一溜煙地跑去了。不一會兒，他身後跟隨著十餘名頂盔戴甲的武將，交頭接耳地快步來到帳前。眾人腳步剛停，稍一定神，就一個個跪倒在軍營的塵土中。

「漢王到來，未曾迎接，罪該萬死！」

紛紛亂亂的請罪聲驚醒了還在夢中的韓信，他披上一件軟袍，走出帳外，但見在晨曦的逆光中，劉邦正赫然舉起原本屬於自己的那一半兵符，得意洋洋地領受著眾將的朝拜！

一瞬間，韓信愣住了，這是怎麼回事？

原來，清晨來到韓信帳中的，不是別人，正是劉邦和夏侯嬰。等韓信清醒過來時，劉邦已經大搖大擺地坐到了他的將軍位上，而張良、陳平等人也陸續走進了他的大帳。韓信沒時間再思考或者感受下去，他也連忙伏地請罪說：「臣韓信不知大王駕到，有失遠迎，罪該萬死！」

說到死，韓信脖子一涼，想到如果今天劉邦不是來奪兵權，而是要奪命，自己這顆頭顱不知正掛在哪裡呢。他側身看看一同跪倒的張耳，發現對方也是滿腦門子的汗水。

好在劉邦馬上攙扶起他們，毫無威脅性的笑意帶來充分的安全感：「韓將軍，張將軍，快快請起。你們安撫趙國有功，寡人多虧了你們啊！只是，身為大將，還是要多小心自己的安危才對。」

幾句話說得韓信低頭無語，張耳面紅耳赤，只能連連稱是。

劉邦板起臉來，繼續問韓信說：「大將軍，你在書信上說滅掉燕國之後就進攻齊國，然後南下襲取彭城。現在為何還在趙地滯留呢？安撫趙地，不是趙王應該繼續做的事情嗎？」

「回漢王，」韓信畢恭畢敬地說道，「因為趙地尚未安定，張將軍請求我留在此地鎮守，惟恐東進齊國會腹背受敵。」說完，他偷眼看了看張耳，張耳連忙解釋，說事實的確如此。

「嗯，不過，現在情況有變。本王既然來了，就要坐鎮此處了。」劉邦說道。

劉邦「坐鎮」的結果，首先是將張耳和韓信分開，張耳帶領本部軍馬回都城鎮守趙國，好好管理他的趙地；韓信由大將軍成為了漢相國，負責在趙地另外招募兵馬討伐齊國；修武目前所有的部隊，由劉邦接手率領，向南過河迎戰楚軍、

稀裡糊塗的韓信並不清楚劉邦這一套是怎樣安排好的，他只是頗為警惕地看了看張良，卻發現張良面色淡然地看著營帳外一隊隊士卒，流露出讚許的神色。韓信想到，既然自己已經成為相國，僅次於漢王和丞相，那麼也就是第三號人物了，沒有理由抗命不遵。因此，他便老老實實地告辭而去，打算另外招募兵馬，討伐齊國。

劉邦獲得了韓信操練已久的隊伍，感到信心大振，其他漢軍將士從滎陽、成皋逃出後，聽說漢王在黃河北岸豎起大旗，也陸陸續續前來投奔。此時，郎中鄭忠提出了這樣的建議：目前，楚軍銳氣提升，漢軍應該渡過黃河，在洛陽一帶屯兵防守，築起營壘，挖深溝壑，暫時阻止楚軍西進。然後，再派出部隊，支援楚國後方的彭越游擊部隊攻擊，迫使項羽再次返回彭城。

張良對此深以為然，極力肯定。於是，劉邦便命令部將劉賈、盧綰（綰ㄨㄢˇ）帶領兩萬步兵、數百騎兵，從白馬（黃河渡口，位於今河南滑縣北）附近渡河，然後深入楚國腹地，配合彭越偷襲楚軍的據點、倉庫，殺傷楚軍力量，燒毀楚軍糧草，切斷其前方的補給，甚至騷擾楚國的

百姓。得到了配合的彭越重新整裝而發，短短幾天內，就在黃淮流域攻下了外黃（今河南蘭考南）、睢陽（今河南商丘）等十七座城池。

此時，正在前方指揮西進作戰的項羽，聽說後方又一次受到了彭越的威脅，甚至連彭城的消息都中斷了，感到內心十分慌亂。他拒絕了其他人的建議，叫來了大司馬曹咎說：「寡人現在留下你，守衛好成皋，你需要記得千萬小心，不論漢軍如何挑戰，都不可出外應戰，只需要堵住漢軍東進的道路就可以了。我在十五天之內，必然戰敗彭越，掃清梁地，然後準時返回，擊敗漢軍！」曹咎連連稱是，項羽便揮軍而去。

項羽離去的消息很快傳到漢軍中，酈食其聽說後，內心又開始翻騰起來。過了兩天，他找到了劉邦。

從上次拒絕分封六國之後，劉邦就不太待見這個神神叨叨的酈食其，總覺得他說的話不太靠譜。但畢竟給了這麼長時間的冷臉色，劉邦也不好意思堵住他的話，於是便儘量耐心地聽酈食其的建議。

酈食其說道：「現在，楚軍佔據滎陽，卻不派兵堅守敖倉，而且只是派一些因為犯罪而充軍的士兵守衛成皋，這真是我軍重要的機會！敖倉，是天下儲藏糧食的地方，至今那兒還存放大量的糧食，我軍應該立刻收復那裡，並扼守成皋的險要。向北，我軍則應該斷絕太行通道，扼守住白馬渡口，讓天下都知道漢軍已經佔據了有利的地形。這樣，天下就會爭相歸附。」

劉邦覺得酈食其這番話說得不錯，便點點頭，示意酈食其可以繼續說下去。得到這樣的支援，酈食其來了勇氣，說出了自己的正題：「目前，燕國和趙國早已經平定，只有齊國還沒有歸順。目前，齊國的田氏宗族還有相當勢力，他們向東有東海和泰山作為依靠，北部又有黃河和濟水作為屏障，就算漢軍派出數萬人的軍隊去討伐，恐怕短時間內也無法攻取齊國，不如我去遊說齊王田廣，讓他主動來歸降我軍。」

「好！」劉邦覺得，這次酈食其的建議挺實際，於是，他按照酈食其的建議準備了財物，讓他帶給齊王。

送走了酈食其，劉邦指揮漢軍，向敖倉和成皋再次發起攻擊。

# 第九章 攻心，最是「伐謀」極致處

## 戰廣武：有些事，只有流氓成得

漢四年（西元前203年）十月，趁項羽東歸，漢軍渡河，目標是成皋。

向成皋進軍之前，劉邦特意請教了張良。張良對曹咎的性格有所耳聞，因此，他特意對漢軍的戰策提出了精到的四字——激敵出戰。

果然，曹咎奉命守衛成皋，起初倒能夠記住項王臨走時的將令，任憑漢軍在城外狂呼吶喊，始終都堅守不出。不久之後，漢軍的挑釁行為升級了，他們按照張良的命令，用草堆紮成人形，上面大書「項羽」「曹咎」的字樣，作為練習的箭靶，放在楚軍能夠看見的地方，任由士兵練習射術。這樣，性格火爆的曹咎實在無法忍耐下去了，他揮軍出城挑戰。張良看見對方果然中計，便讓劉邦帶兵後退，佯裝不敵，曹咎以為漢軍又一次敗退，於是分離追殺渡過汜水。不料，在楚軍渡河到一半的時候，漢軍突然伏兵四起，發動攻擊，大破楚軍，死傷無數。這位有辱使命的曹咎無法突圍，只好自殺，翟王董翳、塞王司馬欣也同樣死於亂軍之中。

就這樣，成皋和敖倉再一次回到漢軍手上。

與此同時，項羽又一次趕走了彭越的騷擾，但他來不及喘息，必須要面對西部戰線情勢的惡化。

聽說項羽回軍救援成皋，正在滎陽東部圍攻楚軍鍾離昧部的漢軍，在劉邦的率領下，撤退到用來防守的廣武城中。這樣，對抗的均衡形勢再次形成。項羽已經多次面對這樣的形勢，他很討厭面對這種戰不能戰和不能和的局面，但劉邦卻佔據險要，擁有敖倉，充分享受著這樣腳踏實地的防守樂趣。

轉眼數月之後，楚軍的糧食已經接近告罄，顯然不能再拖了。部將們焦急不已，一個接一個地前來找項羽。項羽也很難想到什麼方法，電光石火之間，他忽然想到，劉邦的家人還在自己軍營中。

很快，一個令人不齒的主意形成了，不齒到項羽必須為這個主意安慰自己，他對自己說，雖然這種事情的確不光彩，但畢竟是為了楚國。

第二天，項羽在廣武城下擺好陣地，然後在陣前放上一個偌大的殺豬案。一切佈置停當，項羽吼了一聲：「帶上來！」

話音剛落，劉太公被拖拖扯扯地拉到殺豬案上，只見他渾身上下只穿了個大褲衩，光光淨淨地被士兵們捆在殺豬案上。

劉邦在城頭看得分明，扶著城牆的手不由自主地哆嗦了兩下，張良看了看他，說：「大王，不必驚慌，項羽他不敢動手做這種事情。」

張良話語簡短有力，但彷彿給劉邦注入一針強心劑，劉邦回頭看看張良，說：「嗯，明白。」

說也奇怪，劉邦馬上就鬆開了扶著城牆的手，站立得穩穩當當。

這時，項羽感到氣氛已經做足，於是他從烏騅馬上一躍而下，運足底氣對城樓上叫道：「劉三！你如果還不投降，老子就將你家太公剁了，然後做成肉羹喝了！」

劉邦已經有相當長時間沒有聽到項羽的聲音了，又加上這樣的情境，不由得再一次伸出手，將身體的重量分配到城牆上的青磚上。他回頭看了看張良，張良迎接他的是堅毅的目光。

「項王，別來無恙！」劉邦站直身體，面朝下喊道，聲音似乎充滿了調笑意味，聽起來舉重若輕，「當初，為了天下福祉，你我共同推翻暴秦，一起舉起義旗，還曾經以義兄弟相稱。那麼，我家太公也就是你家太公了，如果你今天打算把自己家老爺子做成肉羹，那不如就分我一碗嘗嘗吧。」

「什麼？」項羽就像運足了千斤力氣的大力士，揮出的致命一拳，卻打在鬆鬆軟軟毫無彈力的棉花堆上，反而讓揮拳者的重心完全丟失。

項羽一下抽出刀來，作勢準備砍向太公。站在一旁的項伯連忙攬住他的胳膊說道：「戰場相爭，勝負關乎天下。您現在殺了太公，就算能挫動敵軍士氣，也會給我們楚軍帶來不仁不義的名聲，將來又如何獲取天下？再說，留下太公，以後還能用來牽制劉邦。」

項羽不得不承認項伯說得沒錯，他只好讓人重新將太公扶下殺豬案，穿戴整齊，重新扶回後營歇息。

太公經這一番折騰，早就嚇得心慌腿軟，到了後營縮成一團，好半天才緩過氣來。與之相比，項羽卻根本沒有半點的安全感，他知道，自己在廣武耗的時間越久，彭城再次被彭越偷襲的可能就越大，因此，只有迅速解決戰鬥，才能讓楚軍從兩面受敵的困境中掙脫出來。

第二天，項羽的使節來到漢營面見劉邦。

他提出了一個很可笑的主意：決鬥。

使節堂而皇之地建議說，天下百姓，生靈塗炭，田地荒蕪，都是因為楚漢兩軍長期對峙的結果。因此，項王希望能夠早日結束爭鬥，用決鬥的方法，和漢王一對一的搏殺一番，這樣決出雌雄，也就不必再連累兩軍將士、天下百姓。

這番話剛出口，一向淡定的張良也掩飾不住自己的笑意，他看看陳平，發現陳平也樂呵呵地望著自己。兩人都知道，項羽實在是撐不住了，連這種主意都能想得出來。

劉邦這次也不需要任何人提醒他了，他當然清楚，跟項羽決鬥，對於任何人來說恐怕都是自殺。於是，他嬉皮笑臉地玩弄著手上的兵符，半晌才抬抬眼皮，對著使節迸出來一句話：「麻煩您回稟項王呢，我劉三只願意跟他鬥腦子，不願意跟他比力氣。」

使節悻悻而去，回報項羽，項羽也只能長嘆一聲，無可奈何。

看到主意都不奏效，項羽只好重新逼迫楚軍出陣挑戰，然而，楚軍士氣原本就不高，漢軍又早有準備，將一批善於狙擊的弓箭手安排在陣前，負責統領的是樓煩民族的神箭手。這批弓箭手箭無虛發，楚軍一排排地倒在漢軍修築的工事前，屍體累積起來，讓後續的楚軍士氣大挫。

項羽聽說之後，勃然大怒，親自披掛整齊，帶上近衛騎兵，躍馬來到漢軍陣前破口大罵：「劉三，你這個膽小怕死的懦夫，有本事不要縮在營中，出來速與我一戰！」

憤怒的聲音如雷聲滾動在山谷，加上回音的共鳴，讓漢軍士兵心驚膽顫。連職業雇傭兵出身的樓煩族射手，也立刻退回營中，心跳得如同擊鼓一般不能自已。

然而，劉邦見過的世面比士兵們大多了，耍光棍、罵街、恐嚇，項羽可不是劉邦的對手。他穩穩當當地站在山頭上，看著深澗對面縱馬來回馳騁的項羽，大聲斥責說：「項王啊，你知不知道自己有十大罪惡？」

項羽說：「什麼十大罪惡？我只有一個過錯，就是鴻門宴時候沒有一劍將你殺死！」

劉邦伸出食指輕輕搖了搖，說：「非也非也。項王且聽我說說你的罪狀。當初，楚懷王約定，先入關中為王。我浴血奮戰，才入得關中，你卻背信棄義，將我轉封漢中，這是第一罪；你假託懷王的命令，殺害冠軍將軍宋義，奪走軍權，這是第二罪；救援趙國之後，你不去請示懷王心，反而脅迫所有諸侯和你一起入關搶功，這是第三罪；你入關以後，焚燒了秦朝的宮殿，攫取秦朝的珍寶，放縱士兵搶奪民女、騷擾百姓，這是第四罪；秦王子嬰並沒有什麼罪惡，還交出了玉璽投降，你擅自將他處死，這是第五罪；鉅鹿之戰中，二十萬秦軍投降，你卻殘忍屠殺他們，這是第六罪；你將自己信任親近的將領，分封到天下富裕的地方，而將那裡原有的諸侯王貶斥遷都，這是第七罪；你把義帝趕出彭城，還殺害韓王，搶走梁地，擴大你自己的地盤，這是第八罪；義帝天下共主，對你也沒有威脅，你卻難以容他，將他殺死，這是第九罪；你自封為西楚霸王，想要號令天下，卻不講公平仁義，這是全天下難以接受的，這是第十罪！」

一番話，說得項羽毫無辯駁之力，實際上，這些事情幾乎全是板上釘釘的，連楚軍將士自己都一清二楚。將士們看向項羽，項羽臉上一陣紅、一陣白，壯碩的胸脯迅速起伏。

劉邦並沒有放過機會，繼續聲討說：「當初，為了推翻暴秦，我才聚義沛縣，一路西征。現在，我就是要代表正義力量，聯合天下諸侯和百姓，征討你這個殘暴的賊子。就是那些受過刑法的罪人，也搶著要攻打你，還需要我漢王親自上陣嗎？」

劉邦這番話，一半是自己的真實感觸，一半也是張良在分析敵我形勢時曾經教過的話語。這兩年劉邦被項羽壓制得喘不過氣，今天終於找到機會一吐為快，說得話鏗鏘有力、不容反駁。

項羽怎樣也沒有想到，在自己眼中一直是個二流子的劉邦，居然短短時間內變成如此大義凜然而理直氣壯的君主了，還能讓自己在部下面前如此窘迫，他勒住馬轡，向後退了幾步，正看見馬邊的弓弩手。

「還不放箭！」項羽沒好氣地命令說。

弓弩手還在回味著剛才的十大罪，此時如夢初醒，連忙稱諾，然後俯身扳動了弓弩。

箭簇在太陽下閃閃發光，帶著凌厲的風聲射向深澗的對面，立刻傳來了劉邦的一聲慘叫：

「啊——」

## 射中大腳趾，集團高層玩的都是心理戰

劉邦被射中了！

坐在馬背上的張良，眼看著劉邦口若懸河地歷數項羽的十大罪狀，再看深澗對面出奇的寂靜，不由得不生起一股寒意。正準備提醒漢王，卻眼見得一支飛劍嗖地一聲，插入其胸口，幸虧劉邦身穿數重軟甲，未傷要害。但縱然如此，他也已經啊地一聲慘叫，趴倒在馬背上。

「大王，你沒事吧！」張良輕喚一聲，此時，身後的士卒已經一擁而上，豎起重重盾牌保護著諸人向後撤退。

劉邦直起身來，手上多了一支箭，胸前鮮血淋漓。

「哎呀，項羽，你好陰險的伎倆！暗箭傷人，還射中了寡人的大腳趾！」劉邦硬撐著，梗起脖子朝對面喊去，一邊還偷偷地觀察周圍將士們的反應。看到大家訓練有素地正向後撤退，才放下心地癱軟下去。

張良立刻指揮著親兵們上前，將漢王抬了下去，還囑咐所有人，對外一律稱漢王大腳趾中

箭。之後，張良還不放心，便又在營中大致查看一番，囑咐各營將領小心防守，才又繞回到劉邦的大帳中。

「漢王，傷勢如何？」張良在劉邦榻前問道。

「箭頭雖鋒利，好在有軟甲保護，不會致命。」劉邦強忍著擠出一絲笑容說，「只是，寡人的傷千萬不能傷了軍中的士氣。」

張良說：「微臣其實也正是為了這件事情而來。」

劉邦一聽，眉頭皺了起來：「難道，軍中有什麼傳言？」

「非也。」張良說道：「大王剛才在陣前痛斥項羽，義正辭嚴，讓軍中將士戰意大振。只是，項羽用這樣的詭計偷襲，未免會讓將士們過於擔心……」

「是的，子房，我也在擔心這一點。」劉邦語氣沉重。

「漢王，您的傷勢雖然危險，但並不沉重。與其讓將士們懷疑，心理產生動搖，不如乾脆走出去，在營中上下巡視。這樣，我軍將士們眼見為實，自然不會軍心動搖。而項羽知道大王照樣在掌管軍情，也就會不明就裡，不感輕舉妄動。然後，大王您再偷偷回成皋養傷，不知您意下如何？」

樊噲此時也在一旁，他恨恨地說道：「漢王，張先生說得對。項羽以為他能射死你，你偏不死，看他能怎麼辦！」

劉邦聽到「死」這個字，覺得相當刺耳，但轉念一想，覺得樊噲話粗理不粗。便摸了摸胸口說：「邦不敢隱瞞先生，這一箭再偏一寸，恐怕寡人真的會有不測之憂。不過，士氣為大，寡人就是咬緊牙關，也要按照先生您說的，在軍營中徒步巡視一番。只是，先生您一定要助我一事。」

張良沒想到劉邦如此爽快答應下來，不由得在心中暗暗誇讚。又聽到劉邦的託付，便聚精會神地聽他說下去。

劉邦說：「我回成皋養傷，項羽必然會騷擾罵陣，先生深謀遠慮，自然會將之看作小兒啼哭，像樊噲、周勃這些人，我甚為擔心。就請先生替我監督全軍，一如既往，深溝高牆，絕不出戰。」

張良沒想到劉邦如此細心，更覺得他在軍伍指揮上老練許多，再也不是當時茫然無知的亭長了。

果然，到了晚間，劉邦更換衣服，步出營帳，雖然臉色蒼白，但夜間看起來並不明瞭，加上身邊隨從簇擁，也並不顯得虛弱乏力。所到之處，漢軍將士們紛紛圍攏起來，大家看到漢王安全無虞，心中無數塊石頭便落了地。僅僅一夜之間，漢軍士氣重新穩定下來，消息傳到項羽耳中，卻百思不得其解：明明射中其胸，為何絲毫事情也沒有？項羽叫來那弓弩手百般盤問，卻也不明所以。

項羽不明白的事情一件一件到來，自從范增走後，他總後悔地感到自己眼前就沒有另一個謀士，哪怕是一個能和自己真正談得來的下屬，也些許能夠提醒自己。

說到談得來，此時漢軍的辯士酈食其，正在齊國都城臨淄的王宮中大談特談漢齊兩國的美好未來。

酈食其是奉劉邦之命前去齊國的，此時，齊王叫做田廣，是已故的齊國大將田榮的兒子，輔佐他的則是田榮的弟弟田橫。數年前，項羽企圖率領大軍北上，一舉攻降齊國，但齊國反抗不斷，無法安定。恰好此時劉邦偷襲彭城，項羽回軍，齊國成了空白地帶。因此，田橫便乘機歸附了項羽，擁立侄子田廣。但實際上，他只是名義上向項羽歸附而已，真正的姿態可以用「騎牆」二字來形容。比如，彭越經常騷擾楚國，田橫並不幫助楚國打擊，反而提供地盤給彭越養精蓄銳，就更不用說會去幫助楚國去進攻漢軍了。

田橫這麼做，並非沒有原因，他和劉邦並沒有什麼仇隙，對項羽則是既恨又怕，因此，他希望的只是楚漢之爭能夠儘快打出個明確結果，自己好去坐收利益。

然而，韓信的步步緊逼，讓田橫的美夢破滅了。在酈食其到來前，情報顯示，韓信已經將大軍駐紮到了平原縣（今山東德州南），很有可能馬上南下攻齊。這讓田橫緊張萬分，隨即在歷下（今山東濟南）集結了齊軍主力，讓大將田解、華無傷統率，準備迎擊漢軍。

就在這千鈞一髮的時刻，和平的曙光似乎到來了，酒徒酈食其帶來的不是酒氣，簡直是洋洋灑灑的喜氣。

酈食其看見田廣，第一句話就是個思考題：「秦朝滅亡，諸侯並起，現在最強者就是漢王和項王，楚漢也因此相爭數年了。大王英明，請問天下將會歸於其中哪位呢？」

齊王的確不清楚，就老實地說道：「此事難以預料啊，以先生的看法呢？」

「我看天下最後會是漢王的。」

「哦，所為何故？」齊王來了興趣。

酈食其便歷數漢王劉邦的仁義行為，從反抗暴秦時的親冒矢石，到安定秦地時的約法三章，然後又是安定三秦所獲得的民心支持，還有出關之後對諸侯後裔、有功之人的封賞等等。的確，劉邦原本在百姓、士人和軍人眼中的形象就不算壞，這一回有了酈食其的一番描述，便顯得越發偉岸起來。

看齊王聽得投入，酈食其便又站在另一面描述其項羽的過往來，從他性格的殘暴衝動，到對部下的多疑多心，還有曾經屠城的惡名，以及分封諸侯時明顯的缺乏公平。最終，酈食其得到這樣一個結論：

項羽雖然曾經不可一世，但現在已經成為了孤家寡人。

得道多助，失道寡助，其實這句話也可以換過來說，就是多助者必然得道，寡助者將失其道。酈食其對這一套規則摸得門清，在懸河般的言辭中，將這裡面的道義利害一一闡述清楚，讓齊王田廣聽得連連點頭。更何況，齊國原本就和劉邦沒有什麼交戰，倒是被楚國佔領過，田廣想起自己父親死於陣前，就不由得熱血沸騰。但他想了一想，重新提出問題：「先生說的是非、利害，寡人都已經明白，只是，齊國和楚國交界，又無力和楚國對抗，如果放棄和好，必然會被楚軍攻伐，只怕我齊國人民又要遭殃了啊。」

酈食其早就知道對方擔心這個，微微一笑，信心十足地說：「非也，大王多慮了。您要知道，漢王從出關以後，和項羽對戰，雖然數戰數敗，但卻並沒有傷動根本，這是人力可為嗎？乃是天意啊。如今，漢王握有敖倉的糧食，可以支撐數年，同時扼守住了成皋關口和白馬渡口，這樣，天時、地利、人和全都在漢王的手中。而反觀項王，不僅四面受敵，而且總是不斷東西奔跑，疲於奔命，其戰力已經明顯下降了。如今，兩軍相持廣武，楚軍想進不能進，想退不能退，糧草供應困難，士氣不斷下降，眼看就無法自保了，怎麼會有能力進攻齊國？再說，單單一個彭越，就已經將楚國騷擾得不堪其苦，連項羽也不能將他如何，何況我大齊國的實力呢？」

最後這段話，將彭越和齊國相比，顯然打擊了田廣的自尊心。他掀動了下嘴唇，想說什麼，又嚥了回去。

站在齊王身邊的田橫忍不住插話，說道：「既然漢王有意想和我國聯手，為何還要派遣相國韓信到平原徵集軍隊，打算渡河攻打我齊國？」

酈食其果斷地回答說：「這件事情，漢王的確知道。但，齊王在上，我不敢隱瞞，相國的行動，並非漢王本意。如果齊國能和我國攜手，那麼，我只需要一封書信，說清楚漢王的意思，韓信自然會退兵。如果齊國執迷不悟，那麼，韓信想要做什麼，恐怕就不是我能夠約束的了……」

聽聞此言，田廣和田橫不由得對視一眼，他們知道，韓信一旦過河，那麼，楚軍也就會進入齊地搶佔，到那時候，局勢真的不是自己能控制的了。於是，兩個人商議一番，便同意酈食其的建議，由他修書給韓信，說明齊國已經歸漢，請勿用兵。

消息傳出，原本在歷下集中駐紮的齊國將士是最興奮的，他們原本聽說劉邦仁義、韓信部隊約束得力，並不想抵抗漢軍的進攻，現在聽說齊國國君、相國主動歸順了漢軍，不由得歡聲雷動，置酒高歌。

籠罩在雙方邊境上沉重的戰雲，在這個時刻，悄然無息地消失了。

## 韓信入齊，第二戰場對第二戰場

沒有了戰爭的威脅，齊國士兵們是開心的，田廣、田橫的心情，比起齊國士兵們更為開心。相較於將士們的生命，他們更加重視自己在齊國的統治地位，現在眼見得已經保住，便更加由衷地感謝酈食其的到來，感謝漢王劉邦的仁慈寬厚。

為了表達對酈食其的感情之情，田氏家族拿出齊國最好的美酒款待酈食其。酈先生覺得自己建立了蓋世奇功，酒徒的習性未免發作。今天到相國府宴飲，明天到將軍府應酬，後天又要到宮中答謝，每天沉醉在杯盤狼藉、觥籌交錯的美夢中。

然而，此時在黃河的那一邊，韓信的心情堪稱五味雜陳。

本來，劉邦在清晨直入軍營拿走軍權，已經讓韓信感到多少下不了臺，再加上他遵照命令，來到平原徵集軍隊時，漢王又特地派來了曹參和灌嬰。名義上是協助韓信破齊，但如果理解得更陰險一點，說成是對韓信的不放心也完全成立。

在這樣的心理壓力下，又來了個多事的酈食其，居然憑藉三寸不爛之舌說下了整個齊國。

這是韓信所無法忍受的。但問題是，酈食其的背後不是別人，正是那個讓韓信既感到無奈又感到不服的漢王劉邦。

躊躇了幾日，韓信傳出命令：全軍原地駐守待命，原本徵發的渡船，也歸還給百姓。

命令傳出以後，第一個做出反應的是一直跟隨韓信的謀士蒯（蒯）通。

蒯通當然知道酈食其的事情，但他找到韓信問道：「是否是漢王傳令，讓相國收兵的？」

韓信臉色沉沉地說道：「不是，但是齊國的使節所送來的一封書信，的確是酈食其的筆跡。」

「既然這樣，」蒯通摸摸鬍鬚說：「將軍就要慎重了。您想想，當初可是漢王的命令，讓您準備攻打齊國的，現在酈食其的一封書信，就能抵得上漢王的王令？再說，酈食其不過是一個書生，他靠著自己的辯才，就說服了齊王，一下子為漢王拿到了七十多個城池。反觀將軍您呢，身為三軍統帥，和士兵們一同風餐露宿、跋山涉水，在趙國轉戰了一年有餘，親臨險境，也不過才平定了五十多座城池。您的功勞都比不上一個書生，這不是讓天下恥笑嗎？」

韓信說：「蒯先生，您說得很有道理啊。可是，我現在應該怎麼辦呢？」

蒯通走近一步，以低低附耳的聲音說道：「相國，依我看，漢王或者有意、或者是疏忽，總之就是沒有將派遣酈食其勸降齊王的事情告訴您。那麼，您就當作完全不知情，照樣進軍，這樣，齊國上下已經因為酈食其的活動而完全放鬆警惕，正是您一舉拿下齊國的好機會。」

韓信聽完蒯通的話，沉默了一會，說道：「蒯先生，請容我思考片刻。」蒯通也不說話，拱手而立，靜靜等待。

韓信猶豫了半柱香的工夫，正是這半炷香，決定了許多人的命運。半炷香之後，韓信下令，收回剛才的命令，然後親率大軍，趁夜偷渡黃河，而後向歷下城發動全面攻擊！

在歷下城駐防的齊軍，早就因為齊國上下一片的和平氣氛而丟失了抵抗意志和防範，統帥田解和華無傷根本就沒有做任何準備，哪裡又能抵擋得住韓信部隊蓄勢待發已久的攻擊。他們稍事抵抗，便知道情形不妙，丟下齊軍狼狽逃竄。

這下，田横和田廣感到上當了，他們馬上命令手下將酈食其從酒宴上拖進了王宮。酈食其喝得暈暈乎乎，看見田横如兇神惡煞一般站在面前，還以為又是請自己喝酒。不料，田横一頓發作，酈生才知道情況有變。他連忙解釋說：「相國，我是直接從漢王那裡動身的，怎麼會和韓信串通好來欺瞞齊國呢？韓信那邊，必然是有所誤會，且待我修書一封，保證他獲書以後，全面退兵。」

田横冷笑一聲，讓他立即修書。

酈食其的確有急智，在這種情況下，他居然還能將一封書信寫得洋洋灑灑、文采斐然。他在信中勸韓信說，您最初只是普通士卒，是漢王不顧軍中上下一片的反對之聲，為您築壇拜將。又因為對您才能的欣賞，加上深厚的信任，才讓您能夠率軍獨當一面，攻城拔地，無堅不摧，從將軍升為大將，從大將升為相國，這雖然是您的本事，卻也和漢王的賞識分不開。而我酈食其雖然並不懂軍事指揮，卻能夠用外交手段，讓齊國歸順，協力抗擊楚國，這不是要比依靠將士們的浴血奮戰更好嗎？何況，我來規勸齊國，奉的是漢王的命令，您執意用兵，就不怕漢王怪罪下來?即使不害怕，相國您的舉動，無疑要將我置於死地，那麼以後哪個讀書人還敢追隨您?

韓信讀完這封書信，面露難色，他不得不承認，酈食其的話有些道理，一時之間，韓信感到拿不定主意。

蒯通接過書信，看完以後，搖搖頭卻說：「相國，您戎馬生涯，叱吒風雲，怎麼能被這樣的辯士愚弄?」

韓信不解，說：「請教先生我何處被愚弄了?」

蒯通說：「事情明擺在這裡，相國沒有看透而已。漢王派遣酈食其到齊國，也並沒有告訴您，酈食其給將軍寫信，漢王也並不知道。如果您繼續進軍，齊國人必定會處死酈食其，那麼，漢王哪裡有證據處罰您?相反，如果相國您現在心軟，從齊國退兵，酈食其得以活命，將來就能到漢王那裡搬弄是非，恐怕到時候就容不得相國您的辯駁了。」

剎那間，韓信眼前浮現起那天清晨，從帳幕中走出看見劉邦手持兵符在陽光下的得意形象，心腸一硬，說：「就聽蒯先生所言!」於是大軍繼續向齊國內地進軍。

這樣的進軍，既是齊國終結的號角，也是酈食其個人生命的喪鐘。田廣、田橫原本以為韓信會老老實實地因為劉邦的名義而退兵，沒想到，等來的是一波接一波的攻勢，以及一批接一批的敗兵。於是他們不再費唇舌，將酈食其投入沸水活活烹殺。然後退往齊國縱深地帶。田廣逃到高密（今山東高密西南），田橫逃到博陽（今山東泰安東南）。這樣，韓信幾乎兵不血刃，就佔領了齊國國都臨淄，然後立即讓曹參和灌嬰分兵追擊。

田廣感到，再拖下去，自己小命不保。於是，他只能病急亂投醫——派出使臣，向項羽求救。

此時的項羽境遇也並不好，他剛剛在梁地又一次清掃完彭越的部隊，已經接到曹咎、司馬欣兵敗被殺的消息，難以分身來管齊國的這攤子破事。但是，項羽也知道，齊國一旦滅國，韓信將能夠從北向南如同泰山壓頂一般進攻楚國。於是，在動身向廣武出兵之前，他抽出近十萬楚國大軍，由大將龍且和亞將周蘭率領，前往援救。

龍且一直是作為項羽的部將出征，從未率領過如此大軍團的統帥。因此，對於這次入齊救援，龍且信心十足。據他所知，攻打齊國的漢軍隊伍不過幾萬人，人數比上的懸殊，讓戰爭的結果已經失去了意義。這樣，將來項王論功行賞，自己豈不就是齊國理所當然的統治者？

在這樣的興奮情緒下，龍且日夜兼程，來到齊國高密，和田廣會師一處。

田廣原本以為項羽忙於和劉邦對峙，對自己的事情不屑一顧，沒想到到來的是龍且這樣的大將，更沒想到龍且身後還有十萬雄師。於是精神大振，攛掇著龍且立刻率兵出擊。但這個建議被龍且帳下的謀士朱新否定了。

朱新說：「楚軍遠道而來，立足未穩，而齊軍是在家鄉作戰，漢軍又未傷害齊國百姓，他們難免顧慮重重。漢軍雖然人數不多，但訓練優速，如果我軍急於進攻，只怕難以取勝。」

龍且脾氣暴躁，素來不喜歡被人反對，他粗暴地說：「交戰不能取勝，難道要逃跑？」

朱新解釋說，目前最好的辦法，應該是堅守不戰，拖死漢軍，然後，廣泛宣傳田廣的行蹤，激發齊國百姓的抵抗欲，這樣，漢軍不得安寧，就會自行退卻。

然而，龍且根本看不起韓信，同時，在戰略上也不願意接受這樣的方針。因為援救齊國，實際上是楚軍開闢第二戰場的機會。如果能順利控制齊國，那麼，忙於兩頭的恐怕就不再是項羽，而是劉邦了。

龍且怎麼可能願意放棄這樣的立功機會呢？

## 大丈夫不當假王，利用人就要給出最好誘餌

龍且是個很簡單的男人。

說他簡單，是因為他的履歷表上相當貧乏：自幼和項羽一起長大，親如手足。但就是這樣的履歷表，足夠讓龍且在楚漢戰爭歷史上站到一個重要的角色。跟隨項梁起義之後，龍且每逢戰鬥都會親身奮進，得到楚軍上下的一致信任。彭城之戰後，項羽專門將楚軍中精銳的雇傭兵樓煩騎士部隊交給他統領。攻破英布軍隊乃至屠殺其家族的，也正是這個龍且。

只是，龍且並不滿足於自己這個簡單的履歷表，他希望的是能做楚軍中的韓信。因此，他剛到齊國，就宣佈楚齊聯軍有二十萬之眾，意圖在聲勢上壓倒漢軍，此時朱新建議他偃旗息

鼓、固守待援，是無論如何也說服不了他的。

面對如此急於求戰的龍且，韓信不敢有絲毫的疏忽，對於韓信來說，他的身後並非黃河，而是人生的懸崖峭壁——原本進攻齊國已經屬於違抗漢王命令的行動，而這個罪名是否坐實，就要看是不是能拿下齊國了。攻下齊國，大功一件，誰都不會找這樣的麻煩，在齊國戰敗，則萬事皆休。

韓信立即調動兵馬，和曹參、灌嬰的機動部隊會合，然後駐紮在濰水西岸，對岸，就是齊楚聯軍防守的高密城。

沿著濰水岸邊徘徊了許久，韓信看見面前滔滔河水向東而去，再看見對岸的齊楚聯軍營帳森然，一個計畫的雛形很快在韓信的腦海中出現。他又加快腳步，溯河而上，走過了三、五里，發現河床驟然狹窄起來，河水變得洶湧急下，當地百姓依靠在河上搭建的簡易木橋通行，心中那個計畫便完全成形了。

這天半夜，韓信命令上萬名士兵，每人扛一個沙袋，秘密來到木橋附近。然後，在那裡將沙袋扔到洶湧的河水中，這樣，上萬個沙袋很快形成了一道臨時的攔河大壩，原本奔騰不息的河水到黎明時，就成為了溫順的小溪。

韓信在濰水西岸的險要處埋伏好部隊，然後蹚過淺淺河水，親自率領部分漢軍，朝東岸的高密城進軍。龍且聽到報告，喜不自勝，他想到的是自己甚至都不用行動，漢軍就來自投羅網了。於是龍且下令，楚軍全線出擊。

果然，漢軍和楚軍稍一接觸，勉力抵抗後難以支撐，韓信的帥旗一翻，掉頭西去。龍且看到形勢大好，哪裡捨得放漢軍退走，於是緊追不捨，好幾次前鋒騎士眼看著就能追上韓信帥旗，又被他逃過。就這樣，漢軍一直退到了濰水西岸，而隨後跟來的楚軍半渡時，那負責用沙袋攔河的萬餘名漢軍齊聲發喊，衝上「大壩」，將沙袋盡數搬掉，濰水頓時如洶湧直下，奔騰沖入楚軍的隊伍中。

正在渡河的楚軍毫無防備，片刻之間被大水席捲而去。勉強登上對岸的，渾身濕透，難以抵擋以逸待勞的漢軍，不是被圍殲，就是投降被俘。原本心高氣傲的龍且，此時難以衝出重圍，最終被灌嬰部下所殺，亞將周蘭則被韓信軍擒獲。

聽到這個消息，齊王田廣和相國田橫大驚失色，他們原以為楚軍軍力強大，再不濟也能拖延一段時日，然後坐等天下有變，沒想到楚軍這麼快就被韓信用水淹的計策擊潰。於是，他們只好率領餘部，慌忙從高密城中撤退，飛馬奔逃而去。

韓信當然不會放過威脅他奪取齊國的田氏宗族，田廣逃到城陽（今山東莒縣），被漢軍擒獲，斬首示眾。田橫則逃到了博陽城，聽說田廣已經死了，便宣佈自己成為新的齊王。這消息讓奉命追擊他的漢軍大將灌嬰感到哭笑不得，他對周圍的士卒鄙夷地說：「齊人真是喜歡割據，本性難改啊！就算只有一個城池，居然還要當王！」

不久後，灌嬰擊敗田橫的部隊，田橫只帶了數百人逃亡到梁地，投奔了彭越。

與此同時，曹參、韓信他們在齊國其他地區縱橫掃蕩，很快就將大股的反抗勢力加以鎮壓下去，只有些許的抵抗，也漸漸銷聲匿跡。畢竟，漢軍和楚軍完全不同，他們很少有騷擾百姓、破壞農田的事情發生，而對於此時的齊地老百姓來說，誰來管理齊國並不是最重要的，誰能夠帶來和平、安寧才是最重要的。

就這樣，韓信透過其積沙斷流的計策，在濰水大戰中獲得關鍵性的勝利，最終憑藉自己神武的用兵策略而平定齊魯大地，共獲得了七十多座城池。這下，韓信可以說是心滿意足了。從自己擊敗魏王豹，到北渡黃河，橫掃代國、趙國，脅迫燕國投降，最終到拿下三齊之地。隊伍越打越多，名氣越打越大，辛苦的付出，終於看到了回報。

韓信一方面感慨自己一路走來的艱辛，另一方面又多少產生了新的欲望：漢王劉邦曾經說過，願意將關東之地封賞給能夠和他一起打敗項羽的人。現在，韓信自己獨當一面，連續討平數個國家，卻除了一個「相國」的名義什麼都沒獲得。劉邦不僅沒有兌現諾言，還在途中採取突然襲擊的方法，將自己組織起來的隊伍拿走，這實在讓韓信心中難以平衡。

想到這裡，韓信覺得，自己目前組織的隊伍，一定要留在齊國，再也不能被漢王帶走。同時，自己還應該向劉邦邀功封賞，不論他是否答應，都能帶給韓信未來日子裡更大的發言權和選擇權。

由此，韓信的一封書信透過探馬加急送到了劉邦手中，在信中，韓信提出了這樣的要求：齊國土地廣袤、物產豐饒，相應地，齊國人也向來粗莽而不服約束。正因為如此，齊國反覆無常，很難治理。加上齊國的南部和楚國相鄰，更是容易受到策反而鬧事。因此，齊國最需要的還是有一個王來進行治理。微臣考慮再三，願意做假齊王（代理齊王），從而穩定好齊國，然後再南下伐楚。

韓信將這封信慎重地封好，也將自己的希望封藏其中，然後用快馬送往劉邦所在的廣武。

此時，劉邦的箭傷雖然還沒有痊癒，但由於擔心前線，已經從關中返回，還帶來了新的援軍和糧草。但縱然這樣，他還是在擔心隨時有可能被楚軍攻佔的滎陽。為此，他不斷派出使節催促韓信從北部戰線進攻彭城，化解滎陽戰場的壓力，沒想到，韓信居然在這個節骨眼上跟自己坐地起價，談起了買賣！

這是要將我漢王的位置置於何處？

劉邦這樣想著，心中熊熊升起一把無名火，他啪地一聲，將韓信的書信打在案几上，整個人站起來，將韓信的使者嚇了一跳。

劉邦盯著使者，怒氣沖沖地說：「你回去告訴韓信，寡人現在和楚軍對峙在這裡，情況危急，日日夜夜盼望他過來救援。如今，他不僅不來援救，居然還要一心想當什麼假齊王！」

使者愣住了，一時不知道說什麼是好。

如果使者就這樣回去，或許後世寫楚漢紛爭的故事還會多上幾篇，但一切都因為劉邦身旁侍立的張良改變了。他看到劉邦站起身來，就知道漢王的老脾氣又犯了，等劉邦話音剛落，他便伸腳踩了下劉邦的腳。

劉邦一驚，回頭看著張良，眼神疑惑而執拗。

「大王，目前這種情況，你能阻止相國稱王嗎？倒不如索性封他為王，否則，後果不堪設想。」張良低低地說。

果然，電光石火間，劉邦似乎看到了在自己和項羽之間，韓信完全可以有第三種選擇——自立為王。

劉邦感到全身汗毛張開，喉頭衝入一股寒氣，畢竟，趁韓信睡覺奪走他兵權的這種勾當，也只能做一次……

於是，劉邦慢慢坐了下來，營帳中的燭光下，他臉部的肌肉一點點鬆弛開，終於綻放成了陽光般的溫煦。對著還在不知所措的使者，劉邦說道：「你回去告訴韓信，大丈夫男子漢，要當就當個真王，當什麼假王嘛，難聽！」

劉邦說完這句話，看了張良一眼。張良心領神會，立刻起草給韓信的冊封令。

第二天，張良就帶上了刻好的印綬，加上漢王親自簽署的冊封令，正式奔赴臨淄，將韓信封為齊王。

# 第十章 算無遺策，送走喋血戰神

## 背面的吉利，差一點就成了三足鼎立

漢四年四月，張良到了臨淄。

張良發現韓信在那裡已經頗有齊王的氣派，出入跟隨的儀仗、侍奉的文武官員，並不比諸侯差多少。因此，張良更加為漢王做出的選擇而感到慶幸。所幸，韓信雖然功高蓋世，但畢竟不會功高蓋主，他並不是那種敢對恩賞優厚的漢王主動加以背叛的人——這一點，張良相信自己不會看錯。

在臨淄待了幾天，張良就立刻動身回滎陽前線去了。韓信知道，自己能夠當上齊王，也要多虧張良，於是帶領全部在臨淄的下屬，一路相送，直到張良飄然上車，才畢恭畢敬地回城。

剛回城不久，傳令兵就前來報告，說項王的使臣武涉來了。

韓信看看左右，說：「這個武涉，我也曾經聽說過，是盱眙人，和項羽同是楚國人。在楚軍陣營中，他也算個出色的辯士。現在他來我齊國，大概只有一件事情，就是要說服我幫助楚國了。」

果然，武涉來到宮中，看到韓信，立刻口稱齊王，下拜祝賀。

韓信故作親善地扶起了武涉，說：「先生可是天下的名士，現在前來祝賀我，大概是受了項王的委託？有話您儘管但說無妨。」

武涉回答道：「齊王果然睿智。我這次奉項王命令不假，但所要說的事情，並非只是為了項王，而是為了齊王您。數年前，天下人因為苦於被暴秦統治，因此舉起義旗，推翻暴秦。秦滅亡後，項王論功行賞、分封諸侯，是為了讓黎民百姓們能夠得到休養生息，從此天下安寧。可是，漢王劉邦卻非要出兵漢中，侵奪關中章邯的王位，佔據他的領地。不僅如此，他還要興兵動眾，偷襲彭城，必須要奪取天下，可見其貪婪狡詐是有目共睹的啊……」

韓信笑了笑，說：「先生，你說得沒錯，大丈夫生於天地之間，有奪取天下的雄心壯志，這有什麼奇怪呢？」

武涉愣了下，他忽然發現，跟韓信這樣富有野心的人說這些滿口仁義道德的話，似乎的確是缺少意義的。因此，他決定換一個方向突破，於是清了清嗓子繼續說道：「齊王您說的是沒錯。漢王吞併天下的野心，也許並沒什麼過錯。然而，從為人上來看，齊王您真的瞭解劉邦嗎？您有這樣高明的用兵才能，現在也只能做漢王的臣子，結局會怎樣，您就沒有考慮過？」

這個問題倒是真的觸動了韓信敏感的神經，在戎馬間隙中，自己倒也並非沒有考慮過。於是，他儘量壓抑著好奇問道：「這件事，我倒是想聽聽先生您的看法。」

武涉憂心忡忡，看起來的確是在為韓信擔心，他說道：「齊王，您目前是相當危險啊。作為人主，必須要充分瞭解臣子，才能掌握和利用他們。當然，作為臣子，也必須要瞭解人主，這樣才能選擇正確的人來侍奉和追隨。齊王您追隨漢王這麼多年，對他應該有所瞭解了。以前，項王不是沒有機會誅殺漢王，只是因為憐憫之心，而讓他得到逃命的機會。但是，漢王並沒有因此感激項王，而是在脫險之後，就馬上背信棄義、反戈一擊。這樣的人主，未免太難以令人信賴了。」

韓信搖搖頭，說：「漢王既然想要匡扶天下，而項王又是他最大的敵人，那麼，就不能說什麼恩情了吧。這怎麼能用來判斷漢王的人品呢？」

武涉看到打不開缺口，繼續說道：「非也。難道齊王您覺得，漢王只是對敵人背信棄義，對您講究情誼和信用嗎？非也啊！之所以漢王現在對您的要求百依百順，是因為您的立場將關係到戰爭雙方的命運。您向西幫助漢王，漢王就會獲勝，向東幫助項王，項王就會成功。但是，您需要明白，如果項王勝利，他不會傷害您，而如果項王敗亡了，那麼，漢王下一個對付的就是您了。因此，就算您現在一時拿不定主意，也應該劃地為界，和楚、漢對峙，等待時局發展。這樣，漢王和項王也會籠絡您，不是比當劉邦的下屬要好得多嗎？」

武涉知道，自己身為項羽的下屬，想讓韓信以目前的實力馬上來幫助楚國，並不現實。因此，他降低了自己的目的，爭取只要讓韓信中立就可以了。

但韓信並不這麼想，他點點頭，又搖頭說道：「先生您說的並非沒有道理，只是，作為大丈夫，我真的無法做到啊。回想當時我侍奉項王，官職地位，項王也不肯聽從我的建議。而漢王對我就不同了，築壇拜將，統領大將，連衣服和食物都可以親自跟我分享，還對我言聽計從。漢王對我有大恩，我不能忘記，也無法改變忠心。就請您替我向項王道歉吧！」

說完，韓信拂袖而去，武涉仰天長嘆，感到大勢已去。

武涉沒有說服韓信，但他的這番言論，被蒯通聽在耳中、記在心上。蒯通對這番話深以為然，他知道，劉邦並不是能夠甘心受到下屬箝制的君主，所以，現在對韓信讓步越多，將來的報復也就可能越大。因此，武涉雖然是出於項羽的利益考慮，但對於韓信來說事關利益也是實情。

蒯通知道，自己不能再強行進諫，只能換一種方式讓韓信明白他的第三種選擇。

第二天，蒯通穿上一件江湖術士的大褂，搖搖擺擺地走到韓信宮中議事。韓信一看，笑著說道：「先生，您怎麼還有這樣的打扮？」

「大王，您有所不知，」蒯通嚴肅地說道，「我少年時曾經跟隨高人學過相術。現在戰事平定，我不覺技癢，因此又打算找人看看相，免得荒廢了本領。」

韓信說：「是嗎？你的相術水準如何？」

蒯通並不謙虛：「我會看三種相，看面，就知道貴賤；看背，就知道安危；看四肢行動，就知道成敗。」

韓信樂了：「是嗎？那就請先生來看看我吧！」

蒯通背起手，煞有介事地繞著韓信轉了兩圈，又反過來轉了兩圈，韓信剛想動彈，蒯通立刻扶著他道：「齊王，請別動，讓微臣再看看。」

又看了半晌，蒯通搖搖頭說：『怪哉怪哉，大王真是深不可測的相貌啊！」

韓信活動活動說：「哦？怎麼深不可測？」

蒯通高深莫測地說道：「看大王的面，您最高也不過做到王侯，而且命中還有危險；看大王的背，則前途無量，貴不可言；再看大王的四肢，又成敗難定，關鍵是從正面，還是從反面了。」

韓信似懂非懂：「您說的從面，還是從背，難道是讓我……」

蒯通欣喜地說：「大王果然睿智。從面，您幫助漢王，擊敗楚軍是遲早的事情，或者幫助項王，擊敗漢王也並不困難。然而，不論您幫助誰，始終都是居於人下，聽人擺佈，而且會威脅到君主，就包藏禍患。如果能夠從背，那麼，結局就會好得多！」

「是嗎？」韓信猶豫著，眉頭緊鎖。

「當然！」蒯通自信地解釋說：「如果您和楚漢三分天下，他們誰還敢貿然行動來攻打您呢？到時候，您再勵精圖治，憑藉齊國的力量，迫使燕國和趙國跟隨，這樣，楚漢之間的爭鬥就會停止，百姓的生命就能保全，所有人就會跟隨您。到那時，齊王您再分封諸侯，楚漢的實力都會受到削弱，而新冊立的諸侯又會對您感恩戴德，您何愁不能成為天下的主宰啊？」

韓信不得不承認，蒯通描繪的這幅藍圖的確很雄偉壯闊，但韓信也知道，自己當年在河邊餓倒的時候，所需要的不過是一碗稀飯，從來沒有想過要主宰天下，成為帝王。更何況，劉邦就真的是那麼好對付的？自己有必要背負上背叛者的罵名，然後挑戰這個白手起家成為漢王的人嗎？

韓信不願意馬上做出決斷，他推脫著說道：「先生，您暫時不要說了，給我考慮考慮吧。」

這一考慮就是幾天，韓信始終沒有表態。蒯通又苦苦相勸，但韓信還是表示繼續「考慮考慮」。最終，他覺得自己既沒有信心也沒有勇氣去背叛漢王，他也不相信劉邦最終會對不起自己，於是，他拒絕了蒯通的建議。

蒯通當然知道這種拒絕意味著什麼，於是，他找到機會，逃出了齊國，從此浪蕩江湖。

## 簽了這條約，我們媾和分天下吧

隨著蒯通的出走，韓信背漢的陰影，就此暫時離開了漢王劉邦頭頂。其實，雖然對蒯通和韓信之間的那次相面一無所知，但張良憑藉自己在臨淄待的幾天，還是能隱約感到那片陰影的存在。但憑藉他對韓信的瞭解，他知道韓信不會背叛。

理由很簡單：

韓信雖然現在貴為齊王，但在內心中，他依然有著當年忍饑挨餓、浪蕩世間的孤獨感和弱小感，這種心理痕跡不是那些出身貴族的項羽、魏王豹、韓王信他們所瞭解的。也正是因為這樣的心理痕跡，讓他更加珍視現在的地位、權力、名譽和財富，如果不是逼到死處，他絕沒有理由背叛——因為他說服不了自己。

再說，韓信越是看重齊王這樣的名望，越是向劉邦乞求這些，就越說明他在骨子裡是崇拜劉邦、敬仰劉邦乃至於依賴劉邦的。只要想到是同樣出身卑微的漢王一手將他從逃兵變成了大將，韓信想在內心不感動顫抖也難。

正因為對韓信有這樣深入的觀察和理解，張良才會放心地離開臨淄，把齊地乃至漢軍的未來賭在韓信身上。事實證明，張良賭對了。而基於同樣的理由，張良建議劉邦，進一步將英布封為淮南王，讓他在九江放開手發展隊伍、採取游擊戰術，徐徐截斷楚國的後路。另外，催促彭越加緊進入梁地，斷絕楚軍的糧道。

對張良的這些建議，劉邦言聽計從，但他佈置完這一切，忽然開始莫名地擔心起來。他對張良說：「項羽被拖在滎陽、成皋、廣武一線，糧食眼看告罄，我們又要騷擾其後方，同時從齊國威脅他。那麼，項羽如果自覺走投無路，加害我太公和呂雉怎麼辦？」

劉邦提出的這個問題，早就在張良的計畫中。由此，另一個大賭局也在張良的推動下，於劉邦的面前徐徐鋪開。

這個賭局有個動聽的名字——議和。

張良對劉邦說：「項王心高氣傲，從不認輸。但是，他對現在的局勢幾乎無能為力，因此我軍可以用議和為名，來誘使他同意罷戰。這樣，太公和王后就能夠回到漢軍陣營，可保安全了。」

劉邦多少還有點懷疑項羽會不會同意議和，但轉念一想，如果把自己放在項王的位置下，恐怕早就要議和了，便同意了這個建議。

不久，項羽在楚軍大帳中接見了來自漢軍的使節。

雖然久困於前線，但項羽依然威風不減，他特地穿了全副盔甲，堂堂地坐在案几後，盯著漢使的眼神讓人感到不怒自威。

漢使恭恭敬敬地施禮完畢，然後說：「項王，我漢王問您，下一步打算如何安排？」

「我當然要戰敗漢軍，生擒劉邦！」項羽嗡嗡的聲音在營帳中迴響。

漢使自信地笑了，說：「我家漢王說，楚漢兩軍，在這裡已經白白耗費了幾個月工夫。大王如果還想繼續在這裡對峙，我漢王也可以奉陪，但絕不會出戰，這樣相持下去，恐怕對誰都沒有好處。不過，如果項王您願意講和，我漢王表示可以商量。」

「原來，你們是打算講和來的？」

漢使說：「漢王說，和亦可，不和亦可。只是漢王原本就不想必須和大王您分出高下，也就不忍心看到無辜的士兵再相互殘忍拚殺。因此，無論大王您如何叫罵甚至暗箭傷人，他也不願意出戰。不過，漢王說，貴軍的糧食原本有限，現在彭越馬上就要在梁地斷絕貴軍的糧道，如果那樣，貴軍的損失恐怕會更大啊！」

項羽一聽，心中原本燃燒的憤怒幾乎頓時化作冰塊，他沒想到，劉邦對自己的情況掌握得清清楚楚，而且聽起來，劉邦是始終都不願意作戰的。自己再這樣苦苦堅持，真的就能一口吞滅他麼？

項羽正在猶豫中，身旁的項伯側身過來說道：「看來，漢王的主意已經定了，想要主力決戰已經不大可能，而如果硬攻的話，我軍的糧食也堅持不了多久啊。」

「叔叔的意思，難道真要和劉邦講和？」項羽感覺還是嚥不下一口氣。

「是的，何況，武涉剛剛回來報告說，他在齊國沒有說服韓信，韓信新成了齊王，正打算進攻我國。」

項羽覺得，心中那塊冰正在累積成冰川，他沒想到，短短時間內，自己又多了個對手。原本英布和彭越的騷擾就讓他頭疼，現在韓信舉全齊之力要進攻楚地，就不是我能夠同時對付得了的。時間一到，楚軍恐怕不僅無法戰勝漢軍，連楚國的安寧也無法保證了。

項羽思來想去，沒有什麼好的辦法，眉頭緊緊鎖了起來，一開始的那種自信、偉岸和堅強已經煙消雲散。

漢使看到時機已經成熟，便拿出了早就準備好的地圖，奉到項羽面前說：「漢王說，如果能簽訂和議，楚漢就能平分天下，彼此相安。原本楚漢就是共同推翻暴秦的盟軍，既然能夠平分天下，又何苦要在此長期對峙，耗費無辜士兵的生命呢？當然，簽訂了和議，也請放還漢王的家人，畢竟倫常天理，是普天之下都在看著的啊。」

項羽看了看地圖，說道：「莫不成劉邦就是為了家人才議和的？」

使節謙恭地說：「項王說得一點沒錯，縱然是王侯將相，也願意和家人團聚。自從太公上次出現在陣前，漢王是朝思暮想，因此也不敢和項王對戰，惟恐家人受到傷害。現在項王如果能放還漢王的家人，那麼漢王必然感激不盡，再也不向東侵擾楚國。即使是天下其他的諸侯百姓，也勢必會稱頌項王恩德。」

項羽轉念一想，覺得使節的話合乎情理，而且劉邦的家人放在自己的手中並沒有什麼用，既不能殺，也不能放，用來議和也算不錯。他看看項伯，項伯也頻頻點頭，表示支持雙方議和。

就這樣，漢楚兩軍各自派出使臣會談，雙方按照劉邦在地圖上提出的意見討價還價一番後，最終決定，以滎陽東南的鴻溝作為國界。鴻溝以東，屬於楚國，鴻溝以西，屬於漢國，雙方各自駐紮邊境，再不侵犯。

談判結束之後，劉邦、項羽各自在議和書上簽字，按照事先的約定，項羽將太公和呂雉放回給漢軍。劉邦聽說這個消息，高興得夜不能寐，特地派出最精細的使節前往迎接，然後親自帶領漢軍上下，在大營門口翹首以待。

快到日中時分，劉邦遠遠看見車駕而來，不由得移動腳步，趕出大營，張良、陳平、樊噲、周勃他們緊緊跟隨。

家人見面，分外感動，劉邦一家人抱頭痛哭，見者無不動容。半晌，劉邦才放開老父和妻子，問道：「你們在楚軍中受苦了！都怪我之前沒有本事，才讓你們如此擔驚受怕！」一句話說得樊噲臉紅了起來，跳起來道：「不關漢王的事，是那個匹夫項羽欺人太甚，要我說，現在姐姐和太公都回來了，我們還議什麼鳥和！」

劉邦瞪了樊噲一眼，說：「和戰豈是兒戲，休要多說！」

呂雉擦擦眼淚，說：「我是婦道人家，不懂戰和，但項王倒也算是光明磊落，除了上次將太公拖到廣武城下威嚇一番，其餘時間倒也禮遇有加。一日三餐供給、四季服飾安排，乃至侍奉的人等，從未減少，更沒有羞辱逼迫的事情。」

劉邦看看太公，太公也連連點頭，說道：「兒媳說得確實不錯，項王沒有為難我等。」

漢王這才舒了口氣說：「那就好，現在既然兩軍議和成功，兒子總算將老父接回來，也算圓滿。就請父親和賢妻到後帳休息。」

在一群人的簇擁下，太公和呂雉被安頓下來，劉邦看著他們的背影，在陽光下久久不願挪動腳步。張良聽到他口中喃喃自語說：「回來了，終於回來了……」

漢四年（西元前203年），楚漢正式議和，雙方各自開始罷戰歸兵的準備。全天下得到這個消息，幾乎都覺得順理成章，而又太過突然。

## 絕不養虎貽患：要麼狠，要麼滾

聽說太公和呂后回來，漢軍許多部將、謀士紛紛前去拜望，大家都知道，既然和議已成，短期內戰事不會再開端，那麼，趁此機會和劉邦的家人拉好關係，大概也能為日後在漢王面前的排名帶來好處。

一時之間，去後營探望的人絡繹不絕，有的奉送禮物，有的送上僕傭，有的獻來美酒食物，簡直讓太公不堪其擾。

不過，張良卻不在前去探望的人群之中，他有更重要的事情要做。

連續三天，張良都在不同將領的軍營中來回踱步，四處走動，漢軍將士們知道張先生有這樣的習慣，也不以為意。有時候，張良會停步，和老兵們圍坐下來交談，也有時候他會沉默無語地看著士兵們餵飽馬匹、修整弓弦……

第四天，張良來到了劉邦的營帳中。

衛兵掀開帳幕，張良看到陳平也在劉邦身邊，他不由得心中一動：難道陳平也想到了？不容多想，劉邦開口問道：「張先生，這幾天一直未看到您……」

「是的。」張良施禮後說道，「這幾天，我在觀察我軍的士氣。據我來看，漢軍士兵們對議和好像並沒有表現出多少高興的神色，更沒有人歡呼雀躍。想來是因為他們大都和楚軍有或多或少的怨仇吧。」

張良這麼說並非沒有道理，漢軍將士有的來源於三秦，和楚軍自然有不共戴天的國仇家恨，也有的來源於關外，但其家鄉也都受到過楚軍的騷擾，因此自然希望能夠擊敗楚軍、一雪前恥。更重要的在於漢軍曾經在彭城大敗，不少老兵的戰友都死於楚軍的騎兵鐵蹄下。

而最重要的是，漢軍長期堅守在滎陽、成皋、廣武一線，從未主動出擊，士氣中的銳氣從未喪失，將士們都有著一股滿身力氣無所發洩的感覺。

現在，張良將這一點直接指出，讓劉邦在訝異之餘，不覺回味起來，並連連點頭說道：「先生說的是。不過，將士們雖有戰意，但和議已成，天下矚目，疆界也劃定了，太公和王后也回來了。難道我們還能再……」

張良緊走一步，雙眼堅定而自信地望著這個素來相伴的君主，似乎從來沒有真正認識他。直到劉邦開始報之以同樣的眼光，張良才說道：「漢王，如果我說和項王議和只是一個計策，您會怎樣想？」

「這……」劉邦往後退了一步，略帶頹然地坐倒在席上。他必須要找到一個位置，支撐自己聽到這個消息之後因為驚訝而發軟的身體。

始終沒有說話的陳平，此時也附和說：「漢王不必吃驚，張先生所說也是微臣心中所想的。我軍現在已經握有關中土地，兼有燕國、代國、趙國和齊國，可以說，天下三分之二已經在漢王您的腳下。反觀楚軍，已經兵老食盡，毫無戰意，正準備倉皇東歸。我軍如果現在進攻，正好能出其不意掩其不備，將其擊潰。」

張良看看陳平，感到這個謀士相當不簡單，心中暗暗想到將來平定天下後，他必然是操弄政治、治理國家的重要人物。

但劉邦的思維似乎依然是亂七八糟的，他看看張良，再看看陳平，又看看張良，然後略帶不解地問道：「可是，議和書墨跡尚未乾，我們就此背約，天下人會怎樣看我呢？」

張良說：「漢王，您身為王者，當胸懷天下，不能以尋常的世間道德來看待自己啊。兵法云，兵者，詭道也。因此，能，要表現為不能，用，要表現為不用，明明距離很近，要表現得很遠，明明距離很遠，要表現得很近。」

「嗯，這個我也聽說過，叫兵不厭詐吧。」劉邦好像聽懂了。

張良繼續說：「的確，如果我們現在進攻楚軍，就能做到出其不意、攻其不備，這是符合兵法的，也是謀取天下必須走的道路。何況，漢王您如果趁此機會追擊，天下人並不會恥笑，反而會稱讚您深謀遠慮而果斷堅毅；相反，如果漢王您就此罷兵東歸，天下人才會非議您為了自家的安全，就放棄了雄心和謀略，置天下的安危與不顧，成為當今的宋襄公。」

劉邦原本並不讀書，但自從成了漢王以後，在手下謀士的建議下，也多多少少看了些歷史，或者聽謀士們講過這些事情。他當然知道，宋襄公是春秋前期的宋國國君，在本國頗有作為，任用賢臣，宋國大治。當齊桓公死去後，宋襄公想要稱霸諸侯，就發兵攻打鄭國，和楚軍主力決戰在泓水。但是，這位宋襄公在作戰之前，還要大講仁義，說楚國渡河沒有渡完，列陣也沒有列好，不可發動衝擊。結果，宋軍大敗，喪權辱國，連百姓們都對襄公罵不絕口。

其實，宋襄公自以為並沒有做錯，因為春秋以前的戰爭，確實要雙方列陣完畢再開始攻擊。但問題是，那時的楚國首先就不是什麼講仁義的對手，之前的一次諸侯會盟中，楚國居然將士兵扮成文臣參加和平談判，並綁架了宋襄公，後來迫於輿論才將他釋放。對於這樣的對手，襄公還要講仁義，宋國後來的滅亡命運也就可想而知了。

這樣的畫面在劉邦腦海中一一閃過，不由得他不緊張，尤其是想到項羽當年憑藉在江東發展的八千子弟兵就能縱橫天下，將來如果縱虎歸山，項羽重新崛起的時間恐怕比自己想像的還要快。

趁劉邦愣神的工夫，陳平接過話繼續說道：「漢王，成大事不能被小節束縛，之前您曾經在陣前歷數項羽的十大罪，現在忽然議和，豈不是放過了罪人？」

「陳先生說得正是。」張良決定繼續燒一把火，他補充說道：「自從東周以後，諸侯混戰，長達數百年，暴秦建立之後又欺壓天下，以至於兵災禍患不斷。現在如果放過項王，讓他重新休息，那麼遲早會再次出現戰亂。到時候，恐怕漢軍將士因為漢王現在的心軟而心寒，加上和平日久、缺乏戰意，而被楚軍擊破。那樣的話，就是養虎貽患，恐怕悔之晚矣！」

說到此處，營帳外忽然走進一群人，劉邦定睛一看，原來是隨何、陸賈等一幫謀士，他們身後是樊噲、王陵、周勃這些武將，原來他們早已約定好前來聽取漢王對全軍下一步的命令，在帳外聽到張良的建議，忍不住闖入帳中跪倒一排齊說道：「漢王，張先生之謀，確實是高瞻遠矚、忠義之言。我等追隨漢王您多年，為的就是能夠看到天下一統，海內得以安定，諸侯能夠臣服，百姓得到治理。請漢王明斷！」

劉邦知道，眾望所歸，是不可違抗的，否則，不要說楚國的項王，恐怕自己漢王的位置也會因此搖動。更何況，劉邦的野心原本也並非僅僅限於當一個漢王，他又何嘗不想登九五之尊、開萬世基業呢？

想到這裡，劉邦閉上眼睛，搖了搖手說道：「罷！既然你們都這樣說，寡人就做一次毀約的小人好了！只是，既然和約已毀，就請諸位盡心用力，鼓舞漢軍，努力向前，方才能夠戰勝楚軍，安定天下！」

迎接他的，是響亮的呼喝聲音：「是！」

而此時張良想到的，是既然定下了追擊的策略，就應該進入具體的戰略部署階段了。他看看陳平，發現陳平也同樣陷入了思考中。的確，漢軍此時並非集中在滎陽一線，劉邦始終只是將自己作為誘餌在滎陽和項羽對敵，而大將曹參、灌嬰則在齊國和韓信準備向南進軍，盧綰、劉賈在配合彭越斷絕楚軍糧道，其他將領如傅寬、丁復、陳武、靳歙（靳ㄐㄧㄣˋ歙ㄕㄜˋ）、酈商他們，則或者守衛關中、鞏洛地區，或者在成皋、廣武、敖倉這些軍事要地據守。

這樣，劉邦面臨的問題就是，究竟能調用多少部隊去追擊退去的楚霸王項羽？

張良知道，陳平也在思考這個問題，而且這個問題如果不加以解決，勢必會導致毀約之後漢軍的戰略陷入被動。更深層次的問題是，追擊項羽是既定的目標，但項羽究竟會向哪裡退去呢？

張良把這個問題提了出來。

如果在一個月前，這個問題根本就不是問題，誰都知道，項羽將彭城根據地看得格外重要，之前數次從滎陽前線掉頭回去，都是為了援救彭城。或許，劉邦那一次對彭城的突襲，給項羽留下的印象實在太過刺激了。

但這時候，項羽真的會回彭城嗎？

早在簽訂和議之前，齊王韓信因為順利地得到了自己想要的王位，就派遣出了大將灌嬰，去魯北攻打楚軍，結果將楚江公杲的部隊全滅。之後，灌嬰又揮軍南下，繼續擊敗了薛郡郡守的部隊，然後攻下了傅陽，進軍僮城，拿下了慮和、徐城一帶。此後，他渡過了淮河，將淮南城池全部收入囊中，到達廣陵。

當然，項羽也並非完全沒有防備，他派出了項聲、薛公和郯（郯，ㄊㄢˊ）公渡過淮河搶奪已經被漢軍控制的城池。因此，灌嬰重新渡河北上，擊敗項聲和郯公，陣斬薛公，收復下邳。接著，重新南下，在平陽擊敗了楚軍的騎兵部隊。

在這種情況下，漢軍要做的不僅是追擊項羽，更要知道如何在追擊的同時，給項羽撤退的道路上放好一個又一個「陷阱」。

## 封三雄：把主戰場切割成多個牽制性的小戰場

趁著劉邦同意了追擊楚軍的方案，張良將自己的計畫和盤托出——不僅追擊項羽，更要讓楚軍的歸途充滿殺機。

張良是如此建議的：命令樊噲率領一支部隊，向胡陵（今山東省魚台縣）進攻，從而打開攻略楚地的大門。然後派劉賈帶領部隊，南下聯繫英布，圍攻壽春，吸引楚軍。另外，派出使節，勸誘對楚早就懷有異心的楚軍大司馬周殷背叛。而劉邦則率領主力，在張良和陳平的協同下追擊項羽。

考慮到灌嬰的威脅，張良判斷，項羽不可能直線向彭城撤退，他很有可能假道南方繞行返回彭城，以圖收復淮水下游流域的城邑。

對於這些建議，劉邦照單全收，而且他同時深深明白了一點，和滎陽防守時自己擔任「誘餌」一樣，在追擊楚軍時，自己也是個「誘餌」。只要自己率領部隊追擊，那麼，項羽就有極大的可能，只看到劉邦部隊，而忽略了四面佈置下的那些陷阱。

果然，劉邦毀棄和約的消息剛傳到楚軍，項羽就憤怒了！

身為貴族出身的項羽，對於自己被迫在沒有戰勝的和約書上簽字已經懷有深深的悔意和難堪，作為一個追求自我完美的人，他難以容忍自己被劉邦所約束，而作為一個追求天下霸權的人，他又不願意面對平分天下的事實。因此，在準備東歸的路上，項羽的情緒已經跌倒了谷底。但讓他沒想到的是，這樣的傷口上，劉邦居然還敢於冒天下之大不韙來撒把鹽，做出毀約的事情。

是可忍，孰不可忍？

於是，楚軍在向南的道路上停了下來，準備給追擊的漢軍以當頭一擊。

與此同時，劉邦以樊噲為先鋒，攻打下楚軍南歸通道上的重要城池陽夏（今河南省周口市），俘虜了楚國周將軍部一共四千多人。但問題是，楚軍回軍向陽夏進攻，再次擺出了對決的姿態。

歷史在這個瞬間給劉邦開了個玩笑，將他嚇唬得不輕。原本劉邦以為，自己一旦行動，韓信、彭越他們就會迅速追隨，並夾擊楚軍，但現在他發現，追擊楚軍的只有自己的部隊，而在陽夏這裡，漢軍無險可守，情況比起滎陽時似乎反而對楚軍有利了。

沒有其他辦法，劉邦只好繼續不斷發書信給韓信和彭越，催促他們出兵合圍，而自己則硬著頭皮帶領漢軍出擊。

楚漢兩軍，終於在陽夏東南的固陵（今河南省太康南）再次相遇。

這次相遇對於楚軍來說是致命的，但表面上看來，楚軍卻取得了戰場上的大勝。始終窮追不捨的漢軍並沒有做好準備迎接楚軍的衝擊，在固陵的平原地形上，漢軍被楚軍騎兵撕扯得七零八落，無所依託掩護，劉邦再一次品嘗到失敗的苦澀，於是他重新整頓漢軍隊形，然後不用任何人提醒，重新深挖壕溝、建築高牆，又和項羽玩起了對峙防守的拿手好戲。

看見劉邦軍重新停滯下來，項伯立刻趕去見項羽，他誠懇地說道：「項王，目前彭城受到威脅，而劉邦緊追不捨，他的意思正是要吸引住您的注意力，把我軍主力拖死在這裡。您不可不查啊！」

項羽輕蔑地笑笑，說：「劉邦這個狗東西，以為假意議和、騙走他的家人，就能打敗我了？真是癡心妄想。依我看來，韓信不會那麼快就進攻我楚地，彭越更是個跳樑小丑，早就被我嚇唬得不敢出擊了。我軍在滎陽沒有拿下劉邦，正好在固陵做到這樣的奇功！」

其實，項羽如果保持必要的理智，就能看到情況遠遠沒有這麼樂觀，但在這樣的節骨眼上，他再次犯錯了。

而這，也正是張良建議劉邦用漢王的身分去作為誘餌的高明之處。現在，原本應該急速撤退的楚軍，再次由於項羽的貪功而停留下來。

但劉邦並沒有因為這樣的情況而舒心，他摸著箭傷，眉頭糾結地坐在席上，向張良和陳平大發牢騷：「韓信當了齊王，彭越之前我也封了他做魏相國，怎麼還是遲遲不肯出兵，他們到底在做什麼？」

陳平也不太明白，他疑惑地問道：「不知道他們何以敢抗命不遵呢？」

劉邦沒好氣地說：「講來講去，還不是那一套話。彭越說，梁地到現在還沒有平定，楚軍經常騷擾他們，每天都要忙著應付，難以同我會師。韓信又說，已經派了灌嬰出擊，如果自己親率大軍出動，恐怕齊人會趁機聚亂……」

「這些都是藉口啊。」陳平若有所思。

「是啊，但問題是，他們到底要什麼？總不能我這個漢王給他們來做吧！」劉邦憤憤地舉起酒杯喝了一口。雖然喜好杯中之物，但在前線喝酒，還是劉邦最近開始的，看來，他已經著實煩惱了。

張良等君臣兩個人的對話結束，淡淡地說道：「漢王，以微臣的看法，齊王不會來，魏相也不會來，恐怕九江王也會開始觀望了。」

「嗯？這是為什麼？」劉邦聽出張良的話中有話，不解地問道：「難道是寡人有什麼沒有做到？」

「然也。」張良頷首微笑。

陳平也一時糊塗了，素來要錢給錢、要兵給兵、要位子給位子、要帽子給帽子的漢王，還有什麼沒做到的？

張良並不解釋，伸手在營帳的地上摸了一把，然後將之灑下，在透過帳幕的一縷陽光下，劉邦和陳平清楚地看到無數塵土飄散於空氣中。

陳平頓時明白，說了聲「哦」，臉上流露出對張良的崇敬之意，劉邦還處於糊塗中，但看見陳平的表情，便連忙向張良作揖說道：「先生一直是我的老師，就請明示。」

張良連忙還禮說道：「漢王，其實問題也不難，就在於一個字：土。」

「願聞其詳。」劉邦真的像學生那樣，腰桿筆直。

張良也同樣謹慎而認真地分析說：「齊王、魏相之所以會遲遲拖延會師，並非因為楚軍的強大，實際上，項王麾下現在的部隊最多不過十萬，而我軍如果和韓信、彭越部隊會師，將會到達三十多萬，實力對比懸殊。同樣，他們也並非不急於推翻項王，如此霸道殘暴的項王，恐怕天下人都想推翻。」

說著，張良話鋒一轉，走到劉邦身後的地圖邊，劉邦和陳平的視線也隨之轉動，三人的眼神不約而同地看向齊國在地圖上清晰的範圍。

張良繼續說道：「當初，韓信想成為齊王，是自己提出的，而並不是大王的主動封賞。所以，這個封賞的成色，原本就低了一點。更何況，封他做齊王之後，漢王您可是一直沒有明確他管轄的封疆國界啊。」

劉邦訕訕地笑了起來，說：「張先生，您也知道，不是寡人刻薄寡恩，的確是戰事密集，我對付項羽尚且吃力，又哪裡來時間考慮韓信的齊國呢。」

張良點頭表示理解，然後又說道：「只是，韓信並沒有考慮您的難處，而是心懷疑慮，他不知道在破楚之後，自己會有怎樣的地位和封賞，又怎麼可能出兵呢？」

劉邦沉默不語，陷入思考。

「漢王，您不妨再想想彭越。一直以來，他平定梁地，勞苦功高，屢次襲擾楚軍糧道，給項羽帶來很大麻煩，數次逼迫楚軍從滎陽前線回軍，就這一點也可以說理應為王。但是，漢王您也同樣遲遲沒有做出決定。何況，當初是因為魏王豹為王，彭越才屈居魏國國相，而現在魏豹已死，彭越正是應該為王的。」

劉邦沉不住氣了，他抬頭說：「張先生，您說得沒錯，這的確是寡人有失遠慮，才有目前的難處。就此請說出您的看法，以幫助我軍早日破楚，安定天下吧。」

「這也不難，」張良看看劉邦，再看看陳平，眼神裡閃爍著常人難以企及的智慧：「大王若果然答應滅楚國之後，能和他們同享天下，就可以做到逼迫他們儘快出兵。以良的愚見，不妨將睢陽（今河南省商丘南）到谷城（今山東省東阿南）的土地封給彭越，並正式封他為魏王；將陳（今河南淮陽）以東的土地，一直到齊國的東海之濱，全都封賞給韓信，以便幫助他坐牢齊王的位置。更何況，韓信的家鄉原本就在楚國和齊國交界的地區，將這裡封賞給他，能讓他更為滿意。這樣，他們一旦得到了封賞，就會前來和我軍合兵破楚了。」

陳平暗自叫好，劉邦也恍然大悟說道：「好，就按張先生說的辦！」

「漢王且慢，」張良補充說：「良還有一件事想要上告大王。」

劉邦連忙催促說：「張先生不必拘束，只要是能夠對破楚有功勞的事情，您但說無妨。」

張良說道：「合兵一處後，希望漢王能將指揮權交給齊王。」

劉邦並不問原因——實際上他自己也知道原因——就滿口答應了下來。很快，封賞土地的王命就傳遞到了齊國和梁國。而此時，並不知情的項羽仍然將軍隊停留在陳下（今河南淮陽縣），似乎在等待更好的機會，一舉完全殲滅劉邦。

就在這樣的相爭空隙中，齊王韓信的大軍出動了！

## 最後一擊，那年垓下歌聲起

韓信一直等待著劉邦實質性的封賞，但他並不著急，因為他雖然沒有採納那個蒯通的建議，但從蒯通的分析中，他知道這樣的事實：劉邦會比他更著急。

所以，韓信在等待劉邦價碼的提高，一旦滿足他的心理價位，他會二話不說地將軍隊開赴戰場。畢竟，幫助仁義的漢王，消滅殘暴的楚國，同時獲得屬於自己的王國，這是一件無論從利益還是名譽上都有充分收穫的事情。

因此，當韓信明確劉邦給予他整個齊國的土地時，整個齊軍的戰爭機器按照預定的方針迅速地轉動起來。

韓信當然瞭解必須要整備好大後方的重要性，因此，他將曹參留在都城臨淄，負責管理齊國並平定那些還沒有歸順的勢力。然後親自帶領將軍孔熙、費將軍陳賀，以灌嬰的騎兵部隊為先鋒迅速南下。

此後，彭城很快就傳來消息，說灌嬰已經降服了彭城，楚國柱國項佗被俘，彭城周圍的各城如留、薛、沛、酇、蕭、相等縣全部歸於灌嬰之手，而諷刺的是，曾經被漢軍擒獲過的亞將周蘭，又一次被灌嬰擒獲。

與此同時，梁王彭越的部隊也迅速向南穿插，力圖再次上演斷絕楚軍退路的好戲。

劉邦看見情況逆轉的速度比自己想像的要快許多，不由得高興得眉飛色舞。他立刻催動漢軍發起反擊，並和韓信軍隊同時夾擊楚軍。

錯過了最好撤退機會的項羽，開始品嘗自己在戰略層面優柔寡斷所犯下的滔天大錯。他帶領部隊迅速向垓下撤退，但此時再迅速的反應，都無法抵得上一開始的緩慢。在灌嬰強勢起兵的突襲下，楚軍損失了樓煩雇傭軍的將領兩人、八名騎兵將領被活捉，上萬的楚軍死傷。

此時的楚軍，軍心已經開始動搖，進攻、退卻、進攻、再退卻……如此漫無目的地折騰中，再精銳的部隊也必然渙散。

當楚軍整體向垓下退卻之後，漢軍和齊軍在頤鄉（今河南鹿邑縣南）會師了。

會師的場面是盛大的，不僅有著成功的喜悅，更充滿了期待的實現和燃起的希望。之所以如此說，是劉邦千盼萬盼的韓信終於到來，他的期待夢想成為了現實，而擊破楚軍的希望終於像一輪朝日升起前的霞光那樣，浮現在遙遠天邊。因此，劉邦特意將漢軍大小將領和謀士們集聚在大帳中，眾人開懷暢飲一番，也正是在這次宴會上，劉邦宣佈，齊軍和漢軍合二為一，由韓信來負責統領。眾將欣然領命，大家也都知道，防守過人的劉邦，恐怕最擅長的是躲在深溝高壘後面抵擋楚軍（雖然這也非常厲害），但說起野戰攻擊，的確還要依靠韓信的指揮才能加以調度。於是，在宴會之後，大家迅速回到各自部隊，馬上各自佈置下一步的追擊事略。

整個漢軍都知道，放走項羽，跟放走一隻中箭受傷的猛虎相比，恐怕前者更為危險。

英布在南方的消息傳來了，他成功策反了楚國大司馬周殷，對方答應叛楚投漢，並帶領所部佔領了六縣（今安徽省六安），而英布也率領九江部隊，和劉賈等漢將舉兵北進。與此同時，彭越的部隊也終於和漢軍會合。

這樣，韓信手下的大軍共有三十萬之眾，楚漢戰爭中的實力天平，第一次如此明顯地倒向了劉邦。

漢軍尾隨項羽向南方，直到垓下（今安徽省靈壁縣東南）。在這裡，九萬楚軍停止了前進，他們在項羽的指揮下原地駐防，準備和漢軍展開決戰。既然決戰遲早到來，與其將漢軍帶入楚國國境，不如就在腹地外加以解決，這大概就是項羽所抱有的想法。

決戰前的氣氛是凝重的，韓信高坐大帳中，面沉如水，即使是拜將以來未嘗敗績的他，也知道下面的這一仗將是決定自己人生走向的一仗。劉邦坐在他的身邊，盡力按捺住忐忑的心情，觀察著帳下諸將的表情，似乎想從中找到勝負的跡象。張良和陳平站立在劉邦身後左右，雖然對韓信有充分的信心，但也對戰事的偶然性感到些許的不可預期。

韓信說話了：「垓下一戰，將是破楚關鍵，諸將請分外向前，方可不辜負天下希望！」

「是！」迎接他的是整齊的呼喝聲。

「孔熙將軍，你帶領所部，負責左翼攻擊。費將軍陳賀，你帶領所部，負責右翼攻擊！」韓信開始點將。

兩名將軍得令而去。

「灌嬰、樊噲！」

「末將在！」樊噲急不可待地從佇列中大踏步走上前來，聽說要打敗項羽，他激動得幾乎要睡不著覺了。鴻門宴上吃過的生豬蹄味道，似乎還在口中泛著血腥，這讓樊噲更需要找到釋放的機會。

「就請二位跟隨我居中突破。」韓信很欣賞這兩位將軍的高昂戰意。他側過臉，欠身向劉邦微微致意：「就請漢王在我軍陣後負責坐鎮指揮。」

劉邦連連稱是，他已經決計將所有戰事交付給韓信，所以必然言聽計從。

韓信轉過臉繼續下令：「周勃、柴將軍等人，請你們做漢王的後衛，負責保護，並擇時待機出擊！」

「是！」

垓下，並非一座具體的城市，而是緊靠今天沱河（古名洨水）的區域，它以今天的安徽省靈壁縣韋集鎮垓下村作為中心，鋪陳開楚漢決戰的舞臺。

歷史的機緣，選擇了垓下這塊並不大的地理區域作為一段戰爭史的結束，對於垓下來說，這是悲劇，亦是史詩。此處的山河，每一寸都忠實地旁觀和記錄了這齣殘酷戲劇的最高潮一幕，並在千百年後，依然用時常暴露於地表的殘劍和箭簇無言地向今人講述與追憶。

戰事很快就打響了。

楚漢兩軍接觸之後，楚軍被逼入絕境的憤怒很快佔據了上風，將士們懷著求生的欲望和入骨的憤怒，奮力向前斬殺，人人惟恐落後。須臾間，楚軍的騎兵就突入漢軍陣營，鮮血頓時染紅大片的泥土……

縱然是征討過大半中原的韓信，也沒有見過這樣瘋狂的戰鬥力，他開始帶領所部徐徐後退。畢竟是久經沙場的韓信部隊，即使後退，也依然保持著頑強的抵抗意志和完整陣形。

就這樣，楚軍開始慢慢步入自己的死亡陷阱。

正當楚軍迷醉於最後的廝殺時，漢軍左翼的孔熙和右翼的陳賀部隊開始迂迴進攻，他們各自從左右向後包抄，以人數的絕對優勢，如一張口袋般將楚軍整個包括其中。

等到楚軍戰鬥力開始有所下降時，漢軍的反擊開始了。

韓信首先揮軍返回，展開逆衝擊，一直忍耐著後退的灌嬰、樊噲，如同兩隻掙脫鎖鏈的猛獸，幻化成漢軍將士眼中的殺神，奮不顧身地帶頭衝出陣線。暫態間，回頭衝擊的漢軍如逆勢的巨濤，狠狠拍打向進攻速度已經有所減慢的楚軍。

楚軍確實疲憊了，他們在滎陽一線付出的精力太多，而連日的糧食供應不足，也讓原本精銳的騎士們缺乏必要的耐力，甚至連馬匹的衝擊距離也維持不了最高峰時期的駭人長度。

就這樣，楚軍逐漸無法抵擋，開始節節敗退。但和剛才的韓信部隊不同，在楚軍敗退的路上，他們必須迎接來自左右翼漢軍的死命夾擊——韓信已經下了將令，不論哪支部隊，放走項羽的人必然要受到軍法嚴懲。

漢軍的包圍一重接著一重，楚軍如同流水一般被層層過濾，最終消失在不斷舉起的漢軍旗幟叢林中。許多楚軍的老兵沒有倒在鉅鹿戰場上，沒有倒在函谷關下，沒有倒在齊國人埋伏的弓箭前，沒有倒在滎陽城牆上的飛石裡，卻最終逃不過垓下這宿命的劫數。

終於，當黃昏來臨時，楚軍的衝擊力消失殆盡，甚至連保持完整的撤退陣形也已經變成無法實現的奢望了。

即使是項羽，此時也無可奈何，只能收攏殘兵，構築營壘，等待明日尋找機會。

而漢軍也開始收縮陣線。韓信下令，所有漢軍以項羽為中心，構築包圍圈，將殘餘的楚軍困死在最後的營壘中。為了能夠更快地動搖楚軍軍心，韓信和手下的謀士商議之後，決定採用攻心之計。

就這樣，漢五年（西元前202年）的冬天，垓下響起了中國歷史上最震撼人心的戰地合唱——四面楚歌！

## 亡楚，順的實是道

最先在營壘中聽到楚歌的，是年輕的士卒亙。

亙沒有家，只有兄長。自從秦皇徵發民夫修建長城的命令傳下來以後，家中的祖父和父親、叔伯，一個接一個地被官吏押送到遙遠的北方，從此音訊皆無，陰陽兩隔。此後，洪水又奪走了祖母和母親的性命，並淹沒了家中唯一的那塊田地。

因此，亙很小的時候，便和唯一的兄長從楚地向北往中原逃荒，在死亡線上掙扎的生涯，終結於渡江之後的八千子弟兵。

在彭城，亙和兄長加入了當時如日中天的項羽部隊。那時候，項羽無疑是給他們的人生帶來希望的天神和英雄。他讓人們吃飽和穿暖，告訴人們拿起武器，去推翻害得他們家破人亡的暴秦——這些都是亙從未聽說過的新鮮事情。

亙年紀太小，只做了養馬的夫役，而兄長則被編入了步兵隊伍。齊國之戰後，亙聽說兄長在一次清掃行動中死於齊人的亂刃。亙悲傷但並不痛苦，他覺得，比起在彭城城外餓死的那些同鄉，自己和兄長已經很幸運了——畢竟，有生之年，他們追隨過戰神一般的項羽。

亙不大懂前線的事情，他最擅長的是養馬，或者說和馬交談。夜深人靜的時候，十五、六歲的亙喜歡偷偷來到馬圈，和這些通人性的牲畜們竊竊私語。但他漸漸發現，隨著不斷地東征西討，馬匹正在減少，而用來餵馬的草料供應地也越來越少了，和他一塊餵馬的老軍頭徐仁，面色也是越來越憔悴黯淡。

亙便改掉了夜半去找馬匹談心的習慣。

於是，垓下的冬夜，平原上分外淒寒，亙縮在破爛骯髒的羊皮裡，只是抬頭看著天空中的遙遠星辰來打發時間。也正是這個時刻，亙聽見了楚歌。

那是多麼熟悉的歌聲啊，伴隨著優美的塤（塤）聲，歌曲哀婉而悠長，蔓延過無盡的夜空，將楚軍的營壘層層包圍。然後，漸漸地爬上那堅固的營壘，逐一滲透進每個哨所、每個箭垛、每座帳篷、每個庫房，於其中久久縈繞、難以揮散。

亙聽得癡了，他抖掉那塊羊皮，似乎不知道什麼是寒冷，也不知道什麼是饑餓。

不知什麼時候，老軍頭徐仁也走出了馬棚，面向楚歌傳來的地方眺望，熱淚如串滾滾而落。

和他們一樣，楚軍士兵一個個被這優美而淒然的楚歌催出了營房，他們如同中邪一般來到空曠的營地中，面對著冬夜的寒風卻渾然不覺，只因那裡有家鄉的歌聲。

那又豈止是歌聲而已？那裡有父老的憂心，有母親的愁眉，有女子暗夜的飲泣，還有嬰兒受驚的啼叫。那裡有春天的碧綠江水，有夏季的遮天荷花，有秋季的甜美水果，還有冬日的溫暖篝火。

那不是歌聲，那是楚人的家鄉，是楚人的魂靈所繫。

魂兮歸來，不可遠行！

亙終於忍不住哭出聲音：「我要回家，我要回家！」

老軍頭徐仁像父親一樣摟緊他說道：「孩子，小聲，你不要命了啊？」

話音未落，更多的聲音卻開始躁動起來，「他說得沒錯！」「我也要回家！」「為什麼要打仗？」「項王給了我們什麼？」「天下是誰的都可以，我不想送死了！」……

徐仁嚇得面如土色，再看周圍時，不知道從哪裡冒出許多楚軍士兵，他們有一個共同點：

手無寸鐵。

「你們要去哪？」徐仁顫顫巍巍地問道，他老了，不願意受到驚嚇和打擊。

「老叔，走吧，丟掉武器，回我們的故鄉去。」

黑暗中，有人丟下這樣一句話。與此同時，大隊的男人們擁擠著踏出帳篷奔向營門。遠方的暗夜中，似乎有稀少的怒斥聲、戰馬的哀鳴聲、兵器的撞擊聲和紛亂的腳步聲。

徐仁呆了一會，放開了亙：「孩子，我們也一塊逃跑吧？」

亙點了點頭。就這樣，一老一少，攙扶著奔出了楚軍大營。

這一天夜裡，漢軍不費刀槍，用歌聲「勸」散了數萬楚軍殘兵。連一直忠於項羽的項伯、鍾離昧等大將，也都紛紛遠遁，不願甘為犧牲。

悶坐營帳中的項羽此時卻在借酒澆愁，直到他被士兵們奔逃的腳步和遠方越來越入耳的楚歌所驚醒時，才以從未有過的慌張態度問陪伴身邊的美人虞姬：「難道漢軍已經全部佔了楚地？他們怎麼知道唱楚歌的？」

當然，項羽沒有想到，楚歌並不難以學習，在張良的幫助下，韓信只是花費了半天時間，就從部隊和降軍中挑選出楚人，然後順利地讓上千名漢軍學會楚歌，並在高地上輪流合唱。

看著身邊垂淚無語的美人，再想到已經跟隨自己征戰多年的烏騅馬，西楚霸王沮喪無助到了極點，和著周圍的楚歌聲，他留下人生中最後一首豪歌：

「力拔山兮氣蓋世，時不利兮騅不逝，騅不逝兮可奈何，虞兮虞兮奈若何！」

一曲歌罷，美人虞姬已經知道了自己的歸宿，於是她再拜項王，拔劍自刎。

項羽沒有時間去感懷傷心，走出營帳，發現身邊只剩下了八百多將士，於是便命他們就地掘坑，將虞姬掩埋此處，至今古跡尚存於安徽省靈璧縣東的虞姬墓。

掩埋已畢，項羽便跨上烏騅馬，帶領八百名士卒趁著天色尚未明亮，衝出了漢軍的包圍圈缺口，向南疾奔。

烏騅馬雖然長期征戰，多有勞累，但跑起來依然精神抖擻、速度不減。項羽渡過淮水，再回頭看時，身邊的士卒也只有上百名騎士而已。又走到陰陵地段，項羽發現自己連道路也無法辨認了，根本分不清哪條道路通往彭城。

恰好在此時，項羽看到田間有位早起耕種的老農，便顧不得下馬，上前詢問道路。老農打量了一番，便抬手向左指了指，回頭沉默無語地耕田去了。項羽便朝左路繼續奔馳，步了三五里路後，道路越來越窄小，變得泥濘不堪起來，路兩旁雜草叢生，再向前看，朝霞下一座泛著波浪的大湖出現在面前。

項羽知道自己迷路，便原路回奔，結果迎面碰上了漢軍的追兵。等一路衝殺回到安全地帶，項羽身邊只有二十八人、二十八匹馬了。

在高崗之上，項羽勒住烏騅馬，充滿遺憾地說道：「本王自從起兵，經歷八載，身經七十餘戰，從沒有輸過。想不到，今天居然被圍困在這裡，看來，這是天要亡我，可不是我用兵的錯誤。不過，既然我今天要死在這裡，就讓我在臨死之前來斬殺敵將、搶奪敵人的軍旗，為大家殺出一條血路。也好請諸位知道，本王原本是善於作戰的，敗亡不過是天意啊！」

說完這番話，項羽讓二十八名騎士分成四隊，讓他們同時向四個方向衝殺。正在此時，一名漢將挺槍躍馬而來，項羽急急說道：「諸位，請看我斬殺此賊，各位四面衝下，然後到東邊山崗會合！」

說時遲，那時快，項羽縱馬挺戟，直刺漢將，漢將原以為項羽力竭，想要來搶功，沒想到項羽孤身一人居然能反衝鋒，頓時被刺於馬下。另一名漢將楊喜從背後殺來，項羽回頭發現，圓睜雙目、吼如雷鳴，楊喜嚇得連人帶馬掉轉身狂奔，一路上以為項羽追了過來，奔跑了幾里才停下來。

一路上，項羽一馬當先，斬殺漢軍一名都尉、上百名士兵。等騎士們和他再次會合，發現總共只損失了兩名將士。項羽長出一口氣，說：「各位，今天大家算看到我作戰了吧！」

騎士們是第一次看見項王親自衝鋒陷陣，無比欽佩，齊聲說：「項王英雄，果然名不虛傳！」

項羽苦笑了一下，忍住要說的話，帶上這僅存的二十六騎，一路退到烏江的西岸。恰好，此時的烏江亭長在岸邊停船，看到項王，連忙邀請他渡江東歸再圖後事。

項羽本有心回去，看到烏江亭長，忽然想起當年自己渡江西去帶的那八千子弟兵，一時間心若刀絞，無法面對慘敗的現實，更不願回去面對江東父老，將戰火燒回家鄉。他揮

西楚霸王項羽像

去淚珠，說道：「亭長，你是忠厚長者，對我也是忠心耿耿，就請您將這匹烏騅寶馬帶回江東吧！」

說完，項羽將馬韁遞給亭長，催促他立刻離去。然後帶領其他下馬的騎士們回頭步戰漢軍。

來不及聽亭長的勸說，項羽一行重新衝入追上來的漢軍陣營中，項羽如同發瘋的獅子一般怒擊著漢軍士兵，很快，上百名的將士死於項羽腳下，而他自己也多處受傷。正在此時，項羽忽然在漢將中發現了自己以前的好友呂馬童，便奇怪地停下刀說：「你不是我以前的好友呂馬童嗎？」

呂馬童也未免愧疚，也停下刀，對著隨從王翳說：「這就是霸王了！」

項羽見此，想到連曾經的好友也在為拿到自己頭顱賣命，不由得心灰意冷，再也舉不動殺人的刀。他對呂馬童說：「我聽說，劉三說拿到我頭顱的人可以封賞千金、獲得萬戶的城邑，我們既然算是以前的好友，這個好處我就送給你吧。」

說完，項羽拔刀自刎，曾經氣吞山河的西楚霸王便死在烏江側畔，年僅三十一歲。

項羽死於烏江，死得固然算壯烈英勇，甚至在許多後人眼中，活下來當了皇帝的劉邦，遠遠不如自刎成就英雄主義的項羽。然而，楚漢戰爭的最終結果，並非依靠虛無縹緲的天意，而是真正的「道」。

項羽雖然能征慣戰，但他佔領一處，經常會燒殺搶掠、成批屠殺，在楚軍中，他又頭腦簡單、性格猜忌，經常受到外界傳言的迷惑而亂下命令。更重要的是，項羽所秉持的那套分封自己人到各處為王的政權模式，並不符合國家的進步方向和民眾的福祉需要。因此，楚軍必敗，楚國也必亡，就沒有什麼可懷疑的了。

正如同宋代王安石的《烏江亭》所言：「百戰疲勞壯士哀，中原一敗勢難回。江東子弟今雖在，肯與君王捲土來？」

項羽被所有人背叛和拋棄，並不完全是他人的原因，根源還在於他自己。

京劇之霸王別姬造型

# 第十一章 整合天下，贏！

## 創業成功：高祖立，漢室興

楚地隨著項羽的死去而很快平定了。劉邦一半是為了爭取民心，一半也的確感慨於項羽這個好對手，便用隆重的葬禮，將項羽安葬在谷城。在葬禮上，劉邦還親自為項羽發喪、並哭讀祭文，讚揚項羽滅秦的功績，感激他能夠釋放太公和呂后的情誼。

劉邦這樣做，的確有著相當重的作秀嫌疑，但從政治上考慮，這也是必不可少的一個步驟。項羽雖然殘暴，但畢竟是曾經雄踞一時的西楚霸王，劉邦越是想獲得法律上和名譽上的至高無上，就越要尊重自己的對手。當然，在這一點上，張良對劉邦也有相當的影響。

不僅如此，劉邦還下詔書，命令為項伯等項氏家族的四人賜姓為劉，分別封為射陽侯、桃侯、平皋侯、玄武侯，讓他們治理曾經的西楚。當這些事情全都安排好了之後，劉邦終於長舒一口氣，回到定陶（今山東省定陶縣）安排下一步驟。

張良並不奇怪劉邦為什麼要來到定陶，實際上，韓信帶領著齊軍正從前線通過這裡，返回齊國。

也正因為如此，張良在面對劉邦提出的一個問題時，就更加從容不迫了。

劉邦提出的問題是：「當初，諸侯並起，只有楚國最強。但轉眼間，項王就無人可用、失道寡助，死於烏江邊。寡人依靠大家的協助，終於平定出國，天下諸侯現在看起來眾所歸心，可我如何能保證自己不成為下一個項羽呢？」

張良回答說：「古人曾經說過，一個國家只有先自我戕害，別人才會戕害它。項王看似強大，其實他也是自取滅亡。因此，漢王您既然得到了天下，想要不重蹈覆轍，就要施行仁政，同時收復天下人心。」

劉邦點點頭，又看看另一旁的陳平。陳平回答說：「項王自取滅亡，固然不錯。然而如果他不是當初為了衣錦還鄉，小看了諸侯，讓諸侯繼續手握重兵，大概也不會如此迅速地敗亡吧。」

「對！」張良說道：「這正是我想建議漢王的。現在天下諸侯依然各自擁兵，但大多數不足為患，可以慢慢再議。只有齊王韓信的兵力最多，威望最大。另外，當時為了能夠說服他一起攻打項羽，封為齊王，劃定疆界，齊國形勢險要，東聯大海，西通燕趙，一旦形勢有變，恐怕是心腹之患啊。」

劉邦說：「子房說的正是寡人所想，但齊王功勞如此之大，我也不能有負於他啊。」

陳平走近一步，建議說：「齊王故鄉正是楚地，不妨改封他為楚王。這樣，對於大王和齊王來說，都是兩全其美的好事！」

張良頷首，笑而不語。

第二天清晨，定陶城外的齊軍大營，忽然被一隊精銳的騎兵所「偷襲」了。但說也奇怪，三十萬齊軍，面對著上百人的騎兵居然束手無策。

原來，騎兵為首的指揮官，正是漢王劉邦。

和上一次偷偷摸摸走進韓信的營帳不同，劉邦這次要正大光明得許多，他在營帳外勒住馬匹，翻身而下。身旁的傳令官高聲呼喊：「漢王王駕在此——」

話音剛落，劉邦和身邊的衛士已經推開韓信的衛兵，衝入帳中。

劉邦知道，只要將韓信按在床上，他就是有膽敢冒險的心思，也會被事實上的實力對比所嚇住——就算你是三十萬虎狼之師的將領，剛睡醒時也一樣不堪一擊。

情況果然和劉邦設想的一樣，韓信再一次睡眼惺忪地醒來後發現劉邦出現在面前，他本能地下拜施禮。起身後，他看到劉邦輕輕巧巧地拿走了兵符，原本屬於齊國的兵符。

「齊王，您這次因天時、地利、人和而巧妙用兵，出奇制勝，擊破楚軍，真是古人不能比擬的名將啊！」

韓信並不清楚漢王想做什麼，也只好唯唯諾諾。

劉邦大模大樣地坐下來說：「齊王您功勞蓋世，卻不自傲，從不為讒言誹謗所迷惑，還能以國家的事情作為自己的事情。寡人和天下百姓，都不會忘記您的。只是，現在楚地雖然平定，但楚人受項王殘害日久，民心也難免浮動。寡人考慮到將軍您是楚人，習慣了那裡的風俗，瞭解那裡的情況，就請您改封楚王，定都下邳，安定楚地，如何？」

韓信看看劉邦身邊擠滿了自己床前的衛士，再側耳一聽，齊軍營帳安然無聲，就知道自己不是答應不答應的問題，而是答應的態度是否堅決乾脆的問題。他轉念一想，自己原本就沒有跟漢王爭奪天下的意圖，如果有，也不會等到今天，那又何必現在貪戀兵權，惹來猜忌？再說，回到楚地，等於榮歸故里，也沒什麼不好。於是便欣然下拜，感謝漢王。

劉邦沒想到韓信能夠如此順利地接受改封，也感到很高興，於是在定陶擺設酒宴，宴請漢軍大小將領。在宴會上，劉邦宣佈，彭越身為魏相，數年來在梁地轉戰，數次襲取楚軍的糧道，有不小的功勞，因此封為梁王，統治原有的魏國土地，建都在定陶。彭越聽到這個消息，當然是欣喜異常，總算圓了自己的稱王之夢。

劉邦又宣佈，天下初定，百廢待興，必須休養生息，以便共建天下。因此，那些曾經逃避戰亂而進入深山大澤中的庶民，選擇返鄉的，可以等級戶籍，恢復爵位，賜予田宅，禁止任何人加以虐待和侮辱。其中七大夫以上的貴族，仍然可以享用過去的封地、民戶、賦稅。而七大夫以下的，則免除其賦稅徭役。死刑以下的囚犯全部赦免，命令他們回鄉耕田，以便更好贖罪。

不得不承認，劉邦更加瞭解這個社會的方方面面，更加懂得怎樣和天下從貴族到老百姓打交道。從漢軍將領到黎民百姓，聽到漢王所頒佈的這些命令，無不舉手加額，高呼聖明。

宴會之後，韓信便動身離開軍隊，前往下邳。此時的韓信，想到自己從當年的四處流浪、忍饑挨餓，再到身為楚王、榮歸故里，不由得慨嘆莫名，更是發自內心感激給予他如此人生變化機會的劉邦。

韓信來到下邳，首先找到當年的漂母，賞金一千斤，以示感謝。然後又找到當年曾經讓他鑽過胯下的無奈少年，好言相勸說：「其實，你也算是個好漢子，只是當年欺負一個窮小子，實在是沒有道理。其實，當初我受到侮辱，也可以殺了你，只是殺了你會帶來更多危險和麻煩，沒有意義，因此才忍耐下去。正因為有了那時候的忍耐，才有了今天的富貴，因此，為了感謝你帶給我的特殊動力，我就命你做巡視治安的捕盜官吏。」

這些事情很快傳開，許多楚國的將士都放下心來，紛紛從自己躲藏的地方回到家鄉。其中也有項羽的大將鍾離眜。垓下被圍時，鍾離眜逃到深山，直到聽說韓信深受楚民擁護，才從深山逃出，投奔韓信。韓信原本就認識鍾離眜，心想戰事既已結束，收留他也無妨，於是便違背了劉邦的通緝令，將他在自己軍中安頓下來。

韓信在楚地的這些治理，沒有逃過張良的觀察。對韓信，張良有著複雜的態度，他既認為韓信是當代名將、才華過人，也對韓信潛在的野心感到擔憂。過去的韓信雖然對漢王的奪兵權一再服從，但並不代表他潛意識裡沒有懷疑，更不代表未來的某個時刻他和韓王的矛盾不會激化。因此，張良就更加注意瞭解韓信在楚地的行動。

不久，張良聽楚國回來的將領說，韓信在楚地巡行視察時，每到一處，都要用軍隊嚴加監視周圍，再用甲士作為先導和後衛，一舉一動就和在戰場上沒有多少差別。等楚將走後，張良搖搖頭，覺得自己最擔心的事情還是要發生了……

當然，這一絲不詳的預感很快就過去了。無論對於漢王劉邦，還是對於張良來說，接下來的日子都注定是繁忙的。

漢五年（西元前202年），楚王韓信、韓王信、淮南王英布、梁王彭越、趙王張敖（張耳之子）、衡山王吳芮和燕王臧荼這七位異姓諸侯，聯名向劉邦上疏。這份書信只有一個目的：勸劉邦接受「皇帝」的尊號。

應該說，這樣的行動也是在張良的料想之中的。劉邦將自己的部下都封做王，那是戰爭時期的事情，既然天下平定，必然需要重新制定高下尊卑，而劉邦再做名義上和部下平起平坐的「王」顯然不合適了。更何況，劉邦在自己的領地關中一開始就按照郡縣制度來管理地方，這明明是對秦帝國的模仿，而不可能走楚霸王分封諸侯的失敗路子。

因此，張良瞭解到，諸侯王們在上疏中陳述了漢王應該成為皇帝的三大理由：首先是全天下功勞最大，其次是全天下恩德最深厚，最後是繼續當王就會上下不分。

第一次，劉邦拒絕了，他的回答是：「皇帝必然是賢者，如果我不是賢者，怎麼能擁有這樣的尊號呢？」

當然能，這沒有難倒諸侯們，他們立刻開始第二次上疏，說漢王有三大功德：滅暴秦、誅不義，讓功臣們都裂土食邑。這樣，用漢王的稱號就不能體現劉邦的德行了，只有登上皇位，才能昭顯出對天下蒼生的恩惠，並繼續讓百姓們受益。

這次上疏，顯然讓劉邦感到很滿意。於是，漢五年二月，張良接到了劉邦派人請他參加登基典禮的命令。

對於劉邦登基，張良並沒有像諸侯表現得那麼熱心，當然，在大家勸進的時候，按照張良的地位，他也在正確的時間、正確的次序上進了自己的疏奏，但張良明白，那些越是表現得積極擁戴劉邦的人，在劉邦眼中可能越危險。道理很簡單，當年劉邦也是這樣忽悠了項羽的，項羽說自己要當楚霸王，劉邦是一百二十個支持和贊成。

真正讓劉邦放心張良的，就是這一點：只參謀，不露面；只策劃，不行動；只低調，不囂張。因此，張良反過來也不需要擔心劉邦對他的擔心。

無論如何，登基大典是隆重而熱烈的。二月初三，在山東定陶汜水之南，諸侯王和文武百官共三百多人（他們在博士叔孫通的演練傳授下，很快學會了傳統儒家的典禮儀式）。這些曾經的平民、商人、走卒、囚徒等等，無一不是穿上端莊得體的禮服，恭恭敬敬地拜服在高臺之下，遙望曾經熟悉的漢王那高大的身影，恭恭敬敬，如瞻神靈。

隨著旒冕正式的戴上，群臣們山呼萬歲，更有人激動得熱淚涕零。

漢帝國就此榮耀誕生！

## 南宮置酒，漢帝國三傑不是好當的

西元前202年，劉邦成為了漢帝國的第一任皇帝。由於他死後的廟號是高祖，因此，將來的人們會把他稱為漢高祖。而此時，他來到天下的中心洛陽，追尊自己的亡母為昭靈夫人、父親為太上皇，王后呂雉成為母儀天下的皇后，王子劉盈則成為皇太子。

對於積極上疏勸進的七位主要諸侯，劉邦宣佈：

原衡山王吳芮，曾經率領百越的部族協助討伐暴秦，建立功績，卻被項羽奪走封地。因此，現在改封為長沙王，都城在臨湘；

原粵王無諸，被暴秦搶走領地、斷絕古代粵國的香火，列祖列宗無法獲得祭祀。而後來無諸雖然回應滅秦，卻依然被項羽棄之不理，因此封為閩粵王，都城設立在閩中；

韓王信、淮南王英布、燕王臧荼、趙王張敖和齊王韓信，封國和都城依舊不變。

除了這八個封國之外，全天下其他地區仍然作為郡縣設置，各自設立官吏守土治理，如同秦國的舊有制度。

另外，劉邦還想到，過去的齊相田橫，因為韓信伐齊而走投無路投奔了彭越，之前彭越受封，田橫擔心被捕，便帶領部屬五百多人逃到了東海的島上。此時不妨一起招撫，以防止日後作亂。於是，劉邦專門派出使者，到田橫那裡好言相勸，勸他來到洛陽向自己朝賀，然後接受封賞。而另一位使者，則派往關中，接太上皇、呂后、太子、丞相蕭何他們前來。當然，劉邦沒有忘記讓人去家鄉，將年輕時娶過的外婦曹氏以及在逃命路上娶的外室戚氏一起接到洛陽，以便共享富貴。

忙亂了好一陣日子，時間已經到了當年的六月份。四個多月來，劉邦從登基開始，到家國大事初定，感覺如同做夢一般。似乎昨日被楚軍追擊得狼狽不堪的日子還在眼前，夢醒來，卻已經是天下共推的帝皇。因此，剛剛適應了角色的劉邦，感到內心中自有著一番豪情需要抒發，需要記錄。

於是，六月底，在洛陽南宮，劉邦舉行了一次內部的宴會。說內部，是因為參加宴會的並沒有什麼普通官吏和外地諸侯，而是劉邦從起兵到獲勝這七年來緊緊追隨左右的親信。他們或者曾經是劉邦當年的夥伴，或者又是在反秦起義中的戰友，更有樊噲這種動輒會用「大哥」相稱的往日兄弟。因此，劉邦也並不願意太多講究，還特地請太公、呂后和皇子入席，以表示對參加宴會者的隆恩。

果然，雖然劉邦已經是以「朕」自稱的皇帝，但參加宴會的人們因為和他太過熟悉，氣氛依然相當融洽熱烈。只見樊噲倒酒、周勃舞劍、隨何吟詩、陸賈高歌，宛如回到漢軍營帳之中。在這樣的氣氛下，張良也頻頻舉杯，臉上很快出現了酡紅的顏色。

酒過數巡，劉邦忽然放下酒杯，直起身子。席間很快因此而安靜下來。

劉邦略帶三分醉意地說道：「各位，今天在座的，有人是朕的同鄉好友，也有人是朕起兵路上結識的豪傑英雄。現在，多虧各位能夠鼎力相助，朕從小小的亭長，被大家推上了帝位。

不過，朕想問大家一件事情，朕起兵時，只有數十人，也沒有顯赫家世，而項羽能征慣戰，有八千子弟兵，為什麼最後贏得天下的卻是朕？為什麼項羽卻落得在烏江自刎的結局？」

聽到劉邦這個問題，有的人張口結舌，有的人不知所措，張良看著他們的表情，覺得很有意思。

沒想到，最先回答的是酒意已經上湧的王陵。他站起身來，先是向劉邦深深施禮，然後向同席的諸位將領點點頭算是致意，便滔滔不絕地說：「古語說，公生明，偏生暗。我皇帝陛下並不將天下看成私有，而是每打下一座城池就賞給有功的部下，這樣，臣子們當然效力。而項羽嫉賢妒能，覺得天下是私有的，因此戰勝了不獎賞有功者，獲得土地也不分享，所以即使手下兵多將廣，但人人都有異心。就算天下曾經聽從他的，最後也丟掉了。」

劉邦點點頭，覺得說得不錯，示意王陵坐下。張良卻暗暗在心中嘆了一聲：畢竟是武人出身的王陵，如果在前一年這樣想，或許沒錯，但漢王已經是皇帝，還會希望聽到這種分享天下不以為私的宏論嗎？

果然，劉邦似乎很欣賞這樣的說法，但等王陵坐下，他便搖了搖頭說道：「各位只知道其一，不知道其二啊。自古代以來，人才是獲得天下最重要的，獲得人才就能昌盛，失去人才就會敗亡。而人才之中的人才，就是勝敗的關鍵。使用正確就能獲得天下，使用不當就會社稷敗亡。比如，運籌帷幄之中，決勝千里之外，朕不如張良；安定後方、巡撫百姓、供應糧草、保證後援，朕不如蕭何；而統率千軍萬馬，攻城掠地，朕不如韓信。這三個人，都是人中之英，但朕能夠放心地任用他們，所以才能取得天下。再看項羽，他只有一個范增都不能信任，被朕打敗，還不是理所當然的事情？」

說完以後，劉邦高舉酒碗，示意大家盡情暢飲，然後咕咚一聲喝下一大口，視線有意無意地掃過張良的面龐。

張良表面上謙遜地俯下身子，表示不敢接受劉邦如此的稱讚，耳中傳來了身邊其他同僚們嘖嘖的羨慕聲。等劉邦的視線掃到別處，張良內心暗叫不好，臉上的表情也瞬間變化了。張良知道自己在漢軍中的重要性，但他沒有想到，在劉邦的心中，自己是和韓信相同級別的人物，那麼，這些年來自己如此的低調，豈不是白費心機了嗎？自己從不爭名奪利的行為，在劉邦眼中又是怎樣的一種姿態？對韓信，劉邦因為忌憚其兵力而採用突襲奪兵權的方法，如果哪天他忌憚我，又會怎樣對付呢？

想到這些，張良感到心中頓時空空蕩蕩，口中的酒香頓時消失，泛出一股酸苦的味道。

雖然如此，張良還是表面上從容平淡地結束了這次宴會。幾天後，另一個消息傳到洛陽：奉命覲見的田橫，在路途上忽然自刎了！

原來，劉邦告訴使者這樣的死令：田橫只要帶領自己的五百死士從海島上下來，奉自己為皇帝，可以封王，最差也是侯；但如果不來，就發兵蕩平海島，不留一人。

田橫聽到這個消息，不忍心下屬和自己一起死去，於是決定帶上兩名侍從，和劉邦派來的使節去洛陽。他們離開小島，坐船回到岸邊，然後改換車輛駛向洛陽。日夜兼程之下，洛陽很快就要到了，田橫鄭重其事地告訴使者說，自己打算在覲見皇帝之前，沐浴更衣，以示尊重。

使者當然不能反對這樣的提議，便在洛陽附近的館驛住下。夜裡，田橫告訴侍從說：「想當初，我和漢王地位相同，如今，他成了天下至尊，而我卻沒有容身之處，還要去恭敬地跪拜他。這是何等恥辱！再說，我聽說酈食其的弟弟酈商，還在漢軍中為將，雖然劉邦不許他報復，但我和他相處，又怎能不慚愧？其實，劉邦大概也只是想看看我的長相，明天就能到洛陽了，你們今天不妨割下我的頭顱，速速送去，他還能看得清楚。」

說完，田橫便拔劍自刎。兩名侍從果然按照他的命令，和使者一起將頭顱送到劉邦面前。

聽到這個消息，張良也是吃驚不小，他雖然對田氏家族在政治上的表現沒有任何好感，卻也沒有想到這個家族居然在最後關頭還有如此的骨氣，能夠用壯烈的自裁來結束從戰國時期就延續下來的齊國王室血脈。於是，他主動對劉邦說：「過去，成湯建立商朝，將夏桀流放到了南巢；武王建立周朝，將紂王的兒子武庚封為殷侯，還修葺了紂王叔父比干的墳墓。這樣看來，所有聖明的君主，都應該有超脫的度量啊。當初，天下大亂，諸侯們各自考慮自身的利益，對陛下您有所反抗，也是情理之中的。現在天下已經平定了，陛下可以厚葬田橫，以此廣布恩德。」

劉邦欣然同意，畢竟，對於曾經戰場相對的項羽他都可以做到的事情，沒有理由不施捨給田橫。但不久更為驚人的消息傳來：葬禮結束後，兩名被封為都尉的侍從在田橫墓旁雙雙自刎。而海島上的五百死士聽說這個消息，也全都自殺了。

## 一語定都，根深才能蒂固

田橫和他的部卒們並沒有抵抗，但更不願意接受招撫，全部自殺身亡，這給正沉浸於稱帝興奮中的劉邦兜頭澆上了一盆冷水——天下，並非僅僅戰勝一個項羽就能贏得的；人心，更不是僅僅稱帝就能收拾的。

劉邦輾轉反側，想了許久，最終，他決定要從自己開始，營建一個穩固的帝國，不僅是疆土上的廣袤，更要有人心的堅定凝聚。而這樣的工作，第一步就是要將帝國的都城認真修建加固，以便給天下人以萬世不易的感受。

此時劉邦所居住的洛陽，正是他心目中的帝都。

洛陽位於今日河南西部的洛水盆地中，南有伊闕（今洛陽龍門），背靠北邙山，東面是虎牢關，西面是函谷關，這樣四周都是群山環繞的地形，氣候溫和而雨水適中。因此天然成為山水相宜、物產豐富的好地方。因此，周朝建立時，周公長期在這裡控制東方的諸侯，而周平王遷都更是讓這裡成為東周的都城。歷代的經營修繕，加上秦始皇初年洛陽十萬戶侯呂不韋的經營，讓這個昔日天下之中的國度顯得更加繁華、大氣。

因此，劉邦內心很希望在洛陽建立都城，這樣，可以真正實現居於天下之中的想法。但這個想法很快被來自齊國的婁敬所衝擊。

和後來的許多皇帝不同，劉邦經常喜歡聽從那些最普通草根的想法，從建議武關出兵的袁生，到提出尊重儒學的叔孫通，都是名不見經傳的平民百姓。而這一次，士卒出身的婁敬帶給劉邦一個嶄新的建議。

婁敬是奉命去隴西戍守邊疆的，他的部隊路過洛陽，聽說皇上要大興土木，修建都城，便大膽地以事關皇都的名義求見。沒想到，劉邦真的召見了他。

婁敬問道：「皇上修建洛陽城，是不是想超過周朝那樣的盛況？」

劉邦面無表情地說：「說得對。」

婁敬說：「可是，陛下您得到天下和周朝是不同的。周朝是源於武王伐紂之後，定都關中，而輔佐周成王的周公才開始營建當時的洛邑。然而，到周朝後來衰微的時候，諸侯紛爭，誰也沒有因為洛陽居於天下就去朝拜周天子，而周天子也沒有力量去制約他們。這樣看來，有德之君主在這裡，能夠鎮撫天下，而無德君主在這裡，很可能會導致國家滅亡。」

「住口！」劉邦怒氣沖沖地說，「難道朕會是無德之君嗎？」

婁敬連忙解釋道：「陛下用義軍討伐無道，恩德四方，天下推為聖主。然而，陛下就一定保證後世萬代都能做到陛下這樣嗎？」

劉邦面容凝固了，的確，即使是他，也說不清子子孫孫的事情。

婁敬繼續說道：「武王建立周朝前，已經有了穩固根基，因此建都，是水到渠成的事情。而陛下您和項王大戰滎陽，戰役十餘次，百姓死傷無數，天下才初定。這種情況下，您建都洛陽，還要營建宮室，和周公的成康之治比起來，不大合適啊。」

怒氣從劉邦臉上消失了，他隨和地問道：「那，你覺得應該怎樣？」

婁敬不慌不忙地說：「和洛陽比起來，關中不同了。陛下，您起兵於關中，應該知道那裡地形險要，土地肥沃，進可以攻，退可以守。如果陛下在那裡建都，統御全國，無疑等於扼守住了天下的咽喉啊。」

劉邦一時沒了主意，陷入猶豫，理智上，他必須承認婁敬說得有道理，但感情上，看著洛陽華美的宮殿，再想到被項羽破壞殆盡的咸陽城，覺得難以接受。看到劉邦的猶豫，周圍將領們議論起來了，他們大都是關東人士，一想到要去關中定都，未免遠離家鄉，就氣不打一處來。有人仗著膽子說：「周朝建都洛陽，有四百多年的歷史，而秦朝建都關中，二世就完了。可見，這個什麼婁敬，簡直是胡說。」

一句話如同在水面上扔下石塊，更多的聲音響了起來。

「陛下，您登基之時，就已經打算建都洛陽了啊！」

「是啊陛下，這裡可是天下的中心！」

更多的聲音則是附和：「陛下，您要三思……」伴隨著聲音，文武百官們紛紛跪倒，當然，大都是關東人士。

「陛下，臣以為，婁敬所說的很有道理。」喧譁過後，宮殿中迴響起自信的聲音。那些跪拜著的文臣們有人偷眼觀看，原來說話的正是張良。剛才，他一直靜靜聽著婁敬的分析，而大臣們紛紛「進諫」時，又冷眼旁觀所有人的言行。此時，張良決定發言了。

「按照微臣的愚見，婁敬說的很有道理。洛陽居於天下中心不錯，然而，其中心地區狹小，方圓加起來也不過數百里，而且四面都可能受敵，並非真正的用武之地，更不能用來防守。但是，關中之地就不同了，東有肴山、函谷關，西有隴山，這些地方都是洛陽周圍的山脈所不能比擬的。另外，關中的南部可以獲取巴蜀的富饒資源，北部則是接近胡地的廣闊牧場，關中平原又是沃野千里。這樣的地形，三面險要，都能利於防守，只需要利用東面來控制諸侯就可以了。當諸侯安定的時候，陛下和子孫可以通過水路道路，運輸天下糧食供應都城；萬一東方有變，又能夠利用大河，順流而下，輸送軍隊和輜重。這樣的地形，正是古人所謂的王者之城啊！」

張良結束了自己近於演說一般的陳奏，其他人張口結舌，不知怎樣回答，婁敬則感到欣喜異常，臉上發出被信任和尊重的喜悅光芒。

劉邦目睹這一切，忽然明白了自己應有的選擇，他立身而起說：「好，不需要再爭論了，朕已經做出了決定，為了讓我大漢國運昌隆，就定都在關中。叔孫通，立刻傳旨意，昭告天下！」

這下，群臣寂靜，沒人再敢說話。

劉邦也的確是建都心切，決定建都的這一天，他立刻傳令準備完畢就擺駕西行。數天後，大隊人馬就沿著渭水回到了關中。人們走到一處山水環繞的地方，這裡原野舒緩、風景秀麗，士兵們都不由得放慢了腳步，劉邦來了興趣，撩開車駕的帷幕，探頭問道：「這裡是何處？」

聽到皇帝發問，伴行的宦人連忙畢恭畢敬地回答說：「回稟皇上，這裡快到咸陽了。此處是秦長安君的封地，因此便叫做長安。」

「嗯，長安，長安，這是個好名字。」劉邦回味著，突然叫道：「停車。」

宦人連忙將命令傳遞出去，大隊人馬收攏了腳步。劉邦在宦人的保護下下車，走上高地，再觀看此處時，發現遠處有一片高地，宛若龍脈，橫臥在渭水南岸，其地勢平坦，視野開闊，真正有皇家的氣派。

「就是這裡了！」劉邦慨然說道。

就這樣，大漢帝國以長安為都城，修建新的宮殿，「長安」之名。從此開始聞名世間。在歷史的長河上，將會有更多的朝代在長安建都，並終於在唐代成為世界聞名的大都市、國際經濟文化中心。

當然，此時的劉邦眼中，長安更像他為自己子孫後代所發現的一處寶地。因此，他也沒忘記賞賜最先提出的人。他告訴群臣說：「婁敬是最早建議朕在關中建都的，婁敬，朕就賜你叫做劉敬吧。」不僅如此，劉邦還下旨任命劉敬為郎中，封號叫做奉春君。

對此，張良還覺得要感謝劉邦，正是這樣的封賞，讓群臣忽視了自己對定都長安的力主態度。張良就是這樣的性格，雖然在定都的事情上力排眾議，有著突出的貢獻，但事情一過，他馬上就放到腦後了，更不喜歡別人提出。在張良看來，政治更像一種遊戲，自己所要做的，就是用正確的態度、方法去玩好它，讓更多的人受益，至於自己是否要在其中受益，那其實並不重要了。

## 自請留侯，把弦位拉得剛剛好

然而，張良這種淡定自若的姿態，並沒有得到劉邦的多少理解。定都長安之後，劉邦隨即就想到了張良的事情。他也知道，不管任何人可能威脅到自己的皇位，張良都絕無可能，這不僅僅是因為張良身體狀況遠不及那些武將們，更是因為七、八年來的相處，讓他瞭解張良的那種淡泊、低調是發自內在性格的，絕非虛偽矯飾能表現出來和堅持下去。

因此，張良越是希望大家忘記他的功勞，劉邦越是想要表現出來。只有這樣，才能讓眾人更加推崇我的恩德——這就是身為皇帝的劉邦此時所堅持的想法。

不久，劉邦讓人將正在家中休養的張良請到宮中。因為多年征戰，加上剛到關中，水土不服，張良略微抱恙，但是精神氣度都顯得從容鎮定。

劉邦問了幾句張良的身體情況，然後話題一轉，說：「子房，今日只有君臣二人在此。你不妨坦率地告訴朕，究竟願不願意接受齊國的采邑？」

張良明白，劉邦提到的齊國采邑，正是在洛陽時就表露出的意圖：在齊國選擇三萬戶的采邑，封賞給張良。

張良聽到劉邦舊話重提，連忙施禮說道：「陛下，臣之所以輔佐您，討伐暴秦、戰勝項羽，並非是為了封賞，而是為了幫助您匡扶天下，安定百姓。」

劉邦點點頭，說：「先生的想法我自然知道，您一向將富貴看作浮雲，並不追求王侯的顯赫，比起某些人來說境界要高尚許多啊！」

張良不禁愣了一愣，此前，他從未聽過劉邦說出這樣含沙射影的話來。但為什麼在定都長安之後這數月內，皇帝陛下就會用這種語氣跟自己談論天下大事了呢？難道，地位的改變和權力的上升，真的會如此輕易地改變一個人？

想到這裡，張良連忙將自己拉回來，他嘲笑自己怎麼連這樣的判斷力都沒有了：陛下這樣的人，永遠需要有強大的對手來激發他的智慧、毅力，如果沒有這種對手，他就會寂寞無聊，被人輕視。明白這一點，他更會在稱帝之後找到對手，不僅為自己，更為子孫的將來。

如此看來，如果再一味推辭，恐怕劉邦很可能要走向思維的極端——懷疑。或者說，推辭的這張弓弦，已經拉到位了。

就在這瞬間，張良做出了個決定，他要自己選擇采邑。

張良對劉邦說：「陛下，臣想選擇一塊地方。」

劉邦哈哈一笑，心想，張良啊，果然，人都是有欲望的，你也只是想在外人面前保持自己清心寡欲的高潔形象嘛。於是劉邦便滿懷笑意地問道：「子房，不管想要哪裡，但說無妨。」

張良說：「臣想要在留城獲得萬戶的采邑，就足夠了。」

「留城，留城……」劉邦覺得這個地名相當耳熟，但一時之間卻想不到究竟位於何處。畢竟，這些年來他從江淮而入關，再入漢中、出函谷、征戰反覆於中原，最終定天下於齊楚，走過太多的城池了。

張良見狀，便說道：「正是當年臣下有幸遇到您的地方啊。」

「啊！」劉邦一聲輕嘆，馬上明白了張良所說的地方。那兒正是自己在沛縣活動過的範圍，正是在那裡，張良率領的小部隊和自己的小部隊相遇。

想到這裡，過去一幕幕的時光記憶如電光石火般出現在劉邦的眼前。自從登基即位、分封諸侯、定都關中，他從未有這樣的機會真正懷念一下過去。而此刻懷念的這短短一霎，也已經讓劉邦足夠動容。

但是，劉邦還是很快回到當下，然後向張良提出了個很現實的問題：「子房，你和蕭何、韓信功勞並駕齊驅。他們倆一個幫助朕治理萬民，一個管理天下的東南，你卻只要區區的一個留城，難道不覺得委屈嗎？」

「回我皇。良曾經是亡國之臣，流落天涯，如今能領萬戶侯，在留城采邑，已經是足夠的福分，並不希望求得更多。」張良緩緩說道。

劉邦點頭稱讚，的確，這樣的臣子，在整個大漢由上到下的政權體系中已經是很少見的。不僅如此，劉邦還會很快聽到來自北方的壞消息，那遠比文武百官們關心功名利祿要嚴重得多。

製造壞消息的，正是燕王臧荼。

臧荼原本是項羽所分封的燕王，後來，他趁亂殺掉了原來的燕王、後來的遼東王韓廣，將整個燕地歸為所有。不料後來韓信滅亡了魏國、代國和趙國後，將大軍陳兵於邊境，使得臧荼不知所措，最終只好宣佈跟從漢王。然而，時至今日，臧荼已經不再是獨立的燕王，而是劉邦的臣子了。這讓臧荼日夜感到不滿，每天都大發牢騷，宣揚要造反的輿論。

劉邦聽說之後，憤怒不已，他早就對田橫的事情耿耿於懷，想不到臧荼居然還揚言造反。於是立即宣佈自己要親自征討燕王。

漢五年（前202年）七月，劉邦將長安的事情安排給蕭何，自己帶領太尉盧綰整頓漢軍，立即出發奔赴燕國。臧荼原本想的是趁天下初定，自己割據一方或許能繼續過過以前的燕王癮。沒想到僅僅一個月後，劉邦就親自帶領大軍打到城下，而燕國的將士百姓無不對無端挑起戰亂的臧荼感到痛恨。外無援兵，內無支持，臧荼被漢軍生擒，斬首示眾。

為了平定燕地，劉邦就將太尉盧綰留下來擔任燕王。這盧綰原本就是劉邦年幼的朋友，又出生於同年同月同日，從沛縣就開始追隨劉邦，因此深受劉邦的信任。

消息傳到長安，正在家休養的張良深感欣慰。其實，自從劉邦登上皇位，張良便知道他最擔心的是這些異姓王，而張良的擔心也正在此處。只不過，劉邦是為自己和子孫的皇位擔心，張良則擔心異姓為王，遲早會成為天下戰火的導火線。「希望臧荼的命運，希成為其他諸侯王的教訓吧。」張良在病中如此想著。

然而，世事難料，劉邦還兵不久。又傳來潁川侯利幾叛變的消息。這個利幾原來是項羽的部將，後來投降劉邦，封為侯。他的造反原因說來相當奇特，只因為劉邦回到都城，想要拉攏人心，召見所有在冊的侯，利幾便動了疑心，覺得劉邦要收拾自己（其實劉邦對這種小角色完全沒有忌憚），匆匆造反。結果，半年後，利幾也就被漢軍剿滅，兵敗身亡。

或許，燕王臧荼和潁川侯利幾的造反與死亡都是充滿偶然的事件。而臧荼和利幾都曾經是項羽的人，因此，這樣的事件連續出現，讓劉邦將偶然看成了必然。他想到，除了異姓王之外，自己有必要封賞那些辛苦跟隨自己的人。

就這樣，漢六年（西元前201年）元月，新的一輪封賞開始了。

劉邦論功行賞，將蕭何定為首功，封他為酇侯，獲得最多的采邑。而張良則因為自己的想法，同樣獲得了留侯的封地。也正因為如此，曹參獲得平陽侯、夏侯嬰為汝陰侯、周勃為絳侯、樊噲為舞陽侯、連灌嬰他們都憑藉軍功獲得了很大采邑，而張良也僅僅是淡然一笑，不以為意。

其實，張良之所以拒絕三萬戶的封賞，並不僅僅是自己淡泊名利，更是因為他希望朝廷上下同僚能夠停止對封賞和排座次的過多追逐。

其實，在蕭何排名的問題上，已經有很多武將表示出很大不滿，這些當時在戰場上搏命奮戰的將軍，很難在情感和思維上接受一個「舞文弄墨」的書生獲得同樣的采邑，最後還是劉邦用「你們如同獵狗而蕭何如同獵人」的比喻硬是壓服了他們。而在排名第一的問題上，又幸虧是關內侯鄂千秋的仗義執言，蕭何才獲得了可以佩劍穿鞋入殿、不必跪拜皇帝朝拜的特權。

張良倒沒有覺得蕭何獲得如此的封賞有任何不公，但是，他也深知自己既不是劉邦的同鄉好友，也不是武將集團的成員，更不必冒險去追求錢財土地那些身外之物。但是，能夠做到這種境界的人確實很少，很快，劉邦就發現情況有點不對。

那天，劉邦坐車出巡，來到宮外的沙丘旁，發現自己熟悉的一些將領正三三兩兩地聚集在一起談論著什麼。此時正好陽光明媚，看他們說得起勁，劉邦也覺得好笑，便順口問正好隨車出巡的張良道：「子房，你看這些傢伙們在做什麼？」

張良看看那裡，說得很輕：「陛下還不知道？他們在打算造反。」這句話再輕巧，在劉邦耳中也如同奔雷。他大吃一驚，問道：「天下才剛剛太平，他們幹嘛要造反呢？」

## 雍齒和韓信的侯位：縱無大愛，也要懷柔

張良問道：「陛下，跟隨您打天下的將領共有多少？」

劉邦愣了一下，他還真沒想到這樣具體的問題，便信口說道：「怎麼說，前前後後也有上百個吧。」

「那麼，您封賞了多少人呢？」

張良的這個問題有點明知故問了，除了異姓王，劉邦封賞過的，不過二十餘人而已，無不是他的親信。

劉邦面露難色，沒有說話，張良等了一等便繼續說道：「這些人當時離開故鄉家小，無非是想幫助您奪得天下後圖個封賞，光宗耀祖、富貴榮華。現在，您只封賞了自己親朋好友那二十多人，而誅殺的、貶斥的，又都是那些怨恨過的人。這些人都擔心自己被陛下忘了，得不

到封賞，又害怕以前的過失被您想起來，會找藉口殺掉。所以才聚集一處，商量造反啊。」

張良說得雖然有點誇張，但足夠喚起了劉邦的注意。於是，劉邦請教地問道：「依子房所見，該如何是好？」

張良胸有成竹地問道：「陛下平時公開最討厭的是誰？」

「當然是雍齒！」劉邦脫口說道，「這個傢伙，從一起兵的時候就背叛過我，差點害我兵敗身亡。後來，項梁將軍借兵，我才重新壯大，雍齒又無恥地前來投奔。不少人當時就勸我殺了他，我是覺得那時候需要用人，才沒有殺他，結果一直拖到現在，為這，樊噲就跟我提過好幾次啊。」

張良高興地說：「陛下，這就好了，只要您趕緊封賞雍齒，將領們就會平靜了。」

劉邦心領神會，很快宣佈雍齒為什方侯。消息傳出，大小將領們奔相走告說，雍齒都能當上侯，我們不用擔心了。果然，劉邦後來按照張良的建議，陸續封侯上百，很快平息了這場可大可小的政治風波。

雖然近在咫尺的風波平息了，但劉邦對遠在楚國的風波更加關注。

很快，劉邦就聽到傳言，說項羽的大將鍾離昧，如今在韓信面前。如果他們聯手造反，又是楚王，又是同樣的鍾離昧，情況就實在太棘手了。

鑑於張良在雍齒封侯之後連續抱病，劉邦無人可問，便找到了陳平。劉邦需要這個素來狡猾的年輕謀士出一條計策來扳倒韓信，畢竟，用「我懷疑你想造反」的理由拿下楚王，實在太不像話。

陳平思考了下，反問劉邦：「有人告發楚王，楚王知道麼？」

「他不知道。」劉邦說。

「陛下覺得自己的軍隊可以勝過楚王的軍隊嗎？」

「難以超過。」劉邦即使當了皇帝，還是在張良和陳平面前保持實事求是的習慣。

「那麼，」陳平斷定地說道：「這種情況下，您如果公開討伐楚王，不是在逼迫他舉兵反抗嗎？」

劉邦連忙請教，陳平便俯首獻上了一條妙計。

不久之後，張良接到通知，說劉邦近來心情不大好，想要向南方巡遊，目的地是雲夢大澤（今洞庭湖），諸侯王將在陳地（今河南淮陽）相會。

張良和蕭何他們一同來到長安城外，恭送劉邦，看著坐在緊挨在劉邦車後那輛車中的陳平，張良苦笑了一下。他當然知道劉邦此行的意圖，但除了用稱病來躲過劉邦的「請教」之外，自己還能說什麼呢？這樣的立功機會，還是讓給滿懷仕途進取心意的陳平去吧。

果然，不久之後，張良聽到從陳地傳來的消息：鍾離昧感受到韓信的懷疑，自刎身亡，臨死前對韓信留下「下一個就是你」的預言；韓信帶著鍾離昧的人頭前去陳地會面，被劉邦當場拿下，然後戴上刑具，置於副車，鎖拿回長安。

張良還聽說，韓信在車上無可奈何地對劉邦說：「狡兔死，走狗烹；高鳥盡，良弓藏；敵國破，謀臣亡。現在天下太平，我豈不是要到死的時候了嗎？」而劉邦聽了這話，大約心中也是泛起一陣波瀾，半天後才回答說：「並非朕無情，是有人告發你謀反的啊！」

在這樣的傳言中，劉邦帶著「擒獲」的韓信回到了都城，此時朝野一致的輿論，使韓信恐怕性命不保。但張良卻獨獨沒有這樣看。

因此，在文武百官們紛紛前去皇宮祝賀皇帝平定了「謀反」的韓信之時，張良雖然身在其中，卻並沒有說什麼「立斬韓信」的話語。

相反，等到大臣們一個個表態之後，張良則上前說道：「陛下，您建都關中長安，又擒獲了韓信。這是天下安定的吉兆啊。三秦地區，形勢險要，便於用兵。天下可以媲美的，也只有東海畔的齊國。如今您坐擁這樣的土地，即使其他諸侯敢於像韓信這樣謀叛，也必然是被您所擊敗擒獲。臣斗膽進諫，今後非陛下的親族子弟，千萬不要封賞在這兩塊土地上！」

眾人聽後，無不愕然。幾乎所有的人都知道，張良並不是擅長吹牛拍馬的人，更不會公開說出這樣立場鮮明的話。但這一次，他為何要言之鑿鑿地替皇帝陛下擔憂呢？但這樣的愕然僅僅維持了幾秒，就被眾人神速的反應所掩蓋了——大殿內響起一疊聲的「當封劉氏為王」的回應聲。

不料，這番話在劉邦耳中聽來，卻是另一番滋味。

劉邦當然知道三秦地理的重要、齊地的物產豐饒，但無論什麼時候和他提起這兩塊土地的回憶，總是無法讓他繞開韓信的印象。因此，在這個時間段用這樣的方式說到秦地和齊地，張良幾乎是在提醒劉邦應該注意的事情了：天下尚且有其他的諸侯王，千萬不要過於急躁，更何況，殺掉韓信，您將背負上濫殺功臣的罵名！

只不過，這樣的提醒，只有劉邦能聽懂而已。

就這樣，劉邦很快做出了自己的決定，他再一次宣佈召集文武百官時，下達了對韓信的詔書。宣佈韓信不再擔任楚王，貶為淮陰侯。而原來的楚國分為荊、楚兩國，以淮水為界，將軍劉賈，封為荊王；皇弟劉交，擔任楚王；皇子劉肥，擔任齊王。

對於這詔書的其他部分，沒有多少人感到詫異，但只有一點人們沒有想到：韓信不僅沒有死，又從一個囚徒翻身成為了淮陰侯。

不過，劉邦需要的就是這樣的效果。只有這樣，才能告訴全天下，我劉邦是多麼寬宏大量的君主，也能告訴韓信：瞧，這麼多人都建議我殺掉你，但我還是感激你的，我可以前一天捆上你，也可以後一天讓你重新成侯。

韓信當然知道劉邦對他的忌憚，因此他唯有苦笑。在這苦笑背後，有著愈來愈強烈的不公平感，也有著些許因為當初拒絕蒯通而產生的後悔。

為了表示對韓信的「恩賞」，劉邦讓韓信住在京城，當然，其他許多將官也同樣如此。漢初的侯並不就任，只是領取采邑的食祿而已。但劉邦對韓信的「親近」要更多一層，那就是經常找韓信聊天，瞭解他的思想動態。

但韓信並不喜歡這樣的聊天，他現在看到劉邦，甚至多多少少有些噁心。

一次酒宴中，劉邦請韓信評價過去漢軍中的將領，對這樣的問題，韓信樂於參與，便無拘無束地侃侃而談。劉邦聽完後，不斷點頭，說：「你對諸將的評價，相當客觀公正，令人欽佩。不過，你還是忘記點評朕了啊。以你看，朕帶兵的能力大概在多少程度？」

韓信帶了一點酒意，不假思考地說：「陛下帶兵，最多十萬。」

劉邦冷笑了一下，說：「那麼，淮陰侯你呢？」

韓信仰起臉，看著宮殿外飄過的雪花說：「韓信帶兵，多多益善。」

劉邦哈哈地樂了，心裡卻很不是滋味。他不得不承認韓信說的是事實，但態度過於傲慢。於是便故意反詰說：「既然如此，你為什麼被我生擒？」

韓信坦率地說道：「陛下您不善於帶兵，但善於領導將領。這就是我被捉的原因啊。更何況，陛下您能有今天的地位，乃是天意，不是人力的關係。」

劉邦聽了這話，心裡像打翻了調料罐，五味雜陳。而在這樣的沉默下，更大的溝壑於君臣兩人之間正在形成。

## 幕後布局，保太子就是保大局

劉邦本以為，韓信沒有了兵權，就不會那樣讓自己放心不下，誰知道在京城的韓信同樣令他感到難堪。韓信也同樣覺得在這裡渾身不自在，便經常稱病不入朝。就這樣，君臣之間的信任度迅速下降，難以復原。

張良知道這樣的情況，雖然為韓信的命運擔憂，卻也確實無計可施。即使再足智多謀的能臣，也無力去彌補皇帝對臣子威脅而感到的焦慮，這大概就是張良正在經歷的尷尬。更何況，張良聽說，韓信在長安城中也絲毫不知收斂，雖然經常稱病，卻又常常坐大車到處拜訪同僚，出出進進，侯爵們都跪在地上高呼「大王慢走」。而韓信則在看到其中有樊噲的時候，冒出了一句「我居然和樊噲這樣的人為伍了」……

這一切，在張良看來，都是找死。

好在，劉邦此時還沒有精力對付這隻拔去了牙齒的猛虎。越來越執著的劉邦，似乎感到所有異姓王都令他放心不下，需要逐一解決、

漢七年（西元前200年），劉邦開始對韓王信動手，他以北邊防禦匈奴為由，命令韓王信遷都到晉陽（今太原南）。但韓王信說，晉陽離邊塞太遠，談不上防禦，要乾脆遷都到馬邑（今山西朔縣）。劉邦不好收回自己的話，便答應了。沒想到，韓王信靠近邊塞的目的是為了聯合匈奴，進攻太原，這讓劉邦再次大怒，率領步騎兵三十二萬，出長安北攻匈奴。起初，韓王信的勢力被迅速摧毀，但在繼續北進的路上，漢軍中了匈奴的埋伏，被包圍於白登（今大同東北）七天七夜沒有消息。當時，整個長安城知道這件消息的不過數人，只有張良安慰大家，說匈奴不可能敢如何，更何況軍中還有陳平在。不久，陳平真的派人用重金賄賂了匈奴冒頓單于的皇后，保護劉邦平安脫險。

劉邦在白登之圍中再一次感受到重兵圍困的壓力，但這一次，給他帶來了更大的衝擊力。作為一個年過半百的人，他很自然地在回到長安後開始考慮起接班人的問題來。

按照傳統，皇帝確立太子，應該比起普通王侯選擇繼承人更加嚴肅、更加慎重。而通常情

況下，應該把王后所生的長子立為太子（儘管以後的歷史將許多次推翻這一點）。

劉邦有八個兒子，最大的是齊王劉肥，他是劉邦在沛縣時的外室曹氏所生，不可能有機會成為太子；

次子劉盈，因為是劉邦明媒正娶的妻子呂雉所生，因此，在劉邦登基為皇的時候，順理成章地成為了太子。

但是，經歷過白登之圍的劉邦，心理發生了微妙的變化。他聽說，匈奴之所以強大，是因為匈奴老單于有一個年輕勇武的兒子冒頓，這個冒頓甚至設計殺死了原來的老單于，然後帶領匈奴愈發強大。劉邦想到，如果自己挑選的繼承人不夠勇武剛毅，怎樣抵擋這種兇殘暴烈的民族？更何況，劉盈就是這樣的孩子，他性情柔弱，凡事都喜歡找母后幫忙，劉邦對此相當惱火，甚至不顧呂雉的感受，公開告訴群臣說：「這個孩子，一點都不像我。」

相比起來，劉邦在彭城大敗的人生轉捩點中認識的戚姬，卻為他帶來了一個很好的兒子，劉邦為他起了個小名，叫如意。或許正是這個名字的緣故，劉邦越來越覺得如意真的很如意。他常常親熱地將如意抱起來，仔細端詳，不時親吻說：「這個孩子，真是像我啊。」

所以，當如意逐漸長大時，劉邦心中的態度開始動搖了。

其實，劉邦喜歡如意，更多的原因還是因為喜歡他的母親戚姬。無論是出身、容貌還是性格上來說，呂雉終究是鄉間的女性，無法比得過青春美貌、知書達禮的戚姬。因此，當劉邦為皇帝後，不僅在宮中，就是典禮、出巡、平叛，也經常將後者帶在身邊。而戚姬也自然趁著自己佔上風，百般奉承，曲意迎合，枕頭上不知道吹了多少遍讓如意成為太子的風聲。

在心思簡單的戚姬看來，倘若如意成為太子，自己便算得逆襲成功，今後就是母儀天下的皇太后了。因此，風聲吹得越來越緊，讓劉邦心思活動起來。但劉邦並沒有什麼理由將原太子劉盈廢掉，於是只好對戚姬好言勸慰，讓她等待時機。

沒多久，劉如意還真的等來了個機會。此前，他已經被封為了代王，因為年齡小而不能就封，劉邦安排了夏陽侯陳豨做代國國相來掌管國事、抵抗匈奴。漢九年（西元前198年），有人報告，說趙王張敖打算反叛，於是，劉邦照例將張敖貶為宣平侯，並打算改封劉如意為趙王。

這個消息讓戚姬大吃一驚，她嚇得淚流滿面，向劉邦跪倒，苦苦哀求說：「當年幸虧得到您的恩寵，賤妾母子才有今日，但您將如意外放為王，恐怕將來他會受到壓制和危險，我母子命運難料啊。」

劉邦連忙溫存相勸，但勸來勸去，他自己都動了心。事實上，誰又比劉邦更清楚皇帝是如何看待這些諸侯王的呢？假若自己百年之後，劉盈真的要動手殺掉如意，那不是斷了劉邦的一支血脈？

就這樣，到了第二天早朝，劉邦下定決心，提出了要廢掉太子劉盈、立如意為太子的事情。

消息傳出，群臣大譁，幾乎每個人都有話要說。文臣們說，立長不立幼，這是古代的禮法，社稷的根本。武將們說，太子沒什麼過失，這樣就廢了他的位置，太不公平了。但劉邦死死板著臉，說什麼也不同意，最後，他還是被御史大夫周昌給弄笑了起來。

這周昌也是沛縣人，乃是在滎陽殉難將領周苛的弟弟，他素來口吃、不善言談，但偏偏性格直爽、敢說敢做，此時，他跪倒在劉邦面前，憤怒地大聲說道：「臣，臣不善辯論，但臣，臣期期知道不可如此，陛下要是一定廢、廢除太子，臣，臣期期不敢奉命。」其他的話倒也好懂，但口吃的周昌所說的「期期」究竟是什麼意思，誰都不明白，看著他漲紅的臉，劉邦不由得氣笑了起來。

就這樣，劉邦發現，自己對付群臣要比對付戚姬難多了，於是答應日後再議。轉過頭，他告訴美人，可以先讓如意去趙國就封，就讓那個性格耿直的周昌做趙相監護，他必定會誠心誠意地加以輔佐保護。戚姬紅著眼圈答應了。

表面上，這件事情風波平息，毫無聲響了。但背地裡，這件事情才剛剛開始。所有人都沒有看到呂后的態度，但實際上，她已經忍無可忍了。

呂后想得很簡單，我原本是正宮皇后，你搶走了寵愛，這也就不說了，劉邦原本就是好色之徒。但如果你想來搶走我劉盈兒的皇位，這豈不是天大的冒犯？但雖然如此，呂后身為婦人，一時也不知如何是好。

此時，有人偷偷建議說：「留侯張良，素來足智多謀，而且深得皇上的信任，您怎麼不讓他出出主意？」

呂后頓時想通了，連忙讓他的兄長呂釋之去登門拜見張良。

張良之所以久病不上朝，一方面是確實在養身體，另一方面他也害怕陷入這些事情之中。張良明白，在政治的風浪中，很少有真正的對錯，只有明確的勝負，而自己能做的則是避開勝負，不問對錯。但是，呂釋之的突然到來，還是讓張良料想不到。

呂釋之倒也不願隱諱，他知道在張良面前還是坦率點好：「先生，您不僅是陛下的謀臣，還可以同陛下算是亦師亦友啊。既然您協助陛下建立了皇朝，也應該能夠協助陛下，將這樣的天下穩定下去啊！」

張良擺擺手說：「呂侯，您也知道，我素來體弱多病，朝中的事情，我不便插嘴啊。」

呂釋之說：「您應該知道，陛下想要廢掉太子，事發突然，在大臣們的勸諫下，才總算同意暫停。但是，陛下廢掉太子的主意並沒有變。現在，如果陛下突然固執己見，違背傳統而廢掉太子，天下是必然要大亂的啊。只有您留侯，才有這個本事去改變陛下的主意，您肩負天下安危，如何能不管呢？」

張良繼續推脫，說道：「您對我的看重是過譽了啊。以前，陛下想要打敗項羽、爭奪天下，因此經常處在危險之中，因此，他才會聽我的話。現在，天下已經安定，陛下不論立誰當太子，都是他的家事。就算我曾經能讓陛下言聽計從，又有何用呢？」

呂釋之看到張良語氣中有所和緩，便繼續說道：「不瞞您說，我今天，不是受到皇后的邀請，而是受到群臣的託付前來的。為了我大漢江山，無論如何也要想個辦法出來。」

說完，呂釋之居然真的長拜不起。

張良慌忙扶起他，想了想，也覺得天下安定時不應該莫名其妙的更換太子，引起國家動盪。

正是張良這一想，才想出來漢室此後的數百年穩固江山。

# 第十二章 高處之上，道法自然

## 執君王之手，不如坐等君王歸來

張良扶起呂釋之，對他說：「廢立的事情，皇上肯定早就有了想法，而不完全是外界的影響。因此，我們也不能用強加的言辭來改變皇帝的主意。」

「那，我們應該怎樣做呢？」

「良有一計，呂后不妨試一試。陛下登基之後，素來豁達大度，除了少數罪大惡極之人，其他人才是無不招攬。但是，陛下也知道，目前有四位天下聞名的賢良老人，至今隱居在深山中，不願出來做大漢臣子。這四位老人被稱作商山四皓，一直是陛下想要邀請出山的對象。我聽陛下說，他也曾派人幾次去請，但他們就是不願出山，理由是嫌陛下待人有時候傲慢無禮。

現在，不妨讓太子給老人寫上措辭謙恭的書信，再送些表示尊重的厚禮，派出舒適安穩的車馬，能言善辯的辯士，誠心誠意地邀請他們出山，我想，他們會來的。」

呂釋之聽得呆了，同樣在長安，還是皇親國戚，他卻從沒聽說過什麼商山四皓。於是他眨巴巴眼睛說：「請來以後呢？太子該怎麼做？還請您多多賜教。」

張良說：「請來之後，也就不難了。太子應該恭敬地請他們做自己的門客，等到機會合適時，就邀請他們一同上朝。這樣，機會多了，陛下就知道他們四位賢人已經成為了太子的門客。這樣，太子的地位或許就能鞏固了。」

呂釋之聽畢，合掌稱善，張良則側過臉去，好像自己剛才什麼也沒說。

幾天後，四輛華美的馬車穩穩地駛出了長安城，直奔商山而去。這正是呂后按照張良的計策，邀請商山四皓的車輛。

半個月後，這四輛馬車重新又穩穩地回到了長安城，商山四皓果然如期而至。

此時，太子劉盈年歲不大，並不知道四位老人究竟是怎樣的來頭，只是依照母親的安排，將他們奉為師長一樣尊重，處處請教，事事禮讓。劉盈雖不算天縱英明，但性格和善柔弱，待人善良誠實，讓四位老人覺得是一位值得輔佐的仁慈君主，便從此安頓在皇宮中盡心教育輔佐。但只有一點，所有知道事情的人，都被呂后下達了封口密令——敢讓朝前陛下知道事情的，滿門抄斬。

其實，劉邦此時真沒有心思關注廢立太子的事情，和如意有關的新問題又出現了。

一開始，劉邦任命陳豨做代相，是希望他能夠管理好代國，鞏固北方的邊境，這樣，不管是當下還是未來都能有所保障。但沒想到，陳豨並不是能夠守衛邊疆的可託重臣，而是追求虛名的公子哥兒脾氣。當他來到代國後，一心想的並非怎樣發展經濟、治國安民，而是模仿起古代信陵君的樣子，廣收天下門客，發展自己的智囊團。

對此，張良也頗有耳聞，據說某次陳豨回家探親，經過趙國，人們發現隨行的車子有上千輛之多，而跟隨的門客們把整個邯鄲城的館舍都住滿了。

如果僅僅是這樣，劉邦還不會對陳豨起疑心，但問題是，陳豨反過來先懷疑起劉邦來。

漢十年（西元197年）七月，太上皇去世，天下諸侯都紛紛上奏章表示哀悼，也有人來到京城參加葬禮弔唁。此時，劉邦正想看看陳豨的情況，便下命令召他回京。沒想到，陳豨在門客的慫恿下，不僅不去京城，反而趁機起兵反叛，自立代王，佔領了趙國、代國等地。

消息傳來，劉邦的怒氣無法平息，決定親自問罪討伐。面對臣下的勸諫，劉邦豪情滿懷地說道：「我之所以要親自出征，不是因為沒有將領，而是因為天下統一不久，朕真要親自平叛，才能讓反叛者感到恐懼！」

於是，漢軍大隊正式出發東行。臨行前，劉邦還特地派侍衛請教了張良的意見，張良告訴近侍說，自己身體情況不佳，無法跟隨，就在長安等待皇上的得勝歸來。

出發前，劉邦下發詔書說，凡是代國、趙國官吏百姓，只要沒有參加叛亂的，全部赦免。只有為首的陳豨和王黃，絕對不能赦免。

當大軍駐紮進趙都邯鄲時，劉邦找來了趙國國相周昌，說道：「趙地有沒有壯士，能夠當朕的開路將領？」

周昌略有得意地說：「有四個。」

面對奉命前來的四位壯士，劉邦不滿地撇了撇嘴，說：「這些人簡直是飯桶，怎麼能夠做將軍？」言下之意，是為將者並非孔武有力就可以了，更需要充分的智慧和經驗。過了一會兒，劉邦又說：「罷了，還是讓你們當將軍吧，全部都封賞為千戶侯！」

這四個人先是被罵成飯桶，內心的希望驟然破滅，忽然又聽到皇上說要對他們大為封賞重用，感覺喜出望外。連忙不住地磕頭謝恩，表示自己上刀山下火海也要努力殺敵。等那四人退下後，有隨從進諫說：「許多跟隨陛下多年的功臣，還沒有受到封賞，陛下為何要封賞這些沒有功勞的人？」

劉邦不屑地哼了聲，說道：「你們哪裡會懂？邯鄲以北，全都是叛軍的地盤，我用得著吝惜那裡的四千戶嗎？更何況，封賞了這四個人，趙國的將士受到鼓舞刺激，會更加奮勇殺敵啊。」說完，劉邦懶得理隨從，轉過身問周昌：「陳豨用哪些人為將？」

周昌連忙回答：「除了王黃，還有曼丘臣，聽說他們以前都是商人。」

「既然如此，這些人招來的士卒估計也都是喜歡錢的貨色。就傳朕的旨意：我用千金，購買這三個人的首級。」

為了儘快進軍，劉邦在邯鄲分兵，大膽以鉗形攻勢進剿。其中一路攻打曲逆（今河北完縣東南），一路攻打聊城（今山東西南），一路從太原插入代地心腹，而劉邦則親自率領部隊進攻東垣（今河北正定）。

在這四路攻擊之下，代軍受到猛擊，不斷收縮。先是守衛曲逆的代軍將領侯敞被漢軍斬首，然後是守衛聊城的張春被擊敗，而太尉周勃也按照劉邦的旨意，從太原出發包圍了馬邑。但諷刺的是，偏偏是劉邦自己受到了相當大的阻力。

負責守衛東垣的將領叫做趙利，這傢伙深通守衛的兵法，固守城池，讓漢軍連續進攻了一個多月。即使是劉邦親自督師，也發現叛軍在城頭上叫罵不已，而漢軍卻難以攻擊。加上梁王彭越的部隊不聽從旨意調遣，遲遲不肯前來支援，更讓劉邦氣不打一處來。這樣直到又過了一個月，曲逆、聊城方面的漢軍前來會合，才終於將東垣拿下。這一次，劉邦少有的下令：將叛將趙利和曾經在城上叫罵漢軍的士兵，統統斬首示眾，那些沒有罵過的士兵，也要接受墨刑的懲罰。

就這樣，陳豨的叛軍終於全部潰滅了，王黃、曼丘臣全部被生擒。為了防止再次發生叛亂，劉邦就讓兒子劉恒做了代王。

到漢十二年（西元前195年），陳豨逃到靈丘（山西省東北部）投奔了匈奴人，被舞陽侯樊噲所部斬殺。

趁劉邦不在長安時，呂后開始對兒子的潛在敵人下手了。

當然，此時首先下手的目標並不是如意，而是先要將劉邦忌憚的人一一除去。

呂后如此判斷形勢後，就將矛頭指向韓信。

韓信被呂后選作第一個目標，並非偶然。在陳豨以前被任命為鉅鹿郡守的時候，韓信就曾經和他密謀過反叛的事情，甚至還留下「我在京城做內應」的約定。到了陳豨叛變之後，韓信稱病不追隨劉邦出兵，反而暗中聯繫陳豨，並佈置家臣，打算夜裡傳詔書赦免官府中服役的罪犯、奴隸，發動他們去偷襲呂后、皇太子。

可惜，韓信工於軍事，但對政變並不擅長。他的一位家臣由於得罪韓信而被囚禁，打算事成之後殺掉，結果家臣的弟弟向呂后上書，告發了韓信的計畫。這個計畫讓呂后又驚又愁，驚恐的是自己差一點成了政變的目標，而愁的是如何處置韓信。想來想去，她還是找來了蕭何商量。

一番密謀之後，蕭何讓人放出風聲，說陳豨已經被皇帝陛下擒獲了，所有的文臣武將們都需要前去朝賀。當消息傳到韓信的侯府中時，他半信半疑，託稱身體抱恙，不願進宮向呂后朝賀。於是，蕭何專程來到了淮陰侯府邸，面見韓信，認真地說道：「就算有病，淮陰侯也要強打起精神，去祝賀一下吧。」

蕭何是保舉韓信的恩人，曾經在月下冒著叛變的惡名去追回韓信，並極力向劉邦推薦他擔任大將。蕭何前來提出的建議，韓信不好意思加以拒絕，更何況，他也不相信呂后會在劉邦回來之前就殺掉他。

然而，韓信判斷錯誤了。當他進宮之後，呂后命令武士將他捆起來，推到長樂宮的鐘室處斬。韓信在臨死前的那一刻，後悔地哀嘆說：「我後悔啊，沒有採納蒯通的建議，以至於現在被婦女和小孩所欺騙，難道不是天意嗎？」

隨著這樣的哀嘆，韓信三族皆誅，而此刻那個當年將他親手請上拜將臺的劉邦，正在遙遠的寒冷北方征討著叛軍，當年在月下縱馬狂追他的蕭何，正忙於調查著誰是蒯通、蒯通在哪裡，而更多的文臣武將，則對韓信的死去感到慶幸——誰也不知道，韓信活下去還會牽連到誰。

在經歷了一番混亂的長安城中，夜色慢慢籠罩了留侯府邸那不大的庭院，書房中，張良讓僕人端走了燭臺，自己將要坐在黑暗中，進入冥想引導的修煉時刻。

但今夜對於張良來說，似乎格外煩躁，氣息無論如何也調勻不了，於是他睜開眼睛，看到窗外一輪明月孤寂地看著大地。這輪月，不正是那時韓信出奔的月色嗎？不正是垓下響徹楚歌的月色嗎？而曾經叱吒風雲的漢相國、齊王、楚王、淮陰侯，又哪裡去尋找蹤跡？

「韓信啊，你永遠想要執君主之手，其實就在自己的位置上坐等，不也很好嗎？」

許久之後，張良嘆息了一聲，重新閉上了眼睛。

## 他和他們的臉譜：做自己到底難不難？

沒幾天後，大軍就回到了長安。

聽完蕭何的彙報，又進後宮看了呂后和戚夫人全都安然無恙，劉邦才露出了含義複雜的笑容。而這樣的笑容，讓劉邦自己都覺得離當初的漢王越來越遠了。他瞪著銅鏡，似乎不認識自己的相貌，並不抬眼地問呂后：「韓信死之前，有沒有說什麼話？」

呂后說：「有。他說，恨的是自己沒有採用蒯通的計策。」

「什麼？」劉邦站起身來，衣袖掃過銅鏡。他本以為，韓信臨死前能做出些許懺悔，這樣，自己能以此為由，責罵一番呂后和蕭何，甚至象徵性地治他們擅殺大臣的罪名。沒想到，這個韓信還真是存心和自己鬥到死！

劉邦壓抑住怒火，找來蕭何，說：「蒯通在哪裡？」

蕭何很快讓衛兵押上了蒯通，他早就按照呂后的意思將人搜捕到，隨時等候著劉邦。

劉邦氣勢洶洶地問道：「是你教唆淮陰侯造反的？」

「是的，」蒯通平靜地回答道，「我原本想要指點他造反，但那個小子不願意聽我的話，結果落到了今天的悲慘下場。」

劉邦揚起了手，一口冒著熱氣的大鍋在庭院中早已經搭建好了，裡面翻騰著滾開的熱水。

「把蒯通扔到鍋裡面去！」劉邦命令著。

「皇上，我因為這個就被烹殺，實在是冤枉啊！」蒯通跪倒磕頭說道。

劉邦問：「你還冤枉？你教唆韓信造反，是大罪，有何冤枉？」

蒯通回答說：「當初，暴秦法度敗壞，天下大亂，英雄豪傑不問出處全都能逐鹿中原，賢士們各自投奔心目中的主人效力。這並不奇怪啊。古代的盜蹠是著名的大盜，他豢養的狗，就算看到帝堯也會狂吠，這不是因為帝堯是壞人，而是因為帝堯並不是狗的主人啊。想當初，臣下只知道韓信，不知道陛下的恩德，因此鼓動韓信造反，這又有何罪可言呢？更何況，天下豪傑在那時，都有稱帝的想法，而陛下也只是第一個做到了，難道陛下就打算把當時的所有豪傑和所有賢士全都殺光嗎？」

蒯通淡然自若的說完這些話，然後擺出一副要怎麼樣都悉聽尊便的態度，劉邦聽了以後，面孔上的表情慢慢和緩下來，終於重新露出了原來的和善，他擺擺手說：「算了，算了，我赦免你了，你可以走啦！」

雖然赦免了蒯通，但劉邦必須擺出另一副嚴肅凜然的表情，去對待另一位蒯通口中的豪傑。

他就是彭越，可惡的彭越，在陛下剿滅陳豨時按兵不動的彭越。

其實，彭越在聽說劉邦大勝而還之後，就越發感到自己按兵不動的不妥。他幾次三番都想親自去長安向當今皇上謝罪，但都被部將們勸阻了。部將們認為，彭越既然在劉邦調兵時託病不去前線，那麼現在受到了責備再去長安，必然會像韓信那樣被活捉，還不如乾脆造反。

彭越猶豫了，造反，他沒有這樣的底氣，就這樣拖下去，他也不知道如何是好，便動用了拿手好戲——裝病。

然而，彭越犯下了和韓信一樣的錯誤。梁國的太僕因為犯錯，讓彭越很生氣，打算殺掉他，結果太僕一口氣跑到長安，直接向劉邦密告彭越要謀反。這讓劉邦既怒且喜，怒的是這些異姓王果然沒一個好東西，喜的是終於有了藉口來對付彭越。

還沒等彭越查出來自己的太僕逃亡到了哪裡，劉邦就來到緊靠梁國的洛陽，然後派禁衛軍以迅雷不及掩耳之勢，持聖旨到梁國，將彭越逮捕，並押往洛陽。這樣，彭越的諸侯王生涯也算當到了頭。

劉邦原先的意思，是覺得彭越原本就沒有韓信那麼大的影響力，現在既然從諸侯王變成了囚犯，還怎樣造反？於是，當手下的官吏將有關謀反的「罪證」搜集齊備之後，劉邦大度地決定赦免彭越，將他從王廢為平民百姓，並讓他流放到蜀地青衣縣。

彭越千恩萬謝，離開洛陽，向西走到了鄭縣，正好碰上呂后從西安而來去洛陽和劉邦見面。於是彭越哭泣著對呂后說，自己並沒有打算造反，現在只希望能夠回到自己的老家昌邑，因為那裡畢竟更適合自己的生活。

看著彭越這樣的英武大漢在自己面前哭泣不已，呂后的臉上流露出一股同情的神色，她和藹地叫人扶起彭越，並安排他和家人坐上車，帶他們一起去洛陽面見劉邦。

然而，彭越不可能想到，這一次的拉關係，就好像拉動了自己脖子上的絞索一般。呂后剛到洛陽，馬上就去見劉邦說：「彭越是勇敢豪壯的人，如今要把他流放到蜀地，這可是給自己留下禍患啊，還不如殺了他。所以，我才帶著他一起回來了。」

劉邦默認了。於是，呂后就安排彭越的門客再次告發他陰謀造反，接著，廷尉王恬「依法」提交報告，請求誅滅彭越家族。劉邦批准之後，彭越的頭顱被砍下來掛在洛陽城頭，而屍體被亂刀剁成了肉醬，整個家族被予以誅滅，新的梁王則由劉邦的兒子劉恢來擔任。

彭越被殺，比起之前的臧荼、陳豨、韓信而言，更加讓人同情。因為畢竟之前的那些造反諸侯，或多或少都有實際性的行動，而彭越的罪名卻是相當空泛的謀亂。劉邦也知道這一點，於是他特意下令，凡是敢因彭越之死而哭泣哀悼的人，一律格殺勿論。

這條禁令很快就被人打破了，打破的是梁國大夫欒布。

欒布原來就是梁地人，在平民時，就曾經和彭越交往。後來，欒布擔任了燕王臧荼手下的將領，因為臧荼叛亂，最終被劉邦生擒。還是多虧彭越向劉邦求情，才救回了欒布，並讓他擔任了梁國大夫。

這時候的欒布，剛剛從齊國出使回來，聽說彭越下獄，便日夜兼程地趕到洛陽。沒想到，站到洛陽高大城門下的時候，他發現昔日尊敬友好的梁王此時只剩下高掛在城頭的首級，不由得悲從中來，放聲大哭，一邊哭，一邊還向城頭上的首級述說自己去齊國出使的經過，就好像梁王依然是彭越一般。

看到這樣的情況，城頭巡視的甲士們不敢怠慢，立刻整隊衝下城去，將欒布拖拖拉拉地綁著扔到劉邦面前。

劉邦沒想到禁令還真的有人打破，於是張口大罵說：「彭越是犯下了滔天大罪，朕已經將他斬首了，不准任何人祭拜他為他收屍。沒想到你膽子這麼大，不僅哭祭，還要繼續將他當成梁王，難道你也打算要造反嗎？來人，將這個狂傲的傢伙烹殺！」

左右的衛士抬起了欒布，就向大鍋前走去，欒布掙扎著回頭說道：「希望皇上能讓我說一句話再死啊。」

劉邦喝止了那些衛士，讓他們放下欒布，然後依舊氣勢洶洶地說：「你要說什麼？」

欒布說：「當年，皇上你曾經被困在彭城，後來又和項羽對峙在滎陽、成皋一帶，雖然您多次戰敗，但項王之所以不能繼續西進，正是因為彭王佔據梁地和漢軍聯合，然後不斷與楚國對抗的緣故啊。那時候，只要彭王他反戈一擊和楚國聯合，漢就會失敗，反過來，楚國就會失敗。如果說到垓下之戰，如果沒有彭王的參與，項羽也不會滅亡。」

說到這些，劉邦的臉上開始流露出不自然的表情，雖然他知道彭越的選擇也是出於其自身利益考慮，但欒布所說的事情真相是確定無疑的。

欒布繼續說道：「現在，天下已經太平，彭王接受了您的封賞符節，想要將自己的這個封國世世代代傳下去。然而，陛下僅僅是因為梁國沒有及時出兵、彭王因為生病而不能前來，就產生了懷疑，認定他是想要謀反。謀反事情本身的細節還沒有完全偵查清楚，就因為那些細小的過失而將全家族誅滅，這樣，我擔心有功的大臣們都會人人自危啊。現在，彭王反正已經死了，我這樣活下去也不如死了，就請您烹殺我吧。」說完，欒布快步走到大鍋旁邊，打算往裡面跳。

劉邦連忙伸手叫到：「給我攔住他！」

衛士們應聲而動，重新將欒布拖回劉邦面前。看著欒布，劉邦也愣了，殺了他，於事無補，不殺他，又著實難堪。正在兩難之際，忽然想到張良曾經告訴他的一句話：「喜則賞、怒則殺，怨乃起，令乃廢。」也就是說，如果君主都按照個人的情緒喜好來賞賜或者殺人，那麼，臣子百姓們的怨恨就會不斷發生，而原有的法令也就形同作廢了。

想到這裡，劉邦決定下令釋放面前這個大膽說出事實的欒布，並因為他的忠義正直還將他任命為都尉。這位欒布似乎運氣真的不錯，他後來又擔任了燕國國相，直到漢景帝中元五年（西元前145年）時才去世。

當然，那時候的劉邦，已經憑藉在廟堂祭祀時的畫像，而被大漢帝國的子民永遠懷念銘記了。他再也不需要面對複雜的人性和詭譎的叢林法則，再也不需要玩那些「我不相信你是相信我相信你的」政治博弈遊戲，再也不需要忽而戴上釋放欒布時的仁慈面具，忽而又戴上禁止哀悼彭越時的兇殘面具。

總之，只有到死後，劉邦才會真正了無牽掛，作他的一代雄主而存在，只擁有一個最簡單的臉譜。而在此之前，他必須不斷自如而嫻熟地在種種面具之間轉換，為了他的基業，也為了他的帝國。

## 狡兔死了，任何兇悍的獵狗都保不住

張良一天天的老下去，到了漢十一年（西元前196年），他已經整整55歲了。

而這一年，劉邦則已經61歲了。

在那個時代，六十歲的老人，已經算是相當高齡。但和張良不同，劉邦沒辦法頤養天年，修身養性，他不僅要不斷地在面具之間更換角色，還要一次又一次地跨上自己的征途，去面對那些曾經兇悍的「獵狗」。當然，劉邦同時也看到，留下來的「獵狗」已經寥寥可數。

而其中最厲害的，當屬淮南王英布。

劉邦在剛剛逮捕韓信的時候，英布就有了疑心，對劉邦的動向加以警惕起來。隨著梁王彭越的被殺，他愈發確定下一個對付的就是自己，既然無路可逃，那麼不妨先發制人。

英布真的造反了，他精心準備以後，在淮南發動了全面的叛亂，

在造反之前，英布告訴自己的將領們：「皇上已經老了，厭惡行軍打仗，他不會御駕親征的。而如果派遣將領，我們只擔心淮陰侯、彭王，他們現在都死了，我們還怕誰？」

果然，英布起初的兵鋒難以阻擋，荊王劉賈被戰敗，出逃而死，英布軍兼併了荊軍，繼續渡過了淮河攻打楚軍。楚王劉交自以為聰明，用人不當，結果被英布打得狼狽不堪、連連後退，整個江淮地區都陷入了戰火之中。

在這段時間內，劉邦也沒有閒下來。汝陰侯滕公推薦來一位薛公，成為了劉邦平定英布的戰略策劃人。

這個薛公並不簡單，他原本是楚國的令尹，因為韓信被廢，而成為了滕公的門客。面對劉邦，他侃侃而談：「英布造反，有上中下三大策略。如果他採用上策，太行山以東地區就無法歸皇上了；如果採用中策，那麼勝負難料；如果採用下策，皇上就可以高枕無憂了。」

劉邦很好奇這樣的議論，自從張良退隱以後，他很少聽到如此令人精神振作的議論了。因此，劉邦很自然地預感接下來的議論更加精彩。

果然，面對劉邦質詢的眼光，薛公說道：「英布如果用上策，就是向東進攻吳國，向西奪取楚國，向北吞併齊魯，然後用一紙檄文號召燕國和趙國各自守衛其領土，那麼，山東之地就不是陛下的了；如果他在獲得楚國和吳國以後，選擇吞併韓國和魏國，獲得敖倉的糧食並

封鎖成皋要道，那麼，勝負難料啊；但是，在佔領楚國和吳國之後，他向西奪取下蔡，然後將糧食、輜重和財寶搬到越地，自己再跑到長沙為王，那麼，皇上就可放心，我大漢安然無恙了。」

劉邦想了想，覺得薛公說的很有道理，便繼續問道：「英布會選擇哪種策略呢？」

「下策。」薛公斷然地說道，「一定是下策。英布原本只是個刑徒，自己卻能夠奮力做到王，都是為了追求富貴的動力才讓他這樣的啊。因此，他不會顧及天下百姓，也無法為其子孫後代所考慮，只會選擇用下策。」

劉邦鼓掌稱善。

果然，英布的軍隊隨後正採用了薛公所說的下策。劉邦鬆了一口氣。但隨後又緊張起來：英布隨時都有可能改變主意，如果不趁現在的機會討伐，等他醒悟過來就麻煩了。

然而，歲月是不肯幫助劉邦的。在這個節骨眼上，他居然一下病倒了。即使如此，他還是將自己信任的重臣叫到病床前問：「淮南王造反，該怎麼辦？」

大家互相對看一眼，然後說道：「當然是殺了他！」

劉邦無奈地將頭靠倒在枕上，緩了一會才說：「我當然知道要殺了他，但是，讓誰來負責統率大軍前往討伐擊敗英布呢？」

眾人沉默無語。誰都知道，能打敗英布的大將，只有韓信和彭越，但他們全都被皇上您殺了啊！

當然，這樣的話，誰也沒膽子說出口。就算有，也沒辦法去用殘酷的事實傷害病榻上的六句老人。看起來，只有請皇上御駕親征最為合適，但問題是，皇上確實有病，而且還病得不輕，這樣的情況下，能不能再帶病出征呢？

文臣們默然無語，是因為的確想不到辦法。幾個武將也不願開口說話，因為誰也不敢成為在皇帝眼中積極索要兵權的人，否則，造反的罪名時刻就會按到頭上來。

劉邦看到情況如此，便口氣緩和了一點，說道：「太子劉盈，年齡也不小了，總該歷練歷練，就讓他掛帥試試？」

其實，劉邦是想用這樣的「提議」，換來群臣們的阻撓，然後再順理成章地從他們的建議中物色將領。但沒想到的是，群臣們一律表示支持，堅決同意太子劉盈帶兵上戰場！

劉邦情緒矛盾地閉上了眼睛，再次靠回枕頭，懶得再說下去了。如果身體情況好一點，他發誓自己一定會生擒英布，但現在的確需要其他人統兵，而柔弱的太子，能夠勝任嗎？還沒等到劉邦考慮好，宮中就沸沸揚揚起來，呂后很快就透過自己佈置的眼線，知道劉邦打算讓劉盈去對付英布的想法。

這下，呂后不答應了。她當然知道，英布和什麼戚姬完全不同，英布如果想要皇子的命，可是真的有可能做到的。於是，呂后也愁容滿面地來到了劉邦病榻前。

「皇上，」呂后有意抬起臉，讓劉邦看見自己面龐上的淚痕，「英布，可是天下的名將啊，項羽當年都沒能擒獲他，足見他深明用兵之道。陛下您如果真的讓太子作為統帥，恐怕只會讓叛軍的氣焰更加囂張。您現在雖然暫且身體抱恙，但只要準備一輛舒適的車子，您高臥於其中，即使如此也不會有將領不聽從吧？為了大漢的基業，也為了陛下您的妻子、兒女，您就請再辛苦一趟吧！」

畢竟是多少年相濡以沫的髮妻，或許談不上恩愛，但劉邦想到即使在楚軍陣營中那樣的日子，呂雉也從未想過背叛他，不僅悲從中來。於是他奮力坐起，長嘆說道：「老子就知道這些小子都沒有用！那麼，老子就自己再去拚一趟命吧！」

張良聽說皇上又要再次率軍出發，便扶著手杖，走出家門，來到了長安城外的灞上。劉邦看見張良，內心感到既驚訝又欣喜，但看到張良鬢邊的白髮，又感嘆時光的不留情面。

其實，在張良眼中，劉邦也蒼老了不少，和當年那個時而意氣風發、時而倉皇逃命的漢王比起來，現在的劉邦多了一份雍容大氣，漸漸失去的卻是那時候咄咄逼人的生命力。

張良對劉邦說：「微臣本來想跟隨陛下前往，只是一直在生病，沒辦法如願跟隨。楚人作戰驃悍勇猛，還希望陛下您千萬要小心。另外，太子陛下雖然沒有能跟從出征，但還是可以作為將軍來監護關中，節制諸軍的。」

劉邦聽了張良的話，一下高興起來，他覺得，畢竟張良是不同於群臣的，只有他懂自己的心意：如果再繼續由自己這麼出征下去，皇子劉盈在軍隊中久一點威信也無法建立，到時候，就算把異姓諸王剷除完了，還有不同的侯、不同的將，誰又能保證他們不產生異心？而張良的建議，實際上幫助劉邦解決了問題。

劉邦立刻說道：「好，朕就聽先生的。叔孫通現在做了太子太傅，就請張先生留下來，做盈兒的太子少傅！有了您二位的輔佐和教育，朕就能放心去征討英布了。」

張良接受了這個任務，在百官人群的最前端，他靜靜地扶著手杖，看著皇上的大軍逐漸遠去，前往南方。

## 不是不管，是不可強求

劉邦出兵之後，漢軍很快在蘄春（今湖北蘄春西）和英布遭遇。

在正式展開會戰前，劉邦讓人推出車子，來到高處觀看了英布的排陣。

當御輦的窗戶捲簾由衛士一點點拉開後，劉邦探出腦袋，看了兩眼山下。在那裡，英布的部隊陣營森然，旗幟招展，一列列騎兵順著山腳舒展開，如同大雁一樣緊密地朝向同一個目標。

劉邦眼前模糊了一下，好像回到了滎陽城頭。那時候，城牆下的楚軍陣形，幾乎和此時一模一樣。劉邦不由得一陣厭惡，這種厭惡是發自內心的，也是發自生理的——他再也不想過滎陽那時的逃亡生活了。畢竟，他已經六十歲了。

皇帝陛下決定派出使節和英布談談。

使節的口氣看起來是在怒斥，但實際上是在和英布商量條件：「我皇將你封為淮南王，待你並不算薄。你卻恩將仇報，公然叛亂！皇上的旨意已經下了，只要你願意重新歸順，那麼就能對你既往不咎，繼續擔任淮南王。如果執迷不悟的話，那你只有死路一條了。」

英布摸摸鬍鬚，獰笑起來，表情讓人不寒而慄：「劉邦還真仁義啊？我又不是沒看見，立下大功的韓信、和我一樣攻擊項王的彭越，雖然也都是一國之王，不是轉眼間就成為了他的刀下之鬼麼？這樣看來，就算做了一國之王，也沒什麼意思，到頭還是來要被皇帝殺了。就請稟告你們皇帝，我英布不打算上當了，為了自己的性命，我立志造反，一定要當上皇帝。」

使者無法，只好狼狽地回到漢軍，偏偏病臥在車中的劉邦還非要聽他的親自彙報，聽到英布的志向，劉邦是氣得渾身發抖，喘息著說道：「不要再跟這個逆賊徒費口舌了。全軍接我的命令，各自率領部隊，全力圍剿叛軍，活捉英布者，重賞！」

漢軍立即採取機動策略包圍了英布軍。

在迂迴過程中，劉邦在車輛中不斷發出指令，頻頻調動軍隊大範圍追擊。不幸的是，一支流矢準確地飛進車中，又一次射中了劉邦。

消息很快被壓制住了，最好的戰地醫生被請到了車內為劉邦緊急包紮，所幸搶救及時，劉邦還能繼續指揮。好在，英布的軍隊雖然精銳，但畢竟在人數和士氣上都不是漢軍的對手，加上害怕陷入包圍，淮南軍被迫渡過淮水向南撤退。途中又被漢軍伏擊，接連失利。英布看勢頭不好，就拿出當年逃脫項羽的辦法，丟下隊伍，慌亂中只帶了上百人逃亡江南。

就在此時，長沙王吳臣派出使節，告訴英布說：「大王您現在處境危險，我王也覺得同樣危險，希望請您來共同商量下如何逃亡的大事。」

英布和第一代長沙王吳芮關係不錯，雖然知道長沙國兵微將寡、缺少實力，但想到如果能補充一下實力總是好的，便欣然同意。沒想到，當他應邀來到鄱陽時，被長沙王預先部署的部隊突襲，殺死在民宅之中。

劉邦接到長沙王的報告，算是鬆了一口氣，他獎賞了長沙王，並將兒子劉長封為淮南王。但劉邦很快發現了這樣的事實：自己開國之初所封賞的異姓諸侯，現在只剩下微不足道的長沙王，以及經過更換的北方燕王盧綰，已經一個不留了。

這時候的劉邦，心情是複雜糾結的。他忽然想到，既然來到楚地，距離家鄉沛地已經很近了，自從起兵以來，從未回去看看，何不趁這樣的機會，回去看看故鄉父老？於是，他傳出聖旨，要求大軍當即駐紮，然後輕車簡從，繞道沛縣停留數日。

沛縣的百姓聽說皇上要回到家鄉，無不感恩戴德、欣喜異常。劉邦也自然是賞賜有家，挨家挨戶發放錢財糧米，還專門在沛縣的行宮中設置酒宴，邀請父老鄉親們每日暢飲。為了好好感受氣氛，劉邦讓人挑選了一百二十名少年，唱著當地的歌謠助興。這些孩子們活潑可愛，鄉音初成，如黃鶯出谷，甚為好聽，劉邦的心情也漸漸好了起來，似乎連身上的箭傷也不再疼痛了。

趁著酒意，劉邦讓左右取來筑（古代用竹尺敲擊的弦樂器），一邊演奏節拍，一邊唱起歌來：

大風起兮雲飛揚，
威加海內兮歸故鄉，
安得猛士兮守四方！

一曲歌罷，兒童們應聲而唱，讓劉邦忘卻了煩惱，騰身而起，迴旋舞蹈。舞罷曲停，劉邦看看四周空空蕩蕩，除了那些畢恭畢敬的侍衛，就是自己小時候混跡鄉里的鄉親，當年那些共同叱吒風雲的兄弟們已經曲終人散，不可抑制的悲哀終於衝破心頭的堤防。

劉邦流下兩行熱淚，對故鄉父老說：「朕雖然以關中作為都城，長住京城，然而，今後千秋萬歲的時間總是有的。我的魂魄也總有一天會懷念這裡。朕，從做沛公開始，就託故鄉父老的福分，才能討伐殘暴不義之人，最終取得天下。以後，沛縣就是朕的湯沐邑（皇帝的直屬采邑），世代百姓，不需要服傜役了！」

百姓們聽完，自然激動不已，「萬歲」之聲連綿不絕，又紛紛向劉邦祝酒。

就這樣，沛縣百姓們傾城而出，哭著挽留劉邦，希望他能夠多住幾天。於是劉邦又在城外搭建起臨時的帳篷，飲宴三天，最後將整個豐邑百姓的傜役也免除了。

但是，歡樂的時間總是短暫的，劉邦終於還是起駕回到了長安。

劉邦怎麼也沒想到，和前幾次親征不同，這一次，剛回到函谷關，告狀的人就來了。劉邦內心甚為不解，因為前幾次出征，他將內政交給蕭何，處理得無所不當，為什麼這次有上千人告狀？

侍衛們念出狀文，劉邦明白過來，原來全都是告發蕭何的，說他用極低的價格去強行買長安城附近農民的田地。

劉邦雖然喜歡罵人，但通常罵的都是粗人，很不願意太多罵蕭何這樣的少年故交，於是他告訴蕭何，你自己去和老百姓解釋吧。

蕭何當然無法解釋，這是因為，他原本並沒有想去霸佔田地，完全是不得已為之的。

一開始，劉邦在外帶兵，經常會派人瞭解長安城的情況，尤其要打聽蕭何的情況。彙報者說的都是蕭何的好話，說他勤政愛民、對官員公平、對百姓仁慈。劉邦聽了，沒說什麼，卻有門客跑去和蕭何說：「丞相，您的危險就快要到了！現在皇上在外帶兵，最不放心的就是京城，您在關中已經治理了有十幾年了，現在還在安撫百姓，這樣皇上會擔心您借助關中的民望做出什麼不軌之事，那樣，您一旦閉關自守，不是將皇上推到前進不能、後退不得的地步？」

蕭何明白過來，自己做一輩子好事不難，難就難在一次壞事都沒做過上面。雖然口頭上嘆息一聲說「我怎能去真的做貪官污吏呢」，但實際上，還真的開始動手保護自己了。

這也正是劉邦接到訴狀的原因。

此時，蕭何面對劉邦的命令，淡定自若地請求說：「皇上，百姓之所以這樣上告，是因為他們的土地不夠，我建議您就將皇家獵場上林苑開放吧。這樣，農民們能種植土地，還能餵養上林苑的走獸，才能讓您好好打獵啊。」

劉邦冷笑一聲說：「你倒會做好人，自己收了商人賄賂征地，還想讓我把上林苑開放出來？」

就這樣，蕭何被劉邦投入了大獄，等待處罰。

好在，蕭何的命運畢竟要比韓信好，在這危險時刻，劉邦最信任的王衛尉站出來為他說話了。這位王衛尉負責劉邦在皇宮中的一切警衛事宜，劉邦有時候也會找他談心聊天。在蕭何被投入牢房中後，王衛尉一反常態主動找到了劉邦問：「皇上，蕭丞相究竟犯了什麼大罪？」

劉邦沒好氣地說：「他的罪太多了。首先，收受賄賂，強徵民宅，這能不治罪嗎；其次，我聽說，秦始皇的丞相李斯，有功都推給皇上，有過失都自己扛著，你再看看他，有了好處自己拿，還讓我去討好老百姓，我當然要治罪。」

王衛尉小心翼翼地回答說：「陛下，恐怕情況不對啊。您看，當年我軍和項羽作戰，戰事最危險的時候，您一個人在滎陽前線，根本無法顧及關內，整個大後方都交給蕭丞相，那時候，他要是有企圖，整個關中都沒有了。現在，他反而收受起商人的賄賂了，可能嗎？再說，我知道的李斯，也不是什麼好相國，不然的話，秦國為什麼會二世而亡呢？」

劉邦聽完身邊最熟悉的人說完這番話，突然明白過來：一直以來，他想到的都是關注這些人的行動結果，但他們為什麼要這樣做呢？自己從沒想過，就以蕭何為例，從自己認識他開始，他就不是個貪官，為什麼會做出今天的事情？難道，是故意做給朕看，讓朕對他放心？

劉邦不敢往下想，但思緒不可抑制地延續下去，他想到張良從自己登基以後就身體開始不好，已經不好了六、七年了，沒什麼變化，又想到英布要是想做皇帝，為什麼當初還要幫助自己……

想到這裡，劉邦頭開始隱隱作痛，他覺得自己雖然貴為天子，但不懂的事情真的很多。放出了蕭何，劉邦給他官復原職，算是默認了他的貢獻，也保證了他的安全。但從此之後，蕭何對國事越來越不過問，經常保持沉默，他甚至偷偷對手下說：「要像張良那樣，什麼都不管，才是對的，自己醒悟得太遲了。」

張良知道了這句話，沉默了半晌，告訴家人說：「我哪裡是不管，我知道不可強求的事情，就不會去做啊。」

## 商山四皓出面，天鵝翅膀已經長硬

對於漢帝國來說，此時最壞的消息，莫過於劉邦的箭傷並沒有大好，反而越發沉重起來。

呂后非常緊張，命令最好的醫生給皇上診脈，醫生摸了一會，抬起頭擠出一絲笑容說：「皇上有福運保佑，您的這點小病，再吃幾服藥就應該能好的。」

劉邦聽完，坐起身來指著他破口大罵說：「你是什麼庸醫，只會一派胡說！朕是以布衣平民的身分，提一把三尺劍取得的天下，這能是什麼運氣？乃是天命啊。朕的命，在於天，如果到了歸天的時候，朕不用你治病也能好。否則，就算你是神醫扁鵲，也沒什麼用！」

醫生嚇得跪伏著哆嗦，什麼也不敢說，還是呂后下旨，賞賜給他五十斤金，讓他不許多說，然後讓他離開了。

到了這個時候，縱然是英雄如劉邦的帝王，也需要考慮後繼者的問題了。

偏偏這個時候，戚姬又不安分起來。她經常以侍奉為名，日夜守護劉邦。劉邦病重時，她便端湯煮藥，晝夜不離劉邦的病榻，而劉邦情況若好一點，她便常常露出愁容，哀求皇上能夠再考慮下太子的事情。

劉邦之後做出的選擇並不奇怪，既然曾經的兄弟不可信，而曾經的兄弟們也不相信自己，那垂暮之年的劉邦就將所有的信任都投射到自己最喜歡的年輕女人身上。

更何況，歷經韓信、彭越的死，乃至自己拖著病體的出征，劉邦看出來了，呂雉這個人並不只是普通鄉間婦女那樣簡單。多年的戰亂奔波和孤寂苦守，已經讓她心如鐵石，為了保護她的孩子和她自己，什麼事情都可以做出來。這樣的女人，自己活著的時候還不易控制，一旦自己死了，那柔弱可人的戚姬和如意，豈不是會被她整死？

劉邦深信，自己能奪得了天下，也就能保得住嬌妻弱子，他決定在死前最後拚一次。這麼多年來，什麼關口都闖過去了，他不相信闖不過這一關。

廢立太子的消息再一次傳播出去，很快被張良知道了。

張良當然瞭解劉邦作為一個男人的苦心，畢竟，劉邦雖然好色，但從未像對戚姬那樣認真地愛過某個女子，如果連這樣的愛都因為去世而無法保存，那他的皇帝當著還有意思嗎？

但張良更瞭解劉邦身上的責任：自從登基那一刻開始，他就首先是漢朝的第一任皇帝，而不是什麼普通男人，更不是應該保護女人的男人。

「太子少傅張良求見。」

內侍這樣向病床上的劉邦稟報時，劉邦眼中燃起了許久不見的光亮，他很久沒有見過跟隨自己多年的下屬們了。

張良很快來到病榻前，向劉邦問安，劉邦很高興地賜坐，君臣兩人一如當年在營帳中議事那樣坦率地聊起來。很快，張良有意識地將話題轉到這些天太子在學業上的長進上。然而，劉邦始終面無表情，一言不發，直到張良說完，他才猛地睜開眼睛罵道：「太子學業進步有什麼用，英布只是一國的叛亂，還需要讓我這個老頭帶兵出征，要他有何用？朕決定將他廢掉！」

張良連忙勸解說：「陛下息怒，廢立太子，可是皇朝的大事情。陛下現在身體欠安，還是先復原再說吧。」

「子房，你不必安慰我。」劉邦對張良的態度還是溫和的，「朕的身體，朕自己最清楚，所以考慮再三，一定要為社稷著想，廢掉太子！」

張良連忙站起來深深施禮說：「臣只是前來給陛下問安，太子的事情是皇上的家事，臣不敢多過有所聞，就請皇上聖體康復做定奪。」

劉邦這才沒有繼續說下去。

張良離開皇宮後，直接去找和他一起輔佐太子的太傅叔孫通，將皇上確定要更換太子的消息告訴了他。叔孫通自告奮勇地去勸諫皇上，作為太子太傅，他更不希望看到太子被廢，因為如意成為太子，恐怕首先對付的也就是他和張良。

叔孫通也用請安的名義去拜見劉邦，他侃侃而談地說道：「陛下，您是為了漢家的社稷，才決定要廢掉太子的。臣為了漢家的社稷，也要說幾句。」

「你講就是了。」劉邦的情緒在病中忽高忽低，此時正是懶洋洋的時刻。

「從前，晉獻公寵愛驪姬，所以廢掉了太子申生，改立她的兒子，造成了晉國幾十年的內亂分裂，被全天下人所恥笑；近代，秦始皇因為不早點將長子扶蘇立為太子，讓趙高拿到權柄，並將幼子胡亥立為皇帝，結果造成天下大亂。這都是皇上您知道的。現在，太子仁慈而賢良，又是陛下的嫡長子，臣冒死罪說一句，天下人都能看得出，您想要更換太子是因為寵愛戚姬的原因。但是，皇后也曾經和陛下共度患難，您也不能對她棄之不顧啊。」

劉邦沉默無語，彷彿陷入長時期的回憶中，不知道的人，恐怕以為他睡著了。

叔孫通不願放過機會，繼續說道：「皇上，戚姬享受恩寵不是一兩年了，她如果真的敬愛陛下，就應該努力尊重禮法，幫助皇上成為聖明君主。可不能像古代的妹喜、妲己和晉國的驪姬一樣，給天下帶來動盪啊。事情是明明白白的，如果隨便更換太子，就是在拿天下基業開玩笑，天下一定會陷入戰火。如果皇上您決定要一意孤行的話，就請先將微臣殺死好了。微臣不希望聽到全天下人對陛下您的聲討，更不想看到大漢的基業毀於一旦啊。」

叔孫通早已跪倒在地上，老淚縱橫。劉邦看了看他，也覺得其態可憐，便哎了一聲，說：「太傅，你起來吧，朕只是先說說，還不是要真的更換啊。」

叔孫通如掙扎於沙漠中的行人聽說前面有綠洲，高興地爬起身來，連連向劉邦道喜，劉邦不耐煩聽他的那些繁文縟節，揮揮手，意思是立即走吧。然後自己翻了個身，面對牆壁合上眼睛。

叔孫通高興地找到張良，分享這個喜訊，張良說：「太傅，你還是不太瞭解皇上啊，他只要有一點希望，更換太子的心就不會死掉。」

「那怎麼辦？」

張良苦笑著說：「這麼多年來，我一直為皇上出謀劃策，想不到現在終於要對他用一次計了。」

幾天後，劉邦身體好了一點，心情不錯，便下令在後宮擺酒，邀請了幾名老臣前來。呂后聽說以後，也建議讓太子劉盈作陪，劉邦勉強同意了。哪知道太子步入後宮的時候，並非單身而來，還帶上了四位白髮老者，他們衣冠偉岸、身形高大，舉手投足都流露出一股自然而然的賢者氣度。

劉邦看到這四位老者，眼神就停頓住了，他立即問太子說：「你帶來的四名老人，朕怎麼不認識？」

這四老還沒有等劉盈回話，就先來拜見劉邦，然後報出姓名。劉邦聽完，驚得丟下了筷子：「原來你們就是鼎鼎大名的商山四皓！朕久聞大名，一直派人去請，為何一直不願意出來為官，輔佐我大漢呢？」

四老說：「陛下，不敢相瞞，只是因為陛下您待人經常輕慢，動輒就打罵侮辱，臣等年老，不願如此，所以不敢輔佐。近年來聽說太子仁慈孝順，恭敬愛人，天下有識之士，無不仰慕敬佩，願意為太子效命。臣等這才遠道而來，侍奉太子。」

劉邦愣住了，他從未想到太子會有如此高的聲望，於是只能謹慎地考慮著說道：「四公能夠輔佐我皇子，是我大漢之福氣啊，就請四位盡心教誨，幫助我兒。」說著，他親自扶起四老，一一敬酒，宣佈酒宴結束。

酒宴散去，太子在四老的簇擁下離去。劉邦看著他們的背景，對身邊的戚姬沉痛地說道：「我本來想改立如意為太子，只是太子都有了這四位老人的輔佐，說明他聲望甚至都超過我。

看來羽翼豐滿，已經動不了了。」

戚姬看到剛才劉邦的表情，心裡已經知道事情再難挽回，此時聽到劉邦親口說出來，只能淚如雨下，毫無辦法。

劉邦勸慰說：「你不要太難過了，人生是聽從命運安排的，得過且過吧。不如你現在再為我跳一次楚舞，我再為你唱一支楚歌吧。互相解解憂愁。」

戚姬知道，這一次的歌舞，應該就是自己和劉邦之間的生離死別了。於是她勉強起步，揮舞起長袖舞蹈，淚水順著精緻的面孔流進嘴角，竟像毫不知覺一樣。劉邦看到自己心愛的女人如此痛苦，自己卻愛莫能助，再想到這皇帝一路當來，雖然享福不少，但更多的是戎馬崢嶸、打打殺殺，兄弟和朋友的背叛和猜疑，遠遠比起自己看到的忠心要少。只希望自己的太子劉盈，能真的成長起來做一個太平天子吧。想到這裡，他不願再想，便開口唱道：

鴻鵠高飛，一舉千里。
羽翼已就，橫絕四海。
橫絕四海，當可奈何？
雖有繒繳（ㄗ ㄥ ㄓㄨㄛˊ），尚安所施？

此後，劉邦再也沒有提起過任何關於太子的事情。

## 我亦歸去，那年的鴻門宴永遠不散

漢十二年（西元前195年）三月，最終擊倒劉邦的消息傳來：好友燕王盧綰，懷疑劉邦要趁宣召的機會逮捕他，便提前宣佈造反。

此時的劉邦已經沒有力氣起床了，只能在病榻上宣佈讓樊噲當將軍，率兵向北攻打燕國。

或許是再也無法面對人生中太多的猜疑和背叛，也因為憂愁著如意和戚姬的命運，劉邦頑強的身體迅速地垮下去。四月，他在長樂宮向呂后交代了相國的後繼人選問題，之後溘然長逝，享年62歲。

諷刺的是，在去世之前，劉邦還在懷疑去平定燕地的樊噲，擔心其軍權為呂后所用，專程派出了陳平和周勃前去接替。樊噲足夠幸運，他還沒有被解押到京城時，劉邦已經去世，他也自然安全無虞。

太子劉盈繼承了帝位，成為漢孝惠帝，而呂雉終於順理成章地成為皇太后。上臺伊始，呂后就殘忍地殺死了劉如意，然後將戚姬的手足砍斷，眼睛挖去，用火燻聾耳朵，再將她毒啞，丟在豬圈裡，稱為「人彘（彘）」。劉盈知道這件事情，卻只能徒然流淚嘆息，從此不問政事，飲酒度日。

張良這時候已經很久沒有出門了，他早已開始修煉其「辟穀」的氣功，用斷絕食物來調理內氣。呂后考慮了很久，覺得國家政務還是要請張良主持，便讓人屢次勸說他，不用對自己那麼苛刻，好歹還是要吃些東西。張良表面上也答應了。但不久之後，當呂后正式派人邀請張良出山，到府中時，只看到了張良的兒子張不疑。他說，父親出外之後，便沒有回來了。

呂后知道，張良不願意再過問政事，就算將他找回來，恐怕也沒有益處，於是便只能作罷，從此把持朝政，儼然成為中國封建時代太后垂簾聽政的開啟者。

據說，當年張良曾經跟隨劉邦路過濟北，真的發現谷城山下有太公所言的那塊黃石，張良驚喜萬分，將石頭帶回，看作珍寶一樣，日夜供奉。當他出外雲遊後，家人發現，那塊石頭也就此不見了。

又有人說，張良離開長安後，先是到了南山（今秦嶺）南的深山中跟隨赤松子（傳說中的得道者）修煉，今天的陝西省留壩縣廟檯子鎮西，還有張良廟存世。後來，他又到了今天的河南蘭考附近白雲山修煉，並於惠帝六年（西元前189年）在這裡仙逝。

一代謀聖，最終以仙人般的面目，模糊消失在歷史的風煙中。他以滅秦為故國留給自己的的責任，奮鬥過，失敗過，取得輝煌勝利；把建漢當成開創盛世的階梯，努力過，成就過，帶來天下和平；將政治看作不可深入的泥潭，逃避過，掙扎過，終於全身而退。

無論在當時還是後世，張良為天下、為自己所做到的這三件事，真正能實現者，很少很少。

張良出家後，兒子張不疑由朝廷撫養成人，繼承了留侯爵位。到了漢孝文帝五年（西元前175年），張不疑捲入到政治風浪中，犯下死罪，花重金才保住性命，被發配去充當了城門小吏。至此，張家在大漢朝廷中的封國也就此解除。但謀聖的故事，將永遠在我民族的歷史文化中，悠久流傳，經萬世而不朽。

當兩千多年以後，今天的我們伸手觸碰經過時空的旅行而留下的文字時，我們依然能清晰地看到，在那個英雄輩出的年代中，一張張清晰的面孔，一個個鮮活靈動的靈魂。

在張良去世86年後，漢太初（西元前104年）元年，一個年輕人在大漢都城長安的太史監中，緩慢而認真地於竹簡上寫下這兩個字：史記。

這個人就是司馬遷。

在接任父親的太史令職位之前，司馬遷就追隨張良的足跡，走遍了當年他追隨劉邦起兵、征戰、出謀劃策的地方，尤其是長安附近，更是司馬遷考察以編寫《史記》的重點。

這一天，司馬遷帶了乾糧和足夠的水，來到長安城外的鴻門（今陝西省臨潼縣城東新豐鎮鴻門堡村）。

司馬遷知道，秦二世三年（西元前207年），當不可一世的項羽在鉅鹿殲滅秦軍之後，率軍進入關內，駐紮此處。也正是在這裡，劉邦的左司馬曹無傷打算背叛，他派人告訴項羽，說劉邦打算佔據關中。

但後來究竟是怎麼回事，項羽為什麼沒有殺害高祖呢？

司馬遷並不清楚，他找到當地一位老人，請他說說詳細經過。

老人年紀已經很大了，身體卻還康健，他繪聲繪色地抖動著花白鬍鬚，說著從爺爺輩傳下來的故事……

老人將鴻門宴的故事說完，司馬遷早已沉浸其中，久久才緩過神來。趁老人喝水的工夫，他站起身來舒展了下筋骨，正看到庭院外一片白沙，月光傾瀉下來，將鴻門村照耀如白晝，再對比剛才故事中的情境，猶如夢中。是啊，千古人生，勝負無非一夢，夢中更還有夢，看透大夢，需要有張良那樣的智慧！

次日，回到太史監，司馬遷懷著感悟後豁然開朗的心情，寫下了《留侯世家》的第一行文字：

「留侯張良者，其先，韓人也……」

## 經典中的感悟

| | | | |
|---|---|---|---|
| 01 | 莊子的人生64個感悟 | 秦漢唐 | 定價：280元 |
| 02 | 孫子的人生64個感悟 | 秦漢唐 | 定價：280元 |
| 03 | 三國演義的人生64個感悟 | 秦漢唐 | 定價：280元 |
| 04 | 菜根譚的人生88個感悟 | 秦漢唐 | 定價：280元 |
| 05 | 心經的人生88個感悟 | 魯衛賓 | 定價：280元 |
| 06 | 論語的人生64個感悟 | 馮麗莎 | 定價：280元 |
| 07 | 老子的人生64個感悟 | 馮麗莎 | 定價：280元 |
| 05 | 易經的人生64個感悟 | 魯衛賓 | 定價：280元 |

## 人物中國：

| | | | |
|---|---|---|---|
| 01 | 解密商豪胡雪巖《五字商訓》 | 侯書森 | 定價：220元 |
| 02 | 睜眼看曹操-雙面曹操的陰陽謀略 | 長　浩 | 定價：220元 |
| 03 | 第一大貪官-和珅傳奇（精裝） | 王輝盛珂 | 定價：249元 |
| 04 | 撼動歷史的女中豪傑 | 秦漢唐 | 定價：220元 |
| 05 | 睜眼看慈禧 | 李　傲 | 定價：240元 |
| 06 | 睜眼看雍正 | 李　傲 | 定價：240元 |
| 07 | 睜眼看秦皇 | 李　傲 | 定價：240元 |
| 08 | 風流倜儻-蘇東坡 | 門冀華 | 定價：200元 |
| 09 | 機智詼諧大學士-紀曉嵐 | 郭力行 | 定價：200元 |
| 10 | 貞觀之治-唐太宗之王者之道 | 黃錦波 | 定價：220元 |
| 11 | 傾聽大師李叔同 | 梁　靜 | 定價：240元 |
| 12 | 品中國古代帥哥 | 頤　程 | 定價：240元 |
| 13 | 禪讓--中國歷史上的一種權力遊戲 | 張　程 | 定價：240元 |
| 14 | 商賈豪俠胡雪巖（精裝） | 秦漢唐 | 定價：169元 |
| 15 | 歷代后妃宮闈傳奇 | 秦漢唐 | 定價：260元 |
| 16 | 歷代后妃權力之爭 | 秦漢唐 | 定價：220元 |
| 17 | 大明叛降吳三桂 | 鳳　娟 | 定價：220元 |
| 18 | 鐵膽英雄一趙子龍 | 戴宗立 | 定價：260元 |
| 19 | 一代天驕成吉思汗 | 郝鳳娟 | 定價：230元 |
| 20 | 弘一大師李叔同的後半生-精裝 | 王湜華 | 定價：450元 |
| 21 | 末代皇帝溥儀與我 | 李淑賢口述 | 定價：280元 |
| 22 | 品關羽 | 東方誠明 | 定價：260元 |
| 23 | 明朝一哥 王陽明 | 呂　崢 | 定價：280元 |
| 24 | 季羨林的世紀人生 | 李 琴 | 定價：260元 |

| | | | |
|---|---|---|---|
| 25 | 民國十大奇女子的美麗與哀愁 | 蕭素均 | 定價：260元 |
| 26 | 這個宰相不簡單--張居正 | 逸 鳴 | 定價：260元 |
| 27 | 六世達賴喇嘛倉央嘉措的情與詩 | 任倬灝 | 定價：260元 |
| 28 | 曾國藩經世101智慧 | 吳金衛 | 定價：280元 |
| 29 | 魏晉原來是這麼瘋狂 | 姚勝祥 | 定價：280元 |
| 30 | 王陽明悟人生大智慧 | 秦漢唐 | 定價：280元 |
| 31 | 不同於戲裡說的雍正皇帝 | 秦漢唐 | 定價：240元 |
| 32 | 不同於戲裡說的慈禧太后 | 秦漢唐 | 定價：240元 |
| 33 | ~~不同於戲裡說的一代女皇武則天~~ | ~~秦漢唐~~ | ~~定價：240元~~ |
| 34 | 後宮女人心計 | 秦漢唐 | 定價：220元 |
| 35 | 心學大師王陽明 | 秦漢唐 | 定價：200元 |
| 36 | 大明帝王師：劉伯溫 | 秦漢唐 | 定價：320元 |
| 37 | 謀聖 張良傳 | 鍾漢民 | 定價：360元 |

**三國文學館**

| | | | |
|---|---|---|---|
| 01 | 三國之五虎上將 關雲長 | 東方誠明 | 定價：260元 |
| 02 | 三國志人物故事集 | 秦漢唐 | 定價：260元 |
| 03 | 三國之鐵膽英雄 趙子龍 | 戴宗立 | 定價：260元 |

**智慧中國**

| | | | |
|---|---|---|---|
| 01 | 莊子的智慧 | 葉 舟 | 定價：240元 |
| 01-1 | 莊子的智慧-軟皮精裝版 | 葉 舟 | 定價：280元 |
| 02 | 老子的智慧 | 葉 舟 | 定價：240元 |
| 02-1 | 老子的智慧-軟皮精裝版 | 葉 舟 | 定價：280元 |
| 03 | 易經的智慧 | 葉 舟 | 定價：240元 |
| 03-1 | 易經的智慧-軟皮精裝版 | 葉 舟 | 定價：280元 |
| 04 | 論語的智慧 | 葉 舟 | 定價：240元 |
| 04-1 | 論語的智慧-軟皮精裝版 | 葉 舟 | 定價：280元 |
| 05 | 佛經的智慧 | 葉 舟 | 定價：240元 |
| 06 | 法家的智慧 | 張 易 | 定價：240元 |
| 07 | 兵家的智慧 | 葉 舟 | 定價：240元 |
| 08 | 帝王的智慧 | 葉 舟 | 定價：240元 |
| 09 | 百喻經的智慧 | 魏晉風 | 定價：240元 |
| 10 | 道家的智慧 | 張 易 | 定價：240元 |
| 10-1 | 道家的智慧-軟皮精裝版 | 張 易 | 定價：280元 |
| 11 | 菜根譚大智慧 | 魏晉風 | 定價：280元 |
| 12 | 心經的智慧 | 何躍青 | 定價：240元 |

**國家圖書館出版品預行編目資料**

謀聖 張良傳 / 鍾漢民 作

-- 一版. -- 臺北市 ：廣達文化，2014.07

; 公分. -（人物中國:37)（文經閣）

ISBN 978-957-713-506-3 (平裝)

1.（漢）張良 2.傳記

782.821　　　　103009190

書山有路勤為徑
學海無涯苦作舟

# 謀聖張良傳

作　者：鍾漢民
叢書別：人物中國：37
出版者：廣達文化事業有限公司

**文經閣企畫出版**

Quanta Association Cultural Enterprises Co. Ltd
編輯執行總監：秦漢唐

編輯所：臺北市信義區中坡南路 287 號 5 樓
通訊：南港福德郵政 7-49 號
電話：27283588　傳真：27264126
劃撥帳號：19805171
戶名：廣達文化事業有限公司
**E-mail：siraviko@seed.net.tw**
**www.quantabooks.com.tw**

製　版：卡樂製版有限公司
印　刷：大裕印刷排版公司
裝　訂：秉成裝訂有限公司

代理行銷：創智文化有限公司
23674 新北市土城區忠承路 89 號 6 樓
電話：02-2268-3489　傳真：02-2269-6560

CVS 代理：美璟文化有限公司
電話：02-27239968　傳真：27239668

一版一刷：2014 年 7 月
**定 價：360 元**

書山有路勤為徑
學海無涯苦作舟

書山有路勤爲徑
學海無涯苦作舟